Pratique de l'analyse financière

FONCTIONS de L'ENTREPRISE

Gestion
Finance

Pratique de l'analyse financière

Luc BERNET-ROLLANDE

2e édition

DUNOD

Maquette intérieure : Catherine Combier et Alain Paccoud

Couverture : Didier Thirion/Graphir Design

Photos couverture : JHMatten-fotolia.com

Mise en pages : Nord Compo

5 rue Laromiguière, 75005 Paris
www.dunod.com

ISBN 978-2-10-072415-4

Table des matières

À Andréina

Avant-propos

À quoi sert l'analyse financière ? Quelle en est la méthodologie ?

Les documents financiers de synthèse fournis par une entreprise sont le bilan, le compte de résultat et l'annexe :

- le bilan donne des informations sur la situation patrimoniale de l'entreprise à un instant T : c'est une photographie ;
- le compte de résultat permet de connaître l'ensemble des charges et des produits qui lui ont permis de dégager un bénéfice ou une perte au cours d'un exercice : c'est un film entre deux bilans ;
- l'annexe permet de disposer d'informations permettant de mieux comprendre le bilan et le compte de résultat.

À quoi sert l'analyse financière ?

Une entreprise est une unité économique qui combine différents facteurs (humains, techniques et financiers) dans le but de produire des biens ou des services avec le plus souvent pour objectif le profit.

L'analyse financière consiste à étudier essentiellement le facteur financier après avoir étudié les autres facteurs (le juridique et l'économique) dans ce qu'il est courant d'appeler l'analyse économique.

Cette analyse doit permettre aux différents partenaires de l'entreprise (associés, banquiers, personnel, clients, fournisseurs, administrations publiques) de connaître la santé actuelle de l'entreprise et ses chances de pérennité afin de prendre position sur un partenariat technique, commercial ou financier une fois que cette analyse aura été effectuée.

L'analyse financière s'appuie principalement sur les documents comptables que les entreprises sont obligées d'établir et de publier voire sur d'autres documents prévisionnels (compte de résultat prévisionnel, tableau de financement, tableau de trésorerie, etc.).

Elle permet de vérifier l'état de la structure patrimoniale de l'entreprise à travers l'étude de ses bilans (généralement les trois derniers) puis d'apprécier son activité et sa rentabilité à travers l'étude de ses comptes de résultat en se servant de documents complémentaires plus ou moins nombreux fournis dans les annexes qui donnent des renseignements complétant ceux du bilan et du compte de résultat.

L'analyse financière n'est pas une science exacte et il faut une grande pratique accompagnée d'une bonne connaissance du marché dans lequel l'entreprise évolue pour prétendre apprécier correctement sa situation financière ; cette pratique doit être consolidée par une capacité à sentir ce que les chiffres ne montrent pas.

L'analyse financière ne garantit pas que la situation de l'entreprise étudiée n'évoluera pas, car elle s'appuie en grande partie sur ce qui est connu indépendamment des aléas économiques ou sociaux extérieurs à l'entreprise.

Quiconque est appelé à étudier les documents comptables d'une entreprise doit commencer impérativement par bien comprendre comment fonctionne cette entreprise et dans quel marché et quelle conjoncture.

La documentation comptable d'un seul exercice a peu de signification ; ce qui est intéressant, c'est de voir les évolutions sur plusieurs exercices (au moins trois) et d'avoir des comptes récents (la situation d'une entreprise peut très vite se dégrader) ; il est aussi souvent nécessaire de travailler avec des documents prévisionnels.

La communication d'un bilan dont la clôture est déjà ancienne signifie sans doute que les comptes récents ne sont pas bons (une entreprise doit pouvoir produire ses comptes au plus tard dans les trois mois de la clôture d'un exercice).

Lorsqu'on étudie les comptes d'une entreprise, il faut, pour bien comprendre son activité, ne pas hésiter à poser des questions au dirigeant ou au directeur financier si des points restent incompris et ne pas oublier qu'un bilan et un compte de résultat sont à analyser en prenant en compte la taille et de l'activité de l'entreprise.

En résumé, procéder à une analyse financière, c'est :

- établir un diagnostic sur la santé économique et financière d'une entreprise étudiée à la date de l'arrêté des derniers comptes disponibles et sur ses perspectives à court et moyen terme ;
- caractériser les types de risque que peut générer l'entreprise pour ses partenaires et évaluer l'importance de ces risques ;
- prendre, le cas échéant, position en tant que partenaire de l'entreprise sur une demande de crédit, sur la viabilité et le niveau de risque d'un projet d'investissement et des financements attachés, sur le développement ou non de relations en tant que client, fournisseur ou toute autre forme de partenariat.

Quelle est la méthodologie de l'analyse financière ?

La collecte des informations

Il s'agit d'informations juridiques et économiques (statuts, comptes rendus d'activité, études sectorielles, etc.) concernant l'entreprise et son environnement et d'informations financières fournies par les documents comptables et fiscaux des derniers exercices (bilan, compte de résultat et annexe).

Le dépouillement et le retraitement des documents comptables

■ L'objectif des travaux préparatoires

Faciliter le travail de l'analyste en lui fournissant des documents de travail synthétiques et normalisés et une batterie standard d'indicateurs économiques et financiers.

■ Les principes du dépouillement et du retraitement

C'est une procédure quasi mécanique de regroupement et de calcul qui fait prévaloir une optique économique.

■ Les documents de dépouillement et de retraitement

- À partir du bilan comptable : le bilan reclassé et les valeurs structurelles.
- À partir du compte de résultat comptable : les soldes intermédiaires de gestion.
- À partir des documents comptables de synthèse et des documents précédemment établis : les ratios.

■ Les autres documents utilisés par l'analyste

- Le compte de résultat prévisionnel : pour avoir une projection sur l'activité future.
- Le tableau des flux : pour analyser l'évolution de la trésorerie.
- Le tableau de financement : pour étudier l'évolution de la structure du bilan en cas d'investissement.
- Le tableau de trésorerie : pour avoir une vision prévisionnelle des besoins de trésorerie à court terme.

L'analyse proprement dite

Elle s'effectue en deux étapes :
- Dégager les caractéristiques essentielles de l'entreprise et de son environnement économique.
- Interpréter les documents de dépouillement et de retraitement pour faire ressortir un diagnostic sur la situation financière de l'entreprise (structure, activité et rentabilité) et son potentiel de pérennité.

Comment utiliser cet ouvrage ?

En plus de cet avant-propos et d'une conclusion proposant une méthode rapide d'analyse de bilans, ce livre comprend dix chapitres offrant un déroulé pédagogique précis.

Chaque chapitre est suivi d'un questionnaire et d'un cas pratique permettant au lecteur de vérifier ses acquis.

Pour tirer le meilleur parti de cet ouvrage, il est conseillé au débutant en la matière de suivre la progression proposée et de ne pas sauter de chapitre ni de passer au chapitre suivant sans avoir répondu aux questionnaires et effectué les exercices d'application et les cas pratiques.

Pour chaque chapitre, la marche à suivre que nous préconisons est la suivante :

- Lecture attentive du chapitre exposant les techniques avec prise de notes pour favoriser la mémorisation de l'essentiel.
- Vérification de l'appréhension des concepts avec le questionnaire qui se trouve à la fin du chapitre.
- Vérification de la compréhension de la technique au moyen des cas pratiques proposés après le questionnaire.

L'essentiel

▸▸ **L'analyse des comptes d'une entreprise** ne doit pas être effectuée sans avoir au préalable procédé à une analyse économique approfondie.

▸▸ **Des opérations de retraitement des documents de synthèse** (reclassement du bilan, calcul des valeurs structurelles, des soldes intermédiaires de gestion et de certains ratios) sont indispensables pour porter un diagnostic sur la santé d'une entreprise.

▸▸ **L'interprétation des chiffres** doit être effectuée avec prudence et ne jamais être déconnectée des spécificités de l'entreprise (forme juridique, secteur d'activité, taille, marchés).

Des compléments en ligne sur www.dunod.com

- Tableau de synthèse des calculs préparatoires à l'analyse
- Modèles de grilles de calcul
- Le contenu de la liasse fiscale
- La cotation Banque de France
- L'essentiel sur les normes IFRS
- Un lexique financier
- Des cas de synthèse corrigés

Pour accéder à la fiche de l'ouvrage et télécharger ces documents, deux possibilités : vous pouvez consulter la page de l'ouvrage sur www.dunod.com, ou taper directement l'adresse de ce lien dans la barre d'adresse : http://www.dunod.com/contenus-complementaires/9782100715558

Chapitre 1

Les principes de base de la comptabilité

Executive summary

▸▸ **L'analyse financière** ne peut être dissociée de la comptabilité et la maîtrise des concepts de base de la comptabilité est incontournable pour analyser les comptes d'une entreprise.

▸▸ **Quelles sont les différentes étapes de traitement de la comptabilité d'une entreprise ?** Quels sont les outils et supports utilisés ? Qu'est-ce que le journal, le grand livre, la balance ? Qu'entend-t-on par partie double ? Que trouve-t-on dans un bilan et un compte de résultat ?

Une entreprise est une unité économique qui combine différents facteurs (humains, techniques et financiers) dans le but de produire des biens ou des services avec le plus souvent pour objectif le profit.

L'activité d'une entreprise doit être fidèlement retracée dans sa comptabilité selon un processus et des règles bien précises.

Le processus comptable

La comptabilité a pour objet d'identifier et de mesurer des transactions, de les classer et les enregistrer, de produire des comptes et des états qui permettront aux dirigeants de l'entreprise de piloter plus efficacement et aussi de communiquer avec les tiers ; elle est aussi un moyen de preuve.

Le traitement comptable s'effectue en plusieurs étapes qui sont concomitantes dans le cas d'une comptabilité tenue par informatique ce qui est quasiment toujours le cas.

Première étape : enregistrement au journal dans des comptes

Toute action économique menée par une entreprise (investissement, charge, produit, décaissement, encaissement) donne lieu à une transaction qui fait l'objet d'un enregistrement comptable au journal (c'est-à-dire au jour le jour) sous la forme d'une écriture selon le principe de la partie double (voir plus loin) ; toute transaction a un impact sur le bilan ou le compte de résultat ou sur les deux à la fois.

Deuxième étape : report au grand livre

Les écritures enregistrées au journal sont reportées au « grand livre », c'est-à-dire dans un état comptable qui comprend l'ensemble des comptes de l'entreprise.

Troisième étape : établissement d'une balance

La balance est un état comptable qui reprend par ordre numérique l'ensemble des comptes d'une entreprise ; dans sa forme la plus complète, elle fait ressortir pour chaque compte les mouvements comptables et les soldes.

En pratique, la tenue de la comptabilité des entreprises étant pratiquement toujours informatisée, l'enregistrement se fait en même temps au journal, au grand livre et dans la balance.

Quatrième étape : établissement du bilan, du compte de résultat et de l'annexe

Les documents de synthèse que sont le bilan, le compte de résultat et l'annexe sont établis en fin d'exercice et vont permettre de connaître la situation financière d'une entreprise.

Le bilan reprend sous forme synthétique ce qu'une entreprise possède et doit à un instant T.

Le compte de résultat résume l'activité d'une entreprise pour un exercice.

L'annexe complète les informations données dans le bilan et le compte de résultat ou permet de les comprendre.

Le journal

Tenue

Toute opération comptable est enregistrée dans au moins deux comptes : principe de la comptabilité en partie double : l'un (ou plus) pour l'utilisation des fonds (au débit : emploi sous forme d'enrichissement ou de source d'appauvrissement), l'autre (ou plus) pour l'origine des fonds (au crédit : ressource sous forme d'appauvrissement ou de source d'enrichissement).

■ Au débit

Au débit d'un compte (la partie gauche) sont inscrits les emplois (ou diminutions de ressources) :
- emplois temporaires qui représentent des enrichissements dans le bilan : plus de biens ou de créances ou moins de dettes (ex. achat d'une machine ou remboursement d'un emprunt) ;
- emplois définitifs qui représentent des sources d'appauvrissement sous forme de charges dans le compte de résultat (ex. salaires du personnel).

■ Au crédit

Au crédit d'un compte (la partie droite) sont inscrites les ressources (ou diminutions d'emplois) :
- ressources temporaires qui représentent des appauvrissements dans le bilan : moins de biens ou de créances ou plus de dettes (ex. contracter un emprunt bancaire) ;

– ressources définitives qui représentent des sources d'enrichissement sous forme de produits dans le compte de résultat (ex. ventes de marchandises).

Fonctionnement des comptes de bilan

Les comptes de bilan actif représentent des emplois : ils augmentent au débit (enrichissement) et diminuent au crédit (appauvrissement) (sauf pour les comptes d'amortissements et de dépréciations qui mouvementent en sens contraire).

Les comptes de bilan passif représentent des ressources : ils augmentent au crédit (appauvrissement) et diminuent au débit (enrichissement).

Autrement dit :

– lorsqu'on enregistre un enrichissement sur un compte de bilan, on le débite (ex. un versement en banque représente un enrichissement ; le compte « Banque »[1] – compte de la banque tenu par l'entreprise – est débité, car la banque doit les fonds que l'entreprise lui a confiés) ;
– lorsqu'on enregistre un appauvrissement sur un compte de bilan, on le crédite (ex. un retrait en banque représente un appauvrissement ; le compte « Banque » – compte de la Banque tenu par l'entreprise – est crédité).

Fonctionnement des comptes de gestion

Les comptes de gestion sont les comptes qui figurent au compte de résultat ; ils représentent des charges ou des produits.

Les comptes de charges augmentent au débit (emplois : sources d'appauvrissement) et diminuent au crédit (dans le cas d'une annulation, d'une réduction de charges ou pour solder le compte).

Les comptes de produits augmentent au crédit (ressources : sources d'enrichissement) et diminuent au débit (dans le cas d'une annulation, d'une réduction de produits ou pour solder le compte).

---

1 Le compte « Banque » qui figure dans la comptabilité d'une entreprise est le compte miroir de celui de l'entreprise qui est tenu par la banque : il s'agit du compte « Banque chez nous » : quand l'entreprise verse des fonds à la banque, le compte de la banque est débité, car celle-ci doit ces fonds à l'entreprise qui les lui a confiés.

Les opérations possibles

Il existe donc trois types d'événements :

- ceux qui rendent plus riche une entreprise (plus de biens ou de créances – ou moins de dettes) ;
- ceux qui rendent plus pauvre une entreprise (plus de dettes ou moins de biens ou de créances) ;
- ceux qui ne rendent ni plus riche ni plus pauvre une entreprise (à la fois plus de biens ou de créances et plus de dettes ou moins de biens ou de créances et moins de dettes).

■ Événements qui rendent plus riche

On a à la fois un enrichissement et une source d'enrichissement : ex. une vente de marchandises à crédit.

Enrichissement	*Source d'enrichissement*
Emploi	Ressource
(Compte débité) *Clients*	*(Compte crédité)* *Ventes*
X (débit)	*X* (crédit)

■ Événements qui rendent plus pauvre

On a à la fois un appauvrissement et une source d'appauvrissement : ex. un achat de marchandises à crédit.

Source d'appauvrissement	*Appauvrissement*
Emploi	Ressource
(Compte débité) *Achats*	*(Compte crédité)* *Fournisseurs*
X (débit)	*X* (crédit)

■ Événements qui ne rendent ni plus riche ni plus pauvre

On a à la fois un enrichissement et un appauvrissement : ex. retrait en banque pour alimenter la caisse.

Enrichissement	*Appauvrissement*
Emploi	Ressource
(Compte débité)	*(Compte crédité)*
Caisse	*Banques*
X	X

Tenue du journal

Comme son nom l'indique, le journal est tenu au jour le jour et permet d'enregistrer les opérations au fur et à mesure de leur naissance. Il comporte deux colonnes : débit et crédit.

Au débit, on enregistre les emplois : enrichissements (avoirs en plus ou dettes en moins) et sources d'appauvrissement (charges en plus).

Au crédit, on enregistre les ressources : appauvrissements (avoirs en moins ou dettes en plus) et sources d'enrichissement (produits en plus).

Au journal, on débite donc un ou plusieurs comptes par le crédit d'un ou plusieurs comptes ; le débit étant toujours égal au crédit.

Le journal se présente théoriquement ainsi :

Journal

Comptes		Dates et libellés	Débit	Crédit
411		Clients	10 000,00	
	70	Ventes		10 000, 00
		Ventes de la période		
512		Banques	10 000,00	
	411	Clients		10 000,00
		Règlement client × reçu par chèque		
		Totaux	20 000, 00	20 000,00

En pratique, les opérations sont enregistrées directement dans les comptes avec tenue du journal automatique.

Le compte

Un compte est un état sur lequel on inscrit les entrées et les sorties pour un type d'opérations : les flux comptables. Il existe autant de comptes que de classements souhaités. Chaque compte a donc un intitulé propre : ex. Banques, Capital, Clients, Fournisseurs, etc.

Les comptes sont numérotés en 7 classes (voir balance).

Catégories

En comptabilité générale, on a deux catégories de comptes : les comptes inscrits au bilan (actif et passif) et les comptes inscrits au compte de résultat (charges et produits).

■ Les comptes inscrits au bilan

Il s'agit des comptes de classes 1 à 5.

Les comptes de bilan représentent à un moment donné :

- à l'actif : des **avoirs** (emplois) :
  - des biens,
  - des créances.
- au passif : des **ressources** :
  - les apports des associés : le capital.
  - les apports des tiers : les dettes.

Les comptes de bilan sont **repris** d'un exercice sur l'autre.

■ Les comptes inscrits au compte de résultat

Il s'agit des comptes de classes 6 et 7.

Appelés aussi comptes de gestion, ils représentent pour une période donnée :

- des charges,
- des produits.

À la fin de chaque exercice, les comptes de gestion sont **soldés** pour déterminer le résultat net de l'exercice.

Présentation

Un compte se présente schématiquement ainsi : ex. le compte « Clients ».

411 Compte client X			
Dates	**Libellés**	**Débit**	**Crédit**
05/06	Facture 126	8 000,00	
12/06	Règlement par chèque 144		5 000,00
18/06	Règlement par chèque 145		2 000,00
30/06	Solde débiteur		1 000,00
		8 000,00	8 000,00

(1) Lorsque le solde du compte est débiteur : le client doit de l'argent à son fournisseur.
(2) Lorsque le solde du compte est créditeur : le fournisseur doit de l'argent à son client.
Dans notre exemple, le client doit de l'argent à son fournisseur.

En pratique, pour faciliter le suivi des comptes de tiers (clients, fournisseurs, banques, etc.), les entreprises tiennent une comptabilité auxiliaire au sein de laquelle sont tenus des comptes individuels (client X, fournisseur Y, etc.) ; les comptes tenus dans la comptabilité auxiliaire sont repris collectivement dans la comptabilité générale.

Le grand livre

Établi à partir du journal, c'est l'ensemble de tous les comptes tenus par l'entreprise. Ces comptes permettent de savoir à tout moment où l'on en est. Par exemple, ce que l'on a en banque, ou ce que l'on doit aux fournisseurs.

Le grand livre se présente schématiquement ainsi (en prenant comme exemple quelques comptes) :

Grand livre

D	Matériel	C	D	Client	C	D	Capital	C
1 000			2 000					3 000

La balance

C'est un état comportant cinq colonnes : libellés des comptes, mouvements débiteurs, mouvements créditeurs, soldes débiteurs et soldes créditeurs.

Établie à partir du grand livre, elle permet de vérifier le passage du journal au grand livre et d'avoir un état des mouvements et soldes de tous les comptes. C'est donc aussi un résumé du grand livre.

La balance se présente schématiquement ainsi (les comptes étant placés par ordre numérique) :

Balance

Comptes (Par classes)	Mouvements		Soldes	
	Débit	Crédit	Débit	Crédit
1 – Comptes de capitaux				
2 – Comptes d'immobilisations				
3 – Comptes de stocks				
4 – Comptes de tiers				
5 – Comptes financiers				
6 – Comptes de charges				
7 – Comptes de produits				
Totaux				

Les montants au débit et au crédit doivent toujours être **égaux** entre eux ; les totaux des mouvements doivent être **égaux** à ceux du journal et à ceux du grand livre. Une balance peut aussi être présentée avec les soldes sans les mouvements. La balance est très utile pour avoir le solde de tous les comptes d'une entreprise, comptes qui figurent regroupés dans les postes du bilan et du compte de résultat.

Le bilan

Le bilan est un état permettant de connaître la situation patrimoniale d'une entreprise à un moment donné. On dit souvent qu'il est une photographie de la situation patrimoniale.

Il comporte un actif et un passif.

- à l'actif : figurent les emplois : biens et créances.
- au passif : figurent les ressources : apports des associés : le capital ; financements assurés par les tiers : les dettes.

Le résultat (bénéfice ou perte) apparaît toujours au passif : il représente la différence entre ce que l'entreprise possède et ce qu'elle doit.

Le bilan se présente schématiquement ainsi :

Bilan	
Actif (Emplois)	**Passif (Ressources)**
Actif immobilisé	Capitaux propres Provisions pour risques et charges
Actif circulant	Dettes

La présentation détaillée du bilan est donnée dans le chapitre 2.

Le compte de résultat

Le compte de résultat est un état des **charges** et des **produits** comptabilisés par une entreprise **au cours d'une période donnée**. Si le bilan peut être considéré comme une photographie, on peut dire que le compte de résultat est un film car il couvre une période et non un instant figé.

Le compte de résultat permet donc d'expliquer l'activité d'une entreprise au cours d'un exercice (généralement une année).

La différence entre les charges et les produits représente soit un **bénéfice**, soit une **perte**.

Arrêtés à la même date, le bilan et le compte de résultat font ressortir évidemment le même résultat (perte ou bénéfice).

Le compte de résultat se présente schématiquement ainsi :

Compte de résultat	
Charges	**Produits**
Charges d'exploitation	Produits d'exploitation
Charges financières	Produits financiers
Charges d'exploitation	Produits exceptionnels

La présentation détaillée du compte de résultat est donnée dans le chapitre 3.

L'état de rapprochement

L'état de rapprochement est un document extra-comptable établi après pointage du compte de la banque tenu par l'entreprise et du compte de l'entreprise tenu par la banque permettant de connaître la position exacte du compte banque puis de régulariser les éventuels oublis ou erreurs. Il est indispensable, car sa bonne tenue permet de vérifier les montants comptabilisés par l'entreprise en les rapprochant des écritures passées par la banque.

Les amortissements

Objet

L'amortissement a pour but de constater la dépréciation normale et définitive d'une immobilisation.

Toutes les immobilisations ne sont pas amortissables ; seules sont amortissables les immobilisations qui se déprécient normalement du fait de l'usure, de l'obsolescence ou pour des raisons juridiques (brevets par exemple). Ne sont pas amortissables les terrains (sauf les carrières et terrains de gisement), le droit au bail, le fonds commercial, les marques et les immobilisations financières.

Sauf dans le cas d'amortissements exceptionnels ou accélérés, l'amortissement doit être calculé en tenant compte de la durée probable d'utilisation des biens à amortir.

Les entreprises doivent obligatoirement constater comptablement un amortissement minimal de leurs biens, même en période déficitaire. La somme des amortissements effectivement comptabilisés depuis l'acquisition du bien doit être au moins égale, à la clôture de chaque exercice, au montant des amortissements pratiqués selon le mode linéaire (sous peine de perdre droit à la déductibilité de ces amortissements).

La prise en charge de l'amortissement d'un bien de production s'effectue au cours de chaque exercice par une dotation annuelle en débitant le compte « Dotations aux amortissements, dépréciations et provisions » qui est un compte de charge.

La dotation sera comptabilisée en charges d'exploitation ou plus rarement en charges exceptionnelles et l'amortissement figurera à l'actif du bilan en diminution du poste concerné.

La durée d'amortissement est déterminée dès l'origine ; elle est en principe fonction de la durée de vie de l'immobilisation.

Les amortissements peuvent être linéaires ou dégressifs.

L'amortissement linéaire : le taux d'amortissement et l'annuité d'amortissement sont constants, à l'exception des première et dernière annuités calculées au prorata de la durée d'utilisation du bien au cours de l'exercice.

L'amortissement dégressif : les amortissements pratiqués diminuent d'année en année ; le taux d'amortissement fait l'objet de l'application d'un coefficient multiplicateur et l'amortissement est calculé chaque année sur la valeur résiduelle de l'immobilisation.

Des amortissements exceptionnels, constatant une dépréciation anormale d'un bien, peuvent être passés en sus des amortissements « normaux ». Ils sont déductibles fiscalement, sous réserve de justifier du caractère anormal de la dépréciation du bien considéré.

Des amortissements dérogatoires sont également prévus par le législateur en fonction de l'activité principale de l'entreprise.
Un amortissement dérogatoire est un amortissement supérieur à l'amortissement économiquement justifié qui est fiscalement déductible.
La part d'amortissement correspondant au surplus d'amortissement est comptabilisée en charges exceptionnelles avec pour contrepartie un amortissement dérogatoire qui est une provision règlementée figurant dans les capitaux propres au passif du bilan.

Comptabilisation

Une entreprise amortit ses constructions sur 20 ans ; valeur HT : 200 000 €.

On débite le compte 681 – Dotations aux amortissements, dépréciations et provisions (charges d'exploitation).

On crédite le compte 2813 – Amortissements des constructions.

D	681 DAP (ch. exploit.)	C
10 000		

D	2813 Amort. des constr.	C
		10 000

Position des comptes

Actif du bilan			
Postes	**Valeurs brutes**	**Amortissements [1]**	**Valeurs nettes**
(Exercice N)			
Constructions	200 000	10 000	190 000
(Exercice N + 1)			
Constructions	200 000	20 000	180 000
(Exercice N + 2)			
Constructions	200 000	30 000	170 000

(1) Montant cumulé d'une année sur l'autre.

Débit du compte de résultat (pour chaque exercice)	
Comptes	**Montants**
Dotations aux amortissements, dépréciation et provisions [1] (charges d'exploitation)	10 000

(1) Compte soldé à la fin de chaque exercice.

Les dépréciations et provisions

Objet

Les dépréciations et provisions servent à prévoir des pertes ou des charges à caractère anormal et réversible.

Elles ne donnent lieu à aucune sortie en trésorerie.

Le décret n° 2005-1757 du 30 décembre 2005 modifiant le décret de 1967 sur les sociétés commerciales et le décret de 1983 relatif aux obligations comptables des commerçants et de certaines sociétés a introduit une nouvelle terminologie : le terme « provision pour dépréciation » est remplacé par « dépréciation » et le terme « provision pour risques et charges » est remplacé par « provision ».

Une **dépréciation** est donc la constatation comptable de la diminution de valeur d'un élément d'actif ; les dépréciations peuvent porter sur des immobilisations incorporelles et corporelles non amortissables (exemple : terrains, fonds de commerce), des immobilisations financières, des stocks, des comptes clients, des valeurs mobilières de placement.

Une **provision** est donc la constatation comptable d'une augmentation du passif exigible dont l'élément constitutif doit être précis quant à sa nature, mais incertain quant à sa réalisation dans le temps (des éléments doivent néanmoins rendre l'événement « prévisible » à la clôture de l'exercice de constitution de ces provisions).

La prise en charge d'une dépréciation ou d'une provision s'effectue en débitant le compte « Dotations aux amortissements, dépréciations et provisions ».

La dotation sera comptabilisée, selon le cas, en charges d'exploitation, charges financières ou charges exceptionnelles et la dépréciation ou la provision correspondante figurera soit à l'actif du bilan en diminution du poste concerné (provision pour dépréciation) soit au passif (provision pour risques et charges).

Une dépréciation ou une provision n'est jamais définitive, elle peut être augmentée, diminuée et elle sera soldée lorsque l'évènement à l'origine de la dépréciation ou de la provision disparaîtra ou que la perte se réalisera ; la réduction ou l'annulation d'une dépréciation ou d'une provision fait l'objet d'une reprise (produit d'exploitation, financier ou exceptionnel selon l'origine de la dotation).

Les dépréciations

Une dépréciation est la constatation comptable de la diminution de valeur d'un élément d'actif.

■ Postes concernés

Les dépréciations peuvent porter sur des immobilisations incorporelles et corporelles non amortissables (exemple : terrains, fonds de commerce), des immobilisations financières, des stocks, des comptes clients, des valeurs mobilières de placement.

■ Comptabilisation

Constatation de la dépréciation

Ex : Dépréciation du fonds de commerce acquis 200 000 € et estimé 170 000 €.

On considérera, ici, la dépréciation comme imputable à un événement exceptionnel.

On débite le compte 687 – Dotations aux amortissements, dépréciations et provisions (DADP) (charges exceptionnelles)

On crédite le compte 2907 – Dépréciation du fonds commercial.

D 687 DADP (charges except.)	C
30 000	

D 2907 Dépr. du fonds com.	C
	30 000

Position des comptes

Actif du bilan			
Postes	**Valeurs brutes**	**Provisions (1)**	**Valeurs nettes**
Fonds commercial	200 000	30 000	170 000

(1) Montant qui peut être ajusté d'une année sur l'autre.

Débit du compte de résultat	
Comptes	**Montants**
Dotations aux amortissements, dépréciations et provisions (1) (charges exceptionnelles)	30 000

(1) Compte soldé à la fin de chaque exercice.

Ajustement de la dépréciation

Les dépréciations doivent être réajustées chaque année en fonction des nécessités ; en effet la dépréciation comptabilisée peut devenir trop importante, inutile ou insuffisante.

La dépréciation comptabilisée est inutile ou trop importante

On annule le montant superflu ou inutile, en débitant le compte de dépréciation concerné et en créditant le compte « Reprises sur amortissements, dépréciations et provisions ».

D	Dépréciation de....	C
	X	

D	78... Reprises sur ADP	C
		X

La dépréciation comptabilisée est insuffisante

On passe le complément, en débitant le compte « Dotations aux amortissements, dépréciations et provisions » et en créditant le compte de dépréciation concerné.

D	68... Dotations aux ADP...	C
	X	

D	... Dépréciation de...	C
		X

Selon le cas, le compte « Reprises sur amortissements, dépréciations et provisions » va se positionner en produits d'exploitation, produits financiers ou produits exceptionnels.

Annulation des dépréciations

Les dépréciations doivent être annulées lorsqu'elles n'ont plus d'objet : réalisation de la perte ou disparition de la perte.

On annule la dépréciation en débitant le compte de dépréciation concerné et en créditant le compte « Reprises sur amortissements, dépréciations et provisions ».

D	Dépréciation de...	C
	X	

D	78... Reprises sur ADP	C
		X

Selon le cas, le compte « reprises sur amortissements, dépréciations et provisions » va se positionner en produits d'exploitation, produits financiers ou produits exceptionnels.

Les provisions pour risques et charges

Au sens strict, une provision est la constatation comptable d'une augmentation du passif exigible dont l'élément constitutif doit être précis quant à sa nature, mais incertain quant à sa réalisation dans le temps (des éléments doivent néanmoins rendre l'événement « prévisible » à la clôture de l'exercice de constitution de ces provisions).

■ Objet

Il s'agit de provisions constituées en présence de pertes ou charges dont le montant ou la possibilité de réalisation n'est pas déterminée de façon définitive.

■ Les principales provisions

Les provisions peuvent être des :
- provisions pour risques : provisions pour litiges, pour garanties données aux tiers, pour pertes sur marchés à terme, pour amendes et pénalités, pour pertes de change ;
- provisions pour charges : provisions pour impôts, pour grosses réparations, pour dettes fiscales et sociales à payer, pour renouvellement des immobilisations ;
- provisions réglementées, qui correspondent à des libéralités fiscales : provisions pour hausse des prix, pour fluctuation de cours, pour reconstitution de gisements (miniers/pétroliers), pour investissements et amortissements dérogatoires.

Comptabilisation

Le processus de comptabilisation est identique à celui des dépréciations avec constitution, ajustement éventuel à la hausse ou à la baisse et reprise pour solde de la provision.

Les cessions d'immobilisations

Cession des immobilisations non amorties et non provisionnées

Ex : cession d'un terrain pour 50 000 € ; valeur d'acquisition 20 000 €.

■ 1re étape : enregistrement du produit de la cession

Comptes mouvementés :

512	Banques
775	Produits des cessions d'éléments d'actif cédés

D	512	C
50 000		

D	775	C
		50 000

■ 2e étape : solde du compte d'immobilisation

Comptes mouvementés :

675 Valeurs comptables des éléments d'actif cédés

221 Terrains

D	675	C
20 000		

D	221	C
		20 000

■ Incidence sur le compte de résultat

Charges		Produits	
675	20 000	775	50 000
Bénéfice	**30 000**		

Cession d'immobilisations ayant fait l'objet d'amortissements

Ex : cession d'un véhicule pour 20 000 € – Prix d'achat 60 000 € – Amortissements pratiqués 35 000 €.

■ 1re étape : enregistrement du produit de la cession

Comptes mouvementés :

512 Banques

775 Produits des cessions d'éléments d'actif cédés

D	512	C
20 000		

D	775	C
		20 000

■ 2e étape : régularisation des comptes d'immobilisation et d'amortissement

Comptes mouvementés :

675 Valeurs comptables des éléments d'actif cédés

2182 Matériel de transport

28182 Amortissements du matériel de transport

On procède au solde du compte d'immobilisation et du compte d'amortissement (la différence représente la valeur nette comptable).

D	675	C
25 000		

D	2182	C
		60 000

D	28182	CC
35 000		

■ Incidence sur le compte de résultat

Charges		Produits	
675	25 000	775	20 000
		Perte	**5 000**

Cession d'immobilisations ayant fait l'objet de provisions

Ex : cession d'un fonds de commerce acquis 100 000 € provisionné pour 40 000 € et vendu 70 000 €.

■ 1re étape : enregistrement du produit de la cession

Comptes mouvementés :

512 Banques

775 Produits des cessions d'éléments d'actif cédés

D	512	C
70 000		

D	775	C
		70 000

■ 2e étape : régularisation des comptes d'immobilisation

Comptes mouvementés :

675 Valeurs comptables des éléments d'actif cédés

207 Fonds commercial

On procède au solde du compte d'immobilisation (la contrepartie représente la valeur nette comptable). Pour la cession, la valeur comptable ne tient pas compte de la provision.

D	675	C
100 000		

D	207	C
		100 000

■ 3e étape : régularisation du compte de dépréciation

Comptes mouvementés :

2907 Dépréciation du fonds commercial

787 Reprises sur amortissements, dépréciations et provisions (produits exceptionnels)

On procède au solde du compte de dépréciation en effectuant une reprise.

D	2907	C
40 000		

D	787	C
		40 000

■ Incidence sur le compte de résultat

Charges		Produits	
675	100 000	775	70 000
		787	40 000
Bénéfice	**10 000**		

La TVA

La TVA est une taxe sur la consommation supportée par le consommateur final (celui qui ne peut pas la récupérer). La base en est la valeur ajoutée (prix de vente déduction faite des charges externes).

Elle concerne les charges, les immobilisations, les ventes et la production vendue.

La TVA supportée sur les charges et les immobilisations est la TVA déductible (cpte 4456).

La TVA perçue sur les ventes et la production vendue est la TVA collectée (cpte 44571).

Calcul de la TVA à décaisser ou du crédit de TVA

Formule : TVA collectée moins TVA déductible.

Si la TVA collectée > TVA déductible = TVA à décaisser (cpte 44551).

Si la TVA collectée < TVA déductible = crédit de TVA à reporter (cpte 44567).

Règlement de la TVA

■ TVA à décaisser si TVA collectée > TVA déductible

Règlement effectué le mois suivant (ou du trimestre suivant) sa comptabilisation ; la date de paiement dépend de la forme juridique et de la taille de l'entreprise.

■ Crédit de TVA si TVA collectée < TVA déductible

Imputation sur la TVA à décaisser du mois suivant ou remboursement par le fisc.

Exemple de comptabilisation

- Le 5 mai, une entreprise achète une machine 10 000 € HT.
- Le 15 mai, elle achète des marchandises pour 5 000 € HT.
- Le 20 mai, elle vend pour 40 000 € HT de marchandises.
- Le règlement de la TVA à décaisser intervient le 15 juin.

On retiendra un taux de TVA de 20 %.

5 mai

D	Matériel	C
10 000		

D	TVA déductible	C
2 000		

D	Four. d'immo	C
		12 000

15 mai

D	Achats march.	C
5 000		

D	TVA déductible	C
1 000		

D	Fournisseurs	C
		6 000

20 mai

D	Clients	C
48 000		

D	TVA collectée	C
		8 000

D	Ventes march.	C
		40 000

31 mai

D	TVA collectée	C
8 000		

D	TVA déductible	C
		3 000

D	TVA à décaisser	C
		5 000

15 juin

D	TVA à décaisser	C
5 000		

D	Banques	C
		5 000

Si la TVA collectée avait été inférieure à la TVA déductible (par exemple : 1 800 au lieu de 8 000), on aurait comptabilisé au 31/05 :

31 mai

D	TVA collectée	C
1 800		

D	Crédit de TVA	C
1 200		

D	TVA déductible	C
		3 000

Supposons, qu'au titre du mois de juin, la TVA à décaisser s'élève à 6 000 €, on comptabilisera au moment du règlement (15 juillet) :

15 juillet

D	TVA à décaisser	C
6 000		

D	Crédit de TVA	C
		1 200

D	Banques	C
		4 800

La comptabilité des professions libérales

Les professionnels libéraux ne sont pas tenus de tenir une comptabilité aussi complète que les sociétés.

Ils ne tiennent pas une comptabilité d'engagement, c'est-à-dire où sont enregistrées les créances et les dettes mais seulement une **comptabilité de trésorerie**, où sont seulement comptabilisées les recettes et les dépenses.

En comptabilité libérale, il existe deux régimes fiscaux : le régime micro-BNC et le régime normal.

Dans le régime micro-BNC, seules les recettes doivent être comptabilisées dans un livre-journal puisque le bénéfice est estimé forfaitairement.

Dans le régime normal, les recettes et les dépenses doivent être comptabilisées dans un livre journal et les pièces justificatives doivent pouvoir être produites en cas de contrôle. Les professionnels soumis à ce régime doivent en plus tenir un registre des immobilisations et des amortissements (il peut d'ailleurs y avoir des biens à usage mixte).

Si le professionnel libéral exerce son activité dans le cadre d'une société soumise aux règles de la comptabilité commerciale, il doit alors tenir une comptabilité de type commercial.

Enfin, le professionnel libéral peut, s'il le souhaite, opter pour la tenue d'une comptabilité commerciale, dite d'engagement et, dans ce cas, le résultat de son activité sera déterminé par différence entre les charges et les produits.

L'essentiel

- **Toute opération** qui impacte le patrimoine ou l'activité d'une entreprise doit faire l'objet d'un enregistrement comptable.
- **Cet enregistrement** s'effectue en partie double (débit = crédit) dans le journal comptable avec report dans les comptes concernés et la balance qui reprend pour chaque compte le total des mouvements et des soldes.
- **En fin d'exercice les comptes de classes 1 à 5** permettront d'établir le bilan et les comptes de classes 6 et 7 serviront à établir le compte de résultat.

Questionnaire 1

	Vrai	Faux
1. Le processus comptable comprend deux étapes.	❑	❑
2. Le journal comptable est obligatoire.	❑	❑
3. La comptabilité d'une entreprise est tenue en partie double.	❑	❑
4. En comptabilité générale, il existe deux grandes catégories de compte.	❑	❑
5. Un compte est soit débiteur, soit créditeur.	❑	❑
6. Le grand livre reprend tous les comptes d'une entreprise.	❑	❑
7. La balance est un résumé du grand livre.	❑	❑
8. L'état de rapprochement permet de vérifier toute la comptabilité de l'entreprise.	❑	❑
9. La plupart des immobilisations s'amortissent.	❑	❑
10. Les dépréciations ou les provisions doivent être constatées comptablement.	❑	❑

Corrigé du questionnaire 1

1. Le processus comptable comprend deux étapes.

Faux : le traitement comptable s'effectue en quatre étapes :

1re étape : enregistrement au journal dans des comptes ;

2e étape : report au grand livre (en pratique, avec l'informatique, les deux premières étapes sont effectuées en même temps) ;

3e étape : établissement d'une balance ;

4e étape : établissement du bilan, du compte de résultat et de l'annexe.

2. Le journal comptable est obligatoire.

Vrai : tout événement ayant un impact financier pour l'entreprise doit être enregistré.

3. La comptabilité d'une entreprise est tenue en partie double.

Vrai : toute opération donne lieu à enregistrement dans au moins deux comptes (principe de la comptabilité en partie double) : l'un (ou plus) pour l'utilisation des fonds (au débit : emploi sous forme d'enrichissement ou de source d'appauvrissement), l'autre (ou plus) pour l'origine des fonds (au crédit : ressource sous forme d'appauvrissement ou de source d'enrichissement).

4. En comptabilité générale, il existe trois grandes catégories de compte.

Faux : on a deux catégories de comptes : les comptes inscrits au bilan (emplois et ressources – comptes de classes 1 à 5) et les comptes inscrits au compte de résultat (charges et produits – comptes de classes 6 et 7).

5. Un compte est soit débiteur, soit créditeur.

Faux : il peut aussi avoir un solde égal à zéro.

6. Le grand livre reprend tous les comptes d'une entreprise.

Vrai : établi à partir du journal, le grand livre est l'ensemble de tous les comptes tenus par une entreprise. Ces comptes permettent de savoir à tout moment où l'on en est pour tel ou tel poste comptable. Par exemple, ce que l'on a en banque, ou ce que l'on doit aux fournisseurs.

7. La balance est un résumé du grand livre.

Vrai : établie à partir du grand livre, la balance permet de vérifier le passage du journal au grand livre, mais surtout d'avoir un état des mouvements et soldes de tous les comptes. Elle est donc aussi un résumé du grand livre.

8. L'état de rapprochement permet de vérifier toute la comptabilité de l'entreprise.

Faux : l'état de rapprochement est un document extra-comptable établi après pointage du compte de la banque tenu par l'entreprise et du compte de l'entreprise tenu par la banque permettant de connaître la position exacte du compte banque puis de régulariser les éventuels oublis ou erreurs. Il est indispensable, car sa bonne tenue permet de vérifier les montants comptabilisés par l'entreprise en les rapprochant des écritures passées par la banque. Si les montants sont vérifiés, ce contrôle n'élimine pas les erreurs d'imputation dans les comptes.

9. La plupart des immobilisations s'amortissent.

Vrai : l'amortissement a pour but de constater la dépréciation normale et définitive d'une immobilisation. Toutefois, toutes les immobilisations ne sont pas amortissables ; seules sont amortissables les immobilisations qui se déprécient normalement du fait de l'usure, de l'obsolescence ou pour des raisons juridiques (brevets par exemple). Les entreprises doivent obligatoirement constater comptablement un amortissement minimal de leurs biens, même en période déficitaire.

La prise en charge de l'amortissement d'un bien de production s'effectue au cours de chaque exercice par une dotation annuelle en débitant le compte « Dotations aux amortissements, dépréciations et provisions » qui est un compte de charge.

10. Les dépréciations ou les provisions doivent être constatées comptablement.

Vrai : les provisions servent à prévoir des pertes ou des charges à caractère anormal et réversible. En pratique, on distingue les dépréciations constituées en cas de perte de valeur potentielle sur éléments d'actif et les provisions pour risques et charges qui représentent des dettes potentielles.

La prise en charge d'une dépréciation ou d'une provision s'effectue en débitant le compte « Dotations aux amortissements, dépréciations et provisions ».

La dotation sera comptabilisée, selon le cas, en charges d'exploitation, charges financières ou charges exceptionnelles et la contrepartie correspondante figurera soit à l'actif du bilan en diminution du poste concerné (dépréciation) soit au passif (provision pour risques et charges).

Une dépréciation ou une provision n'est jamais définitive, elle peut être augmentée, diminuée et sera soldée lorsque l'événement à l'origine de la dépréciation ou de la provision disparaîtra ou que la perte se réalisera ; la réduction ou l'annulation d'une dépréciation ou d'une provision fait l'objet d'une reprise.

Cas pratique 1

On donne les renseignements suivants :

- 1er juin M. Max crée son entreprise de conseil avec un capital de 50 000 € déposés en banque.
- 2 juin Il retire 1 000 € de la banque pour alimenter la caisse.
- 3 juin Il achète du matériel de bureau pour 6 000 € avec un crédit bancaire.
- 4 juin Il paye le loyer du trimestre par chèque : 3 000 €.
- 10 juin Il facture une première prestation pour 4 000 € réglable à 30 jours à l'entreprise Paul.
- 15 juin Il paye par prélèvement la première mensualité de son crédit bancaire : 275 € dont 45 € d'intérêts.
- 18 juin L'entreprise Paul lui adresse un virement pour règlement de sa prestation.

1. Passer les écritures au journal.

2. Reporter ces écritures au grand livre.

3. Présenter la balance.

4. Présenter le compte de résultat et le bilan pour le mois de juin de l'entreprise de M. Max.

NB : On ne tiendra pas compte de la TVA.

Corrigé du cas pratique 1

I. Écritures au journal

Nos de comptes Débit	Nos de comptes Crédit	Dates, comptes et libellés	Montants Débit Emplois	Montants Crédit Ressources
		01/06		
512		Banques	50 000	
	10	Capital		50 000
		Création de l'entreprise		
		02/06		
53		Caisse	1 000	
	512	Banques		1 000
		Retrait de ce jour		
		03/06		
218		Matériel de bureau	6 000	
	164	Emprunts auprès des éts. de crédit		6 000
		Achat de matériel de bureau		
		04/06		
613		Locations	3 000	
	512	Banques		3 000
		Règlement du loyer		
		10/06		
411		Clients	4 000	
	706	Prestations de service		4 000
		Facturation client PAUL		
		15/06		
164		Emprunts auprès des éts. de crédit	230	
661		Charges d'intérêts	45	
	512	Banques		275
		Échéance de l'emprunt bancaire		
		18/06		
512		Banques	4 000	
	411	Clients		4 000
		Règlement reçu de PAUL		
		Totaux	**68 275**	**68 275**

II. Établissement du grand livre

D	512 Banques C
50 000	
	1 000
	3 000
	275
4 000	
	49 725 SD
54 000	54 000

D	10 Capital C
	50 000
SC 50 000	
50 000	50 000

D	53 Caisse C
1 000	
	1 000 SD
55 000	55 000

D	218 Matériel de bureau C
6 000	
	6 000 SD
6 000	6 000

D	164 Emprunts éts crédits C
230	
	6 000
SC 5 770	
6 000	6 000

D	613 Locations C
3 000	
	3 000 SD
3 000	3 000

D	411 Clients C
4 000	
	40 000 SD
4 000	4 000

D	706 Prestations de services C
	4 000
SC 4 000	
4 000	4 000

D	Charges d'intérêts C
45	
	45 SD
45	45

III. Présentation de la balance

Comptes	Mouvements Débit	Mouvements Crédit	Soldes Débit	Soldes Crédit
1 – Capitaux				
14 Capital		50 000		50 000
164 Emprunts éts. crédit	230	6 000		5 770
2 – Immobilisations				
218 Matériel de bureau	6 000		6 000	
4 – Tiers				
411 Clients	4 000		4 000	
5 – Financiers				
512 Banques	54 000	4 275	49 725	
53 Caisse	1 000		1 000	
6 – Charges				
613 Locations	3 000		3 000	
661 Charges d'intérêts	45		45	
7 – Produits				
706 Prestations de services		4 000		4 000
Totaux	**68 275**	**68 275**	**59 770**	**59 770**

IV. Présentation du bilan et du compte de résultat

Bilan

Actif		Passif	
Matériel de bureau	6 000	Capital	50 000
Banques	49 725	Emprunts éts. crédit	5 770
Caisse	1 000	**Résultat (bénéfice)**	**955**
	56 725		56 725

Compte de résultat

Charges		Produits	
Locations	3 000	Prestations de services	4 000
Charges d'intérêts	45		
Total des charges	*3 045*	*Total des produits*	*4 000*
Bénéfice	**955**		
	4 000		4 000

Chapitre 2

Le bilan

Executive summary

- **Le bilan** est un des états comptables de base.
- **Il présente à un instant T** la situation patrimoniale d'une entreprise et ses composantes : actif immobilisé et actifs circulants, capitaux propres, provisions pour risques et charges et dettes.
- **Il est un indicateur relatif du patrimoine** d'une entreprise car arrêté à une date donnée.

Le bilan est un état permettant de connaître la situation patrimoniale d'une entreprise à un moment donné. On dit souvent qu'il est une photographie de la situation patrimoniale.

Il comporte un actif et un passif.

À l'actif figurent les emplois : biens et créances.

Au passif, on présente les ressources : apports des associés (le capital), financements assurés par les tiers (les dettes).

Le résultat (bénéfice ou perte) apparaît toujours au passif : il représente la différence entre ce que l'entreprise possède et ce qu'elle doit.

Structure du bilan

Le bilan se présente schématiquement ainsi :

Bilan	
Actif (Emplois)	**Passif (Ressources)**
Actif immobilisé	**Capitaux propres**
Immobilisations incorporelles	Capital
Frais d'établissement	Réserves
Fonds commercial	Report à nouveau
Autres immobilisations incorporelles	Résultat de l'exercice (bénéfice ou perte)
Immobilisations corporelles	Subventions d'investissement
Terrains	Provisions réglementées
Constructions	**Provisions pour risques et charges**
Installations techniques matériel et outillage industriels	Provisions pour risques
Autres immobilisations corporelles	Provisions pour charges
Immobilisations financières	**Dettes**
Participations	Emprunts et dettes assimilées
Prêts	Avances et acomptes reçus sur commandes
Autres immobilisations financières	Dettes fournisseurs et comptes rattachés
Actif circulant	Dettes fiscales et sociales
Stocks et en cours	Dettes diverses
Avances et acomptes versés sur commandes	**Autres postes**
Créances clients et comptes rattachés	Produits constatés d'avance
Autres créances	Écarts de conversion passif
Valeurs mobilières de placement	
Disponibilités	
Autres postes	
Charges constatées d'avance	
Frais d'émission d'emprunt à étaler	
Primes de remboursement des obligations	
Écarts de conversion actif	

En pratique, dans la liasse fiscale, le bilan est présenté en deux parties : l'actif et le passif[1].

Les postes de l'actif

Les comptes de l'actif sont présentés sur trois colonnes : montants bruts, amortissements et provisions, montants nets.

Présentation des comptes d'actif

	Brut	**Amortissements Provisions**	**Net**
Postes			

La colonne « brut » indique le prix payé initialement ou la valeur brute.

La colonne « amortissements – provisions » indique le montant amorti ou déprécié, c'est-à-dire celui de la dépréciation définitive (amortissement) ou temporaire (provision).

La colonne « net » indique la valeur nette comptable (montant brut moins les amortissements ou les provisions).

L'actif immobilisé

Les immobilisations représentent les moyens de production de l'entreprise (moyens matériels ou immatériels).

Les immobilisations sont récentes lorsqu'elles sont peu amorties, elles peuvent être anciennes, voire obsolètes, lorsqu'elles sont totalement amorties.

Si les montants bruts augmentent régulièrement cela signifie que l'entreprise investit régulièrement ; s'ils sont stables, c'est qu'il y a peu d'investissements effectués récemment ou qu'il y a eu des investissements et des cessions qui se sont compensés (pour avoir plus de détails, il faut consulter dans l'annexe le tableau des immobilisations).

À analyser en fonction de l'activité de l'entreprise : doit-elle ou non investir régulièrement ?

1 Voir liasse fiscale sur www.dunod.com (mode d'emploi page 6).

■ Capital souscrit, non appelé

Compte 109

Capital souscrit par les actionnaires, mais non encore réclamé par la société. Lors du retraitement du bilan pour analyse, ce montant doit être déduit des capitaux propres pour faire apparaître les capitaux réellement mis à la disposition de l'entreprise.

■ Frais d'établissement

Compte 201 (amortissements 2801)

Frais engagés lors de la création de l'entreprise ou lors d'une augmentation de capital. Les frais d'établissement figurent au bilan pour en répartir le coût sur plusieurs exercices ; si leur montant est significatif, il convient de considérer que ce sont des non-valeurs et, lors du retraitement du bilan pour analyse, il faut les déduire des capitaux propres.

■ Frais de recherche et de développement

Compte 203 (amortissements 2803)

Ce poste fait apparaître les sommes consacrées par l'entreprise à la recherche et au développement ; il montre la volonté de l'entreprise de rester compétitive.

■ Concessions, brevets et droits similaires

Compte 205 (amortissements 2805 – dépréciations 2905)

Concessions, brevets, licences, marques, procédés, logiciels, droits et valeurs similaires acquis par l'entreprise ; leur valeur est difficile à apprécier : tout dépend s'ils permettent ou non à l'entreprise de se démarquer de la concurrence et pour combien de temps.

■ Fonds commercial

Compte 207 (amortissement 2807 – dépréciation 2907)

Fonds de commerce en cas d'acquisition ; la valeur d'un fonds n'a pas grand-chose à voir avec celle qui apparaît au bilan ; de plus, en cas de création, le fonds ne figure pas dans le bilan, car il n'y a pas eu de mouvement comptable comme pour une acquisition.

■ Autres immobilisations incorporelles

Compte 208 (amortissements 2808 – dépréciations 2908)

Il peut s'agir d'éléments très disparates : fichier clients, site Internet, etc.

■ Avances et acomptes sur immobilisations incorporelles

Compte 237 (dépréciations 2937)
Ce poste fait ressortir les acquisitions en cours d'immobilisations incorporelles.

■ Terrains

Comptes 211 – 212 (amortissements 2811 – 2812 – dépréciations 2911)
Il peut s'agir de terrains bâtis ou non bâtis.

■ Constructions

Comptes 213 – 214 (amortissements 2813 – 2814)
Il peut s'agir de bâtiments industriels, commerciaux ou de bureaux.

■ Installations techniques, matériel et outillage industriels

Compte 215 (amortissements 2815)
Ce poste regroupe tous les équipements techniques appartenant à l'entreprise : son niveau donne une bonne idée des moyens de production dont l'entreprise est propriétaire ; le niveau d'amortissement est un bon indicateur de la vétusté ou non des équipements. Un bon indicateur de la valeur des équipements est le sort des cessions quand elles existent : font-elles ou non ressortir des plus-values ?

■ Autres immobilisations corporelles

Compte 218 (amortissements 2818)
Il s'agit du matériel de transport, du matériel et du mobilier de bureau ; à examiner selon l'activité de l'entreprise.

■ Immobilisations en cours

Compte 231 (dépréciations 2931)
Investissements corporels en cours d'aménagement : travaux ou équipements incomplets.

■ Avances et acomptes

Compte 238 (dépréciations 2938)
Acomptes versés en vue de l'acquisition d'une immobilisation corporelle : de quoi peut-il s'agir ?

■ Participations

Comptes 261 – 266 (dépréciations 2961 – 2966)
Part de capital d'une société filiale. Cela signifie que l'entreprise a une ou des filiales ou du moins qu'elle détient une part significative du capital d'une ou plusieurs sociétés (selon leur importance, il convient de se procurer les comptes de ces entreprises pour évaluer leur valeur dans le patrimoine de la société étudiée).

■ Créances rattachées à des participations

Comptes 267 – 268 (dépréciations 2967 – 2968)
Il s'agit de créances sur une société ou des sociétés filiales ; ces créances peuvent figurer au bilan pour une valeur sensiblement différente de la réalité : il convient de se procurer les comptes de ces entreprises pour évaluer leur valeur dans le patrimoine de la société étudiée.

■ Autres titres immobilisés

Comptes 271 – 272 (dépréciations 2971 – 2972)
Tous les titres immobilisés sauf sur une filiale ; cela peut être des titres dont la revente à court terme peut être difficile ou impossible et la valeur insignifiante.

■ Prêts

Compte 274 (dépréciations 2974)
Il s'agit de prêts consentis à long ou moyen terme à tout partenaire de l'entreprise : client, fournisseur, personnel, etc.

■ Autres immobilisations financières

Comptes 276 – 277 (dépréciations 2976 – 2977)
Il s'agit des dépôts et cautionnements versés, divers ; dépôts de garantie en cas de location notamment ou pour garantir une activité réglementée.

L'actif circulant

Il comprend les stocks, les avances et acomptes versés, les créances clients, les autres créances, les disponibilités et les actifs divers (souvent sans valeur).

■ Stocks et en cours

Ce sont des marchandises, des matières premières ou des produits destinés à être revendus après ou non transformation.

Matières premières

Comptes 31 – 32 (dépréciations 391 – 392)
Ce sont les produits en attente de transformation.

Produits intermédiaires ou finis

Comptes 33 – 34 – 35 (dépréciations 393 – 394 – 395)
Ce sont les biens ou les services en cours de fabrication ou totalement transformés.

Marchandises

Compte 37 (dépréciations 397)
Ce sont les biens qui seront revendus dans l'état.

Le niveau des stocks et leur composition sont un bon indicateur concernant l'activité de l'entreprise.

Si les stocks augmentent plus vite que le chiffre d'affaires, il est important d'en connaître la raison (ventes surestimées, préparation d'une ou plusieurs commandes – voire au passif d'éventuels avances et acomptes, etc.).

Dans les petites entreprises, une augmentation des stocks est souvent signe de baisse d'activité non prévue. Pour connaître l'évolution, il faut calculer le poids des stocks par rapport au chiffre d'affaires avec le ratio suivant : (stocks × 360)/CA (HT).

Si les provisions sur stocks augmentent, cela signifie que les stocks se sont dépréciés ou que l'entreprise a provisionné pour réduire son résultat (manipulation comptable assez courante).

À analyser en fonction de l'activité de l'entreprise : doit-elle ou non avoir des stocks importants ?

■ Avances et acomptes versés sur commandes

Compte 4091
Montant des avances et acomptes versés aux fournisseurs ; pour calculer le délai de règlement des fournisseurs, il conviendrait, sauf montant faible, de les déduire du poste Fournisseurs.

■ Clients et comptes rattachés

Comptes 411 – 413 – 416 – 417 – 418 – 4096 – 4097 (dépréciations 491)
Ce poste regroupe les clients ordinaires, les effets à recevoir (effets en portefeuille remis par les clients en règlement et non remis en

banque), les clients douteux et les clients, les produits non encore facturés.

Le niveau du poste Clients est un bon indicateur de la santé d'une entreprise.

Si le montant du poste Clients augmente plus vite que le chiffre d'affaires, il est important d'en connaître la raison (nouveaux clients, diversification, retards de paiements, impayés, etc.). Dans les petites entreprises, une augmentation du poste Clients est souvent significative d'une détérioration de la qualité de la clientèle. Pour connaître l'évolution, il faut calculer les délais de règlement clients par rapport au chiffre d'affaires à l'aide du ratio suivant : (clients × 360)/CA (TTC).

Si les dépréciations (provisions) augmentent, cela signifie qu'il y a plus d'impayés, mais si les délais augmentent sans constitution de dépréciations, il faut en connaître la vraie raison (nouveaux clients, part de clients payant plus tard en augmentation, retards de paiement). À analyser en fonction de l'activité de l'entreprise : quels sont ses principaux clients ?

Pour connaître l'encours total de ce qui est dû par les clients, il faut rajouter l'encours d'escompte (voir l'annexe 11 de la liasse fiscale – ligne YS).

Comment calculer des délais moyens de règlement clients et les encours de crédit qui peuvent être nécessaires ?

Supposons une entreprise dont le CA est de 12 000 000 HT (TVA à 20 %) et dont l'activité est assez régulière.

La clientèle se répartit ainsi :

- 20 % sont des particuliers : règlement comptant
- 40 % sont des entreprises : règlement par traite à 90 jours
- 40 % sont des collectivités publiques : règlement à 120 jours par virement.

Les traites reviennent acceptées au bout de 30 jours en moyenne et la banque n'escompte que des effets acceptés. Les créances sur les collectivités publiques sont financées en Dailly (avances sur factures ou marchés).

1. Calcul du délai de règlement moyen théorique des clients

Particuliers : 20 × 0 = 0

Entreprises : 40 × 90 = 3 600

Collectivités publiques : 40 × 120 = 4 800

Délai moyen : 0 + 3 600 + 4 800 = 8 400/100 = 84 jours.

2. Calcul du plafond théorique d'escompte

CA annuel TTC = 12 000 000 × 120 % = 14 400 000
CA entreprises : 14 400 000 × 40 % = 5 760 000
Délai moyen d'escompte des effets : 90 – 30 = 60 jours
Plafond d'escompte : (5 760 000/360) × 60 = 960 000 €.
3. Calcul du plafond théorique de Dailly
CA annuel TTC = 12 000 000 × 120 % = 14 400 000
CA collectivités : 14 400 000 × 40 % = 5 760 000
Délai moyen de règlement des collectivités : 120 jours
Plafond de Dailly : (5 760 000/360) × 120 = 1 920 000 €.

■ Autres créances

Comptes 4098 – 425 – 428 (si débiteur) – 441 – 444 (si débiteur) – 4456 – 4458 (si débiteur) – 448 (si débiteur) – 451 (si débiteur) – 455 (si débiteur) – 456 (si débiteur) – 462 – 467 (dépréciations 495 – 496)

Ce poste indique les sommes dues par des tiers autres que les clients (personnel, État, associés, débiteurs divers) à la date d'arrêté du bilan.

Il faut absolument disposer du détail du poste « Autres créances » (avec une balance détaillée des comptes), car il peut servir facilement de compte fourre-tout ; il peut, par exemple :

- masquer des retards de paiement clients (comptes clients passés en autres créances) ;
- contenir des comptes courants d'associés débiteurs (qu'il conviendrait alors, lors du retraitement du bilan pour analyse, de porter en déduction des capitaux propres).

■ Valeurs mobilières de placement

Compte 50 (dépréciations 590)

Ce poste indique les capitaux placés en actions, obligations, titres de créances négociables, bons du trésor et bons de caisse ; le plus souvent il s'agit de parts d'OPCVM. Attention, comme la plupart des postes du bilan, ce poste peut varier sensiblement en cours d'exercice (à rapprocher des produits financiers – intérêts et produits assimilés – qui donnent une meilleure idée des capitaux placés).

■ Disponibilités

Comptes 50 – 51 (si débiteur) – 53 (dépréciations 590)

Il s'agit des fonds disponibles en banque et en caisse.

■ Charges constatées d'avance

Compte 486

Ce poste comprend la partie de charges comptabilisées d'avance au cours de l'exercice et imputable à l'exercice suivant ; il conviendrait, lors du retraitement du bilan pour analyse, de le porter en déduction des capitaux propres.

■ Frais d'émission d'emprunt à étaler

Compte 4816

Ce poste comprend les charges d'émission d'emprunt qui peuvent être étalées sur plusieurs exercices ; il conviendrait, lors du retraitement du bilan pour analyse, de le porter en déduction des capitaux propres.

■ Primes de remboursement des obligations

Compte 169

Figure dans ce poste la différence entre le prix versé par l'obligataire et la valeur de l'obligation ; il s'agit d'une charge répartie sur plusieurs exercices et qu'il conviendrait, lors du retraitement du bilan pour analyse, de porter en déduction des capitaux propres.

■ Écarts de conversion actif

Compte 476

Figurent dans ce poste les pertes latentes sur créances ou dettes en monnaie étrangère ; il conviendrait, lors du retraitement du bilan pour analyse, d'en porter le montant en déduction des capitaux propres.

Les postes du passif

Les comptes du passif sont présentés sur une colonne, car ils ne donnent lieu ni à amortissements ni à provisions.

Les capitaux propres

■ Capital

Comptes 101 – 108

Il s'agit du capital social dans une société et du compte de l'exploitant dans une entreprise individuelle.

■ Primes d'émission, de fusion, d'apport

Compte 104

Ce poste regroupe les primes versées par les actionnaires lors d'une augmentation de capital ou d'une fusion.

■ Écarts de réévaluation

Compte 105

Ce poste représente les contreparties de la réévaluation de la valeur de certains postes de l'actif.

■ Réserve légale

Compte 1061

Dans les sociétés de capitaux, le bénéfice ne peut être intégralement distribué et la réserve doit être abondée à hauteur de 5 % du bénéfice dans la limite de 10 % du capital.

■ Réserves statutaires

Compte 1063

Dans ce compte figurent les bénéfices non distribués et mis en réserve conformément aux statuts.

■ Réserves réglementées

Comptes 1062 – 1064

On trouve ici les bénéfices non distribués et mis en réserve conformément à la loi.

■ Autres réserves

Compte 1068

Ce sont des réserves libres décidées par l'assemblée générale des actionnaires.

■ Report à nouveau

Compte 11

Il s'agit d'un bénéfice ou d'une perte non encore affecté ; il peut s'agir aussi d'un résidu de bénéfice non versé pour que le dividende soit un compte rond.

■ Résultat de l'exercice

Compte 12
Il s'agit du bénéfice ou de la perte de l'exercice.

■ Subventions d'investissement

Compte 13
Sont portées sur ce compte les subventions reçues pour équipement.

■ Provisions réglementées

Compte 14
Les provisions réglementées ne correspondant pas à l'objet normal d'une provision et sont constituées en application de dispositions légales (provisions pour hausse des prix ou des cours, amortissements dérogatoires, etc.).

Les autres fonds propres

■ Produits des émissions de titres participatifs

Comptes 1671 – 1675
Ce sont des titres rémunérés par une partie fixe et par une partie variable et sans garantie.

■ Avances conditionnées

Compte 1674
Il s'agit d'avances consenties par l'État à des entreprises du secteur public.

Les provisions pour risques et charges

■ Provisions pour risques

Compte 151
Les provisions pour risques sont constituées pour faire face à des événements divers : amendes, garanties aux clients ou à des tiers, litiges, etc.

■ Provisions pour charges

Comptes 155 – 156 – 157
Les provisions pour charges sont constituées pour anticiper des charges à venir : impôts, renouvellement des immobilisations, congés payés, grosses réparations, etc.

Les dettes

■ Emprunts obligataires convertibles

Compte 161

Encours des emprunts émis par l'entreprise et pour lesquels les détenteurs des titres pourront, dans certaines conditions, devenir actionnaires.

■ Autres emprunts obligataires

Compte 163

Il s'agit des emprunts obligataires autres que convertibles.

■ Emprunts et dettes auprès des établissements de crédit

Comptes 164 – 51 (si créditeur)

Ce poste comprend l'encours de tous les emprunts bancaires : à moyen ou long terme et à court terme ; la ventilation entre le moyen et long terme (164) et le court terme (51) est donnée en renvoi de bas de bilan ou dans l'annexe.

■ Emprunts et dettes financières divers

Comptes 165 – 166 – 167 – 168 – 17 – 451 (si créditeur) – 455 (si créditeur) – 456 (si créditeur)

Ce poste regroupe plusieurs comptes : dépôts et cautionnement reçus, participation des salariés, autres emprunts, dettes rattachées à des participations, groupe, comptes courants d'associés créditeurs.

■ Avances et acomptes reçus

Compte 4191

Ce sont les avances et acomptes reçus sur commandes et donc versés par les clients (à déduire du poste Clients à l'actif pour calculer les délais de règlement clients).

■ Dettes fournisseurs et comptes rattachés

Comptes 401 – 403 – 4081 – 4088

Ce poste regroupe tout ce qui est dû aux fournisseurs autres que ceux d'immobilisations : fournisseurs, fournisseurs effets à payer, fournisseurs factures non parvenues.

■ Dettes fiscales et sociales

Comptes 421 – 424 – 427 – 428 (si créditeur) – 43 (si créditeur) – 442 – 444 (si créditeur) – 4455 – 4457

Dans ces postes est comptabilisé tout ce qui est dû aux partenaires sociaux et aux collectivités publiques par l'entreprise : personnel rémunérations dues, participation des salariés, Sécurité sociale et autres organismes sociaux, État, impôts sur les bénéfices, État – TVA à décaisser ou à régulariser, autres impôts, associés, dividendes à payer.

■ Dettes sur immobilisations et comptes rattachés

Comptes 279 – 404 – 405 – 4084 – 4088

Il s'agit de ce qui est dû aux fournisseurs d'immobilisations.

■ Autres dettes

Comptes 4196 – 4198 – 464 – 467 (si créditeur) – 468 (si créditeur) – 509

Figurent dans ce poste des dettes très hétérogènes : clients créditeurs, créditeurs divers, divers charges à payer, comptes courants d'associés. Pour pouvoir analyser correctement le bilan, il faut absolument disposer du détail de ce poste qui peut servir de fourre-tout ; pour cela, l'idéal est d'avoir une balance détaillée.

Les comptes de régularisation

■ Produits constatés d'avance

Compte 487

Il s'agit de la partie de produits comptabilisés d'avance au cours de l'exercice et imputable à l'exercice suivant.

■ Écarts de conversion passif

Compte 477

Sont comptabilisés dans ce poste les profits latents sur créances ou dettes en monnaie étrangère.

L'essentiel

▶▶ **Le bilan** est un état qui présente de façon synthétique, à une date donnée, le patrimoine de l'entreprise :
- à l'actif : ce qu'elle possède ;
- au passif : ce qu'elle doit.

▶▶ **Il doit être analysé** avec prudence pour trois raisons :
- il est arrêté à une date donnée (la veille ou le lendemain, il aurait pu être assez différent) ;
- la valeur comptable de certains actifs n'est pas forcément le reflet de leur valeur économique ;
- son analyse nécessite des retraitement préalables.

Questionnaire 2

	Vrai	Faux
1. Le bilan est un état comptable permettant de – connaître « principalement » la rentabilité d'une entreprise.	❑	❑
2. L'actif du bilan représente le bénéfice de l'exercice.	❑	❑
3. Le passif du bilan représente les ressources dont dispose l'entreprise.	❑	❑
4. L'actif du bilan comprend des biens et des créances.	❑	❑
5. Le passif du bilan comprend principalement les apports des associés et les dettes.	❑	❑
6. Dans un bilan, il y a bénéfice lorsque les emplois sont supérieurs aux ressources.	❑	❑
7. Les grandes masses de l'actif du bilan sont l'actif immobilisé et l'actif circulant.	❑	❑
8. Les grandes masses du passif du bilan sont seulement les capitaux propres et les dettes.	❑	❑
9. Les comptes de classe 1 à 5 figurent au bilan.	❑	❑
10. Les comptes de bilan sont repris d'un exercice sur l'autre.	❑	❑

Corrigé du questionnaire 2

1. Le bilan est un état comptable permettant de connaître « principalement » la rentabilité d'une entreprise.

Faux : le bilan est un état comptable permettant de connaître « principalement » le patrimoine d'une entreprise.

2. L'actif du bilan représente le bénéfice de l'exercice.

Faux : l'actif du bilan représente les emplois (avoirs) : biens et créances qui entrent dans le patrimoine de l'entreprise.

3. Le passif du bilan représente les ressources dont dispose l'entreprise.

Vrai : le passif du bilan représente les ressources (capitaux propres et capitaux empruntés) dont dispose l'entreprise.

4. L'actif du bilan comprend des biens et des créances.

Vrai : l'évaluation en est faite au jour de l'acquisition du bien ou de la naissance de la créance (coût historique).

5. Le passif du bilan comprend principalement les apports des associés et les dettes.

Vrai : on y trouve les capitaux propres (capitaux apportés par les associés ou profits générés par l'activité), les provisions pour risques et charges et les dettes.

6. Dans un bilan, il y a bénéfice lorsque les emplois sont supérieurs aux ressources.

Vrai : il y a bénéfice si les emplois (biens et créances) sont supérieurs aux ressources (capitaux propres hors résultat, provisions pour risques et charges et dettes).

7. Les grandes masses de l'actif du bilan sont l'actif immobilisé et l'actif circulant.

Vrai : l'actif immobilisé comprend les moyens de production de l'entreprise ; l'actif circulant comprend les stocks, les créances et les disponibilités.

8. Les grandes masses du passif du bilan sont seulement les capitaux propres et les dettes.

Faux : il y a aussi les provisions pour risques et charges.

– Les capitaux propres comprennent les capitaux apportés par les associés et les profits dégagés.

– Les provisions pour risques et charges représentent des dettes potentielles.

– Les dettes comprennent les emprunts, les dettes fournisseurs, les dettes fiscales et sociales et les autres dettes.

9. Les comptes de classe 1 à 5 figurent au bilan.

Vrai : certains comptes figurent toujours à l'actif (classes 2 et 3) ; d'autres toujours au passif (classe 1) ; d'autres, enfin, soit à l'actif soit au passif (classes 4 et 5) : à l'actif s'ils sont débiteurs (sauf les comptes d'amortissements et de dépréciations) et au passif s'ils sont créditeurs (sauf les comptes résultat et report à nouveau qui peuvent être débiteurs ou créditeurs) et qui figurent toujours au passif.

10. Les comptes de bilan sont repris d'un exercice sur l'autre.

Vrai : ce que l'entreprise possède à la fin d'un exercice se retrouve au début de l'exercice suivant.

Cas pratique 2

La balance par soldes des comptes au 31/12/N de l'entreprise Boteur est la suivante :

101	Capital		1 000 000,00
1061	Réserve légale		8 000,00
110	Report à nouveau		1 000,00
151	Provisions pour risques		18 000,00
164	Emprunts auprès des établissements de crédit		375 000,00
207	Fonds commercial	22 000,00	
211	Terrain	127 000,00	
213	Constructions	323 700,00	
215	Instal. techniques, mat. et outillage industriels	192 900,00	
2182	Matériel de transport	149 700,00	
274	Prêts	21 500,00	
2813	Amortissements des constructions		122 300,00
2815	Amortissements des installations techniques		87 300,00
28183	Amortissements du matériel de transport		21 400,00
31	Stocks	94 330,00	
3911	Provisions pour dépréciation des stocks		8 820,00
401	Fournisseurs		535 000,00
403	Fournisseurs, effets à payer		132 500,00
4091	Fournisseurs, acomptes versés sur commandes	1 570,00	
411	Clients	1 206 370,00	
419	Clients, acomptes versés sur commandes		1 500,00
442	État, impôts et taxes recouvrables sur tiers	11 850,00	
448	État, charges à payer		2 750,00
491	Provisions pour dépréciation des comptes clients		7 580,00
50	Valeurs mobilières de placement	35 000,00	
512	Banques	142 720,00	
530	Caisse	1 550,00	
5906	Provisions pour dépréciation des VMP		790,00
60	Achats	1 879 450,00	
61/62	Autres achats et charges externes	265 793,00	
631	Impôts, taxes et versements assimilés	78 320,00	
640	Charges de personnel	1 327 380,00	
661	Charges d'intérêts	27 387,00	
671	Charges exceptionnelles sur opérations de gestion	3 750,00	
681	Dotations aux amort. dépr. et prov. (charges d'exploitation)	153 715,00	
687	Dotations aux amort. dépr. et prov. (charges exceptionnelles)	15 000,00	
707	Ventes de marchandises		3 729 350,00
764	Revenus de valeurs mobilières de placement		17 395,00
771	Produits exceptionnels sur opérations de gestion		12 300,00
		6 080 985,00	6 080 985,00

Présenter le bilan de la société Boteur au 31/12/N en complétant le tableau joint en annexe (le résultat reste à calculer).

Bilan Boteur

Actif	Bruts	Amort. Prov.	Nets	Passif	
Actif immobilisé				**Capitaux propres**	
Immobilisations incorporelles				Capital	
Fonds commercial				Réserve légale	
Immobilisations corporelles				Report à nouveau	
Terrains				Résultat de l'exercice	
Constructions				Provisions réglementées	
Instal. techniques, mat. et out. industriels				**Total I**	
Autres immobilisations corporelles					
				Provisions pour risques et charges	
Immobilisations financières					
Dépôts et cautionnements versés				Provisions pour risques	
Prêts					
				Total II	
Total I					
				Dettes	
Actif circulant					
Stocks et en cours				Emprunts et dettes assimilées	
Avances et acomptes versés sur commandes				Avances et acomptes reçus sur commandes en cours	
Créances clients et comptes rattachés				Dettes fournisseurs et comptes rattachés	
Autres créances				Dettes fiscales et sociales	
Valeurs mobiliéres de placement					
Disponibilités				**Total III**	
Total II					
Total général				**Total général**	

Corrigé du cas pratique 2

Actif	Bruts	Amort. Prov.	Nets
Actif immobilisé			
Immobilisations incorporelles			
Fonds commercial	22 000		22 000
Immobilisations corporelles			
Terrains	127 000		127 000
Constructions	323 700	122 300	201 400
Instal. techniques, mat. et out. industriels	192 900	87 300	105 600
Autres immobilisations corporelles (1)	149 700	21 400	128 300
Immobilisations financières			
Dépôts et cautionnements versés			
Prêts	21 500		21 500
Total I	836 800	231 000	605 800
Actif circulant			
Stocks et en cours	94 330	8 820	85 510
Avances et acomptes versés sur commandes	1 570		1 570
Créances clients et comptes rattachés (2)	1 206 370	7 580	1 198 790
Autres créances	11 850		11 850
Valeurs mobiliéres de placement	35 000	790	34 210
Disponibilités (3)	144 270		144 270
Total II	1 493 390	17 190	1 476 200
Total général	2 330 190	248 190	2 082 000

Passif	
Capitaux propres	
Capital	1 000 000
Réserve légale	8 000
Report à nouveau	1 000
Résultat de l'exercice (bénéfice)	8 250
Provisions réglementées	
Total I	1 017 250
Provisions pour risques et charges	
Provisions pour risques	18 000
Total II	18 000
Dettes	
Emprunts et dettes assimilées	375 000
Avances et acomptes reçus sur commandes en cours	1 500
Dettes fournisseurs et comptes rattachés (4)	667 500
Dettes fiscales et sociales	2 750
Total III	1 046 750
Total général	2 082 000

(1) Matériel de transport.
(2) Clients ; clients, effets à recevoir.
(3) Banque ; caisse.
(4) Fournisseurs ; Fournisseurs, effets à payer.

Chapitre 3

Le compte de résultat

Executive summary

▶▶ **Le compte de résultat** est un des états comptables de base.

▶▶ **Il regroupe tous les produits** et toutes les charges d'un exercice comptable et permet de savoir pourquoi une entreprise a réalisé un bénéfice ou une perte au cours d'un exercice comptable.

▶▶ **Pour analyser le compte de résultat**, il est nécessaire de le retraiter sous forme de soldes intermédiaires de gestion.

Le compte de résultat est un état des **charges** et des **produits** comptabilisés par une entreprise **au cours d'une période donnée**. Si le bilan peut être considéré comme une photographie, on peut dire que le compte de résultat est un film, car il couvre une période donnée (un exercice comptable) et non un instant figé.

Le compte de résultat permet donc d'expliquer l'activité d'une entreprise au cours d'une période donnée (généralement une année).

La différence entre les charges et les produits représente soit un **bénéfice**, soit une **perte**.

Arrêtés à la même date le bilan et le compte de résultat font ressortir évidemment le même résultat (perte ou bénéfice).

Structure du compte de résultat

Le compte de résultat se présente schématiquement ainsi :

Compte de résultat	
Charges	**Produits**
Charges d'exploitation Achats de marchandises Variation des stocks (moins ou plus) Achats de matières premières et autres approvisionnements Variation des stocks Autres achats et charges externes Impôts, taxes et versements assimilés Salaires et traitements Charges sociales Dotations aux amortissements, dépréciations et provisions Autres charges	**Produits d'exploitation** Ventes de marchandises Production vendue (biens et services) Production stockée Subventions d'exploitation Reprises sur amortissements, dépréciations et provisions, transferts de charges Autres produits
Charges financières Dotations aux amortissements, dépréciations et provisions Intérêts et charges assimilées Différences négatives de change Charges nettes sur cessions de valeurs mobilières de placement	**Produits financiers** Intérêts et produits assimilés Reprises sur dépréciations et provisions, transferts de charges Différences positives de change Produits nets sur cessions de valeurs mobilières de placement
Charges exceptionnelles Sur opérations de gestion Sur opérations en capital Dotations aux amortissements, dépréciations et provisions	**Produits exceptionnels** Sur opérations de gestion Sur opérations en capital Reprises sur provisions et dépréciations, transferts de charges
Participation des salariés Impôts sur les bénéfices	

En pratique, dans la liasse fiscale, le compte de résultat est présenté différemment : produits d'exploitation puis charges d'exploitation, produits financiers puis charges financières, produits exceptionnels puis charges exceptionnelles, autres charges et résultat net[1].

Les postes de charges

Charges d'exploitation

■ Achats de marchandises

Comptes 607 – 6087 – 6097
Produits achetés destinés à être vendus sans transformation, déduction faite des rabais obtenus sur achats de marchandises.

■ Variation des stocks (marchandises)

Compte 6037
Stock initial – stock final de marchandises.

La variation des stocks représente la différence entre le stock initial et le stock final de marchandises.

Si le stock initial est supérieur au stock final, il y a eu consommation de marchandises en plus des achats (déstockage).

Si le stock initial est inférieur au stock final, il y a eu constitution supplémentaire de stock de marchandises en plus des achats (tout ce qui a été acheté n'a pas été consommé).

■ Achats de matières premières et autres approvisionnements

Comptes 601 – 602 – 6091 – 6092
Achats de matières premières, matières et fournitures consommables, emballages, déduction faite des rabais obtenus sur achats de matières et fournitures.

■ Variation des stocks (matières premières et autres approvisionnements)

Comptes 6031 – 6032
Stock initial – stock final de matières premières et autres approvisionnements.

1 Voir liasse fiscale sur www.dunod.com (mode d'emploi page 6).

La variation des stocks représente la différence entre le stock initial et le stock final de matières premières et autres approvisionnements.

Si le stock initial est supérieur au stock final, il y a eu consommation de matières premières et autres approvisionnements en plus des achats (déstockage).

Si le stock initial est inférieur au stock final, il y a eu constitution supplémentaire de stock de matières premières et autres approvisionnements en plus des achats (tout ce qui a été acheté n'a pas été consommé).

■ Autres achats et charges externes

Comptes 604 – 605 – 606 – 609 – 61 – 62
Prestations de services, petits matériels, matières et fournitures, redevances de crédit-bail, locations, entretien, assurances, personnel intérimaire, intermédiaires et honoraires, publicité, relations publiques, transports et déplacements, missions et réceptions, frais postaux et de télécommunications, services bancaires, rabais sur achats et charges externes.

■ Impôts, taxes et versements assimilés

Compte 63...
Impôts autres que la TVA et l'IS.

■ Salaires et traitements

Comptes 641 – 644
Rémunérations du personnel et de l'exploitant.

■ Charges sociales

Comptes 645 – 646 – 647 – 648
Cotisations employeurs.

■ Dotations aux amortissements, dépréciations et provisions (charges d'exploitation)

Sur immobilisations, dotations aux amortissements (comptes 6811 et 6812) : dotations de l'exercice aux amortissements (dépréciation normale et irréversible).

Sur immobilisations, dotations aux dépréciations (compte 6816) : dotations de l'exercice aux dépréciations sur immobilisations (dépréciation anormale et réversible).

Sur actif circulant, dotations aux dépréciations (compte 6817) : dotations de l'exercice aux dépréciations sur actif circulant (dépréciation anormale et réversible).

Pour risques et charges, dotations aux provisions (compte 6815) : dotations de l'exercice aux provisions pour risques et charges (dépréciation anormale et réversible).

■ Autres charges

Comptes 65... (sauf 655)
Redevances sur brevets, licences, jetons de présence, pertes sur créances irrécouvrables, quotes-parts sur opérations faites en commun.

Charges financières

■ Dotations aux amortissements, dépréciations et provisions (charges financières)

Comptes 686...
Dotations financières de l'exercice aux amortissements (prise en charge de la dépréciation normale et irréversible des primes de remboursement des obligations).

Dotations financières de l'exercice aux dépréciations et provisions (prise en charge de la dépréciation anormale et réversible des valeurs mobilières de placement ou des risques et charges financiers).

■ Intérêts et charges assimilées

Comptes 661 – 664 – 665 – 668
Charges d'intérêts, pertes sur créances rattachées à des participations, escomptes accordés, autres charges financières

■ Différences négatives de change

Compte 666
Pertes de change.

■ Charges nettes sur cessions de valeurs mobilières de placement

Compte 667
Moins-values sur cessions de valeurs mobilières de placement.

Charges exceptionnelles

■ Charges exceptionnelles sur opérations de gestion

Compte 671
Dédits et pénalités payés sur achats et ventes, rappels d'impôts, divers.

■ Charges exceptionnelles sur opérations en capital

Comptes 675 – 678
Valeurs comptables des éléments d'actif cédés, divers.

■ Dotations aux amortissements, dépréciations et provisions (charges exceptionnelles)

Comptes 687...
Dotations de l'exercice aux amortissements, dépréciations et provisions exceptionnels.

Charges diverses

■ Participation des salariés aux fruits de l'expansion

Compte 691
Montant annuel de la participation des salariés aux fruits de l'expansion.

■ Impôts sur les bénéfices

Compte 695
Montant annuel de l'impôt sur les bénéfices.

Une charge n'a pas forcément d'impact négatif sur la trésorerie de l'entreprise pour deux raisons :
1 – Certaines charges sont non décaissables : les dotations aux amortissements, dépréciations et provisions.
2 – L'enregistrement d'une charge donne assez souvent lieu à paiement différé.

Les postes de produits

Produits d'exploitation

■ Ventes de marchandises

Comptes 707 – 7097
Produits vendus sans transformation, déduction faite des rabais accordés sur ventes de marchandises.

■ Production vendue (biens et services)

Comptes 70... (sauf 707) – 709...
Ventes de produits après transformation et ventes de services, déduction faite des rabais accordés sur ventes de produits et de services.
Compte 708
Produits des activités annexes

■ Production stockée

Compte 713
Stock final – stock initial de produits en cours ou produits finis.

La production stockée représente la différence entre le stock final et le stock initial de produits en cours et de produits finis.

Si le stock final est supérieur au stock initial, il y a eu production de produits en plus des ventes (tout ce qui a été produit au cours de l'exercice n'a pas été vendu).

Si le stock final est inférieur au stock initial, il y a eu déstockage de produits.

■ Production immobilisée

Comptes 72 – 73
Production effectuée par l'entreprise pour elle-même (produits ou recherche et développement).

■ Subventions d'exploitation

Compte 74
Subventions reçues pour couvrir des charges d'exploitation.

■ Reprises sur amortissements, dépréciations et provisions, transferts de charges (produits d'exploitation)

Comptes 781 – 791
Reprises sur amortissements, dépréciations et provisions, transferts de charges d'un exercice sur un autre.

■ Autres produits

Comptes 75... (sauf 755)
Redevances sur brevets, licences, etc., revenus d'immeubles, jetons de présence, quotes-parts de résultat sur opérations faites en commun.

Produits financiers

■ Produits financiers de participations

Compte 761
Revenus sur participations.

■ Produits des autres valeurs mobilières et créances de l'actif immobilisé

Compte 762
Revenus sur prêts et titres immobilisés.

■ Autres intérêts et produits assimilés

Comptes 763 – 764 – 765 – 768
Revenus des autres créances, revenus des valeurs mobilières de placement, escomptes obtenus, autres produits financiers.

■ Reprises sur dépréciations et provisions, transferts de charges (produits financiers)

Comptes 786 – 796
Reprises sur dépréciations et provisions, transferts de charges d'un exercice sur un autre.

■ Différences positives de change

Compte 766
Profits de change.

■ Produits nets sur cessions de valeurs mobilières de placement

Compte 767

Plus-values sur cessions de valeurs mobilières de placement.

Produits exceptionnels

■ Produits exceptionnels sur opérations de gestion

Compte 771

Dédits et pénalités perçus sur achats et ventes, dégrèvements d'impôts, divers.

■ Produits exceptionnels sur opérations en capital

Comptes 775 – 777 – 778

Produits des cessions d'éléments d'actif, divers.

■ Reprises sur dépréciations et provisions, transferts de charges (produits exceptionnels)

Comptes 787 – 797

Reprises sur amortissements et provisions, transferts de charges d'un exercice sur un autre.

Un produit n'a pas forcément d'impact positif sur la trésorerie de l'entreprise pour deux raisons :

- Certains produits sont non encaissables : les reprises sur dépréciations et provisions.
- L'enregistrement d'un produit donne assez souvent lieu à encaissement différé.

Une entreprise peut donc avoir une trésorerie excédentaire et réaliser des pertes ou avoir une trésorerie déficitaire et avoir un exercice comptable bénéficiaire.

L'essentiel

- **Le compte de résultat** est un état comptable qui reprend de façon synthétique tous les produits et toutes les charges d'une entreprise pour un exercice comptable.
- **Les charges et les produits** sont classés en trois catégories : exploitation, financier et exceptionnel.
- **La différence entre les produits et les charges** détermine le résultat de l'exercice : bénéfice ou perte.
- **Le résultat comptable** est souvent déconnecté de la situation de trésorerie de l'entreprise : une entreprise peut avoir une trésorerie excédentaire et réaliser des pertes ou avoir une trésorerie déficitaire et réaliser un exercice comptable bénéficiaire.

Questionnaire 3

	Vrai	Faux
1. Le compte de résultat est un état comptable permettant de connaître « principalement » la rentabilité d'une entreprise.	❏	❏
2. Le compte de résultat comprend les dépenses et les recettes pour un exercice.	❏	❏
3. Le compte de résultat et le bilan arrêtés à la même date font ressortir le même résultat.	❏	❏
4. Le compte de résultat résume l'activité d'un exercice.	❏	❏
5. Les comptes de classe 6 et 7 figurent au compte de résultat.	❏	❏
6. Les comptes de gestion (charges et produits) sont soldés à chaque fin d'exercice.	❏	❏
7. Il existe plusieurs catégories de charges et de produits.	❏	❏
8. Toutes les entreprises sont soumises à l'IS.	❏	❏
9. Tous les comptes représentant une variation de stocks figurent dans les charges.	❏	❏
10. Tous les impôts payés par une entreprise figurent dans le compte de résultat.	❏	❏

Corrigé du questionnaire 3

1. Le compte de résultat est un état comptable permettant de connaître « principalement » la rentabilité d'une entreprise.

Vrai : le compte de résultat est un état comptable permettant de connaître « principalement » la rentabilité d'une entreprise.

2. Le compte de résultat comprend les dépenses et les recettes d'une entreprise pour un exercice.

Faux : le compte de résultat comprend les charges (dépenses engagées ou réalisées avec ou sans décaissement) et les produits (recettes engagées ou réalisées avec ou sans encaissement).

3. Le compte de résultat et le bilan arrêtés à la même date font ressortir le même résultat.

Vrai : le bénéfice ou la perte est égal aux produits moins les charges et à l'actif moins le passif (hors résultat).

4. Le compte de résultat résume l'activité d'un exercice.

Vrai : car il prend en compte tous les produits et toutes les charges d'un exercice.

5. Les comptes de classe 6 et 7 figurent au compte de résultat.

Vrai : les comptes de classe 6 représentent les charges ; les comptes de classe 7 représentent les produits.

6. Les comptes de gestion (charges et produits) sont soldés à chaque fin d'exercice.

Vrai : car ils regroupent les charges et les produits pour un exercice comptable.

7. Il existe plusieurs catégories de charges et de produits.

Vrai : en pratique, on distingue les produits et les charges d'exploitation, les produits et les charges financiers et les produits et charges exceptionnels.

8. Toutes les entreprises sont soumises à l'IS.

Faux : certaines y sont assujetties de plein droit (sociétés anonymes, SARL (sauf de famille), sociétés en commandite par actions, sociétés par actions simplifiées, d'autres le sont sur option (SARL de famille, sociétés en nom collectif, certaines sociétés civiles, sociétés de capitaux non cotées créées depuis moins de 5 ans).

9. Tous les comptes représentant une variation de stocks figurent dans les charges.

Faux : on distingue les variations de stocks proprement dites pour les biens achetés (marchandises, matières premières) et la production stockée pour les produits destinés à être vendus (produits en cours et produits finis).

Les variations de stocks représentent la différence entre le stock initial et le stock final de marchandises et ou de matières premières (consommation de stocks ou constitution de stocks).

La production stockée représente la différence entre le stock final et le stock initial de produits en cours et de produits finis (production de stocks ou déstockage).

10. Tous les impôts payés par une entreprise figurent dans le compte de résultat.

Faux : seuls figurent dans le compte de résultat les impôts constituant des charges (taxe professionnelle, taxes diverses) et l'impôt sur les sociétés. La TVA ne figure pas dans le compte de résultat, car ce n'est ni une charge ni un produit.

Cas pratique 3

A. Entreprise Moulin

Stock initial de marchandises : 12 000
Stock final de marchandises : 15 000
Achats de marchandises : 200 000
1. Calculez la variation de stocks ; que peut-on en déduire ?
2. Calculez la consommation de marchandises de l'exercice.
3. Qu'en serait-il si le stock final était inférieur au stock initial ?

B. Entreprise Roger

Stock initial de produits finis : 30 000
Stock final de produits finis : 45 000
Production vendue : 500 000
1. Calculez la production stockée ; que peut-on en déduire ?
2. Calculez la production de l'exercice.
3. Qu'en serait-il si le stock final était inférieur au stock initial ?
4. Quel est le stock idéal de produits ?

C. Entreprise DALVATOUR

À partir de la balance des comptes de l'entreprise Davaltour, présenter le compte de résultat à l'aide du tableau joint en annexe.

N°	Nom des comptes	Soldes débiteurs	Soldes créditeurs
101	Capital		825 000
164	Emprunts auprès des établissements de crédit		85 625
211	Terrains	730 000	
215	Installations techniques, mat. et outillage industriels	100 000	
2182	Matériel de transport	70 000	
2815	Amortissements des inst. tech. matériel et outillage industriels		21 875
28182	Amortissements du matériel de transport		24 500
37	Stock de marchandises (1)	520 000	
397	Provisions pour dépréciation du stock de marchandises		1 200
401	Fournisseurs		540 470
410	Clients	283 610	
44551	TVA à décaisser		45 000
50	Valeurs mobilières de placement	2 500	
512	Banques	80 240	
53	Caisse	8 340	
590	Provisions pour dépréciation des VMP		500
607	Achats de marchandises	18 664 000	
613	Locations	27 800	
615	Entretien et réparations	12 410	
616	Primes d'assurance	7 200	
626	Frais postaux et frais de télécommunications	10 400	
641	Rémunérations du personnel	524 340	
645	Charges de SS et de prévoyance	240 140	
681	Dot. aux amortissements, dépréciations et provisions (charges d'exploitation)	27 700	
686	Dot. aux amortissements, dépréciations et provisions (charges financières)	500	
707	Ventes de marchandises		19 619 584
76	Produits financiers		1 200
771	Produits exceptionnels sur opérations de gestion		620

(1) Il s'agit du stock final ; le stock initial s'élevait à 376 394.

Compte de résultat DAVALTOUR

Charges		Produits	
Charges d'exploitation		**Produits d'exploitation**	
Achats de marchandises		Ventes de marchandises	
Variation des stocks de marchandises			
Autres achats et charges externes		**Total des produits d'exploitation**	
Rémunérations du personnel			
Charges de Sécurité Sociale et de prévoyance		**Produits financiers**	
Dotations aux amortissements, dépréciations et provisions			
Total des charges d'exploitation			
Charges financières		**Produits financiers**	
Dotations aux amortissements, dépréciations et provisions		**Total des produits financiers**	
Total des charges financières			
Charges exceptionnelles		**Produits exceptionnels** Sur opérations de gestion	
Total des charges exceptionnelles		**Total des produits exceptionnels**	
Total des charges		**Total des produits**	
Solde créditeur = bénéfice			
Total général		**Total général**	

Corrigé du cas pratique 3

A. Entreprise Moulin

1. Calculez la variation de stocks ; que peut-on en déduire ?

Variation de stocks = stock initial – stock final = 12 000 – 15 000 = – 3 000.

L'entreprise n'a pas consommé toutes les marchandises qu'elle a achetées ; la variation de stock négative diminue donc la consommation de marchandises de l'exercice.

2. Calculez la consommation de marchandises de l'exercice.

Consommation de marchandises = achats de marchandises + ou – variation de stocks de marchandises.

Consommation de marchandises = 200 000 – 3 000 = 197 000.

3. Qu'en serait-il si le stock final était inférieur au stock initial ?

Si le stock final était inférieur au stock initial, la variation de stocks serait positive ; cela signifierait que l'entreprise aurait consommé en plus de ses achats une partie de son stock précédent ; une variation de stock positive représente donc une augmentation de la consommation de marchandises de l'exercice.

B. Entreprise Roger

1. Calculez la production stockée ; que peut-on en déduire ?

Production stockée = stock final – stock initial = 45 000 – 30 000 = 15 000.

L'entreprise n'a pas vendu tout ce qu'elle a produit au cours de l'exercice ; la production de stock positive augmente donc la production de l'exercice. Une augmentation trop importante des stocks de produits finis peut sous-entendre des difficultés à vendre, sauf si l'entreprise travaille sur commandes (s'il y a des commandes, il devrait y avoir, en principe, au passif du bilan des avances et acomptes reçus).

À l'inverse, une diminution trop importante du stock de produits finis peut entraîner à court terme une chute des ventes par manque de produits.

2. Calculez la production de l'exercice

Production de l'exercice = production vendue + ou moins production stockée.

Production de l'exercice = 500 000 + 15 000 = 515 000.

3. Qu'en serait-il si le stock final était inférieur au stock initial ?

Si le stock final était inférieur au stock initial, la production stockée serait négative ; cela signifierait que l'entreprise aurait prélevé sur ses stocks de produits pour assurer ses ventes ; une production stockée négative représente donc une diminution de la production de l'exercice.

4. Quel est le stock idéal de produits ?

Le stock idéal est celui qui permet de faire face à toute la demande sans risque de mévente : c'est un objectif très difficile à atteindre ; c'est vrai aussi pour le stock de marchandises ou de matières premières.

C. Entreprise DALVATOUR

Compte de résultat DAVALTOUR

Charges		Produits	
Charges d'exploitation		**Produits d'exploitation**	
Achats de marchandises	18 664 000	Ventes de marchandises	19 619 584
Variation des stocks de marchandises (1)	– 143 606	**Total des produits d'exploitation**	19 619 584
Autres achats et charges externes (2)	57 810		
Rémunérations du personnel	524 340		
Charges de Sécurité Sociale et de prévoyance	240 140		1 200
Dotations aux amortissements, dépréciations et provisions	27 700		1 200
Total des charges d'exploitation	19 370 384		
Charges financières		**Produits financiers**	620
Dotations aux amortissements, dépréciations et provisions	500	Produits financiers	620
Total des charges financières	500	**Total des produits financiers**	19 621 404
Charges exceptionnelles		**Produits exceptionnels**	
		Sur opérations de gestion	
Total des charges exceptionnelles	0	**Total des produits exceptionnels**	
Total des charges	19 370 884	**Total des produits**	
Solde créditeur = bénéfice	250 520		
Total général	19 621 404	**Total général**	19 621 404

(1) Variation du stock = stock initial – stock final = 376 394 – 520 000 = – 143 606

(2) Comptes 613 – 615 – 616 – 626

Chapitre 4

L'annexe

Executive summary

- **Le bilan et le compte de résultat** ne sont pas suffisants pour connaître la situation financière d'une entreprise.
- **Les entreprises** sont donc tenues de transmettre à l'administration fiscale (voire à leurs partenaires financiers ou commerciaux) un document appelé communément « liasse fiscale » qui comprend les états comptables de base et un certain nombre d'annexes dont le nombre varie selon le régime fiscal auquel est assujettie l'entreprise.
- **Ces documents annexes** permettent d'avoir des informations complémentaires sur l'activité de l'entreprise et/ou sa situation patrimoniale.

Objet

L'annexe complète et commente les informations données dans le bilan et le compte de résultat.

L'annexe est généralement structurée en deux parties :

- les faits majeurs, les règles et méthodes comptables ;
- les compléments d'informations relatifs au bilan et au compte de résultat.

Les états fournis dans l'annexe varient (nombre et contenu) selon le régime fiscal auquel est assujettie l'entreprise.

Contenu

Les tableaux les plus courants de l'annexe sont :

- le tableau des immobilisations ;
- le tableau des amortissements ;
- le tableau des provisions ;
- l'état des créances et des dettes ;
- la détermination du résultat fiscal[1].

Le tableau des immobilisations

Il fait apparaître pour chaque catégorie d'immobilisations :

- les valeurs brutes en début d'exercice ;
- les augmentations ;
- les diminutions ;
- les valeurs brutes en fin d'exercice[2].

Le tableau des amortissements

Il fait apparaître pour chaque catégorie d'immobilisations :

- les montants en début d'exercice ;
- les dotations de l'exercice ;
- les réintégrations ;
- les montants en fin d'exercice.

Avec le détail sur les méthodes de calcul (linéaire ou dégressif)[3].

1 Voir présentation détaillée de la liasse fiscale sur www.dunod.com
2 Idem note précédente.
3 Idem note précédente.

Le tableau des provisions

Il fait apparaître pour chaque catégorie de postes ayant fait l'objet de dépréciations :

- les montants en début d'exercice ;
- les dotations de l'exercice ;
- les reprises de l'exercice ;
- les montants en fin d'exercice[1].

Le tableau des créances et des dettes

Ce tableau permet de ventiler les créances et les dettes en fonction des échéances.

La ventilation s'effectue en distinguant :

- les créances :
  - jusqu'à un an,
  - au-delà d'un an ;
- les dettes :
  - jusqu'à un an ;
  - de un an à cinq ans ;
  - à plus de cinq ans[2].

La détermination du résultat fiscal

Cet état présente le calcul du résultat fiscal effectué à partir du résultat comptable.

En simplifiant, pour déterminer le résultat fiscal, le résultat comptable est augmenté des charges non déductibles et il est diminué des produits non imposables.

Le résultat comptable est ainsi augmenté des :

- réintégrations (charges non admises en déduction du résultat fiscal),
- opérations soumises à régimes d'impositions particuliers (notamment certaines plus ou moins-values) et impositions différées,
- réintégrations diverses.

1 Voir présentation détaillée de la liasse fiscale sur www.dunod.com (mode d'emploi page 6).

2 Idem note précédente.

Il est diminué des :

- opérations soumises à régimes d'impositions particuliers (notamment certaines plus ou moins-values) et impositions différées,
- mesures d'incitations fiscales (outre-mer, zones franches, etc.)[1].

Autres états annexes

Il existe d'autres états annexes qui ne sont pas obligatoires pour toutes les entreprises :

- page 10 de la liasse : déficits, indemnités pour congés à payer et provisions non déductibles ;
- page 11 de la liasse : tableau d'affectation du résultat et renseignements divers ;
- page 12 de la liasse : détermination des plus ou moins-values ;
- page 13 de la liasse : affectation des plus-values à court terme et des plus-values de fusion ou d'apport ;
- page 14 de la liasse : suivi des moins-values à long terme[2] ;
- page 15 de la liasse : réserve spéciale des plus-values à long terme et réserve spéciale des provisions pour fluctuation des cours ;
- page 16 : détermination de la valeur ajoutée produite au cours de l'exercice ;
- page 17 : composition du capital social ;
- page 18 : filiales et participations.

Qui est tenu d'établir une annexe ?

Toute entreprise devant présenter des comptes annuels est, par principe, tenue d'établir une annexe. Cependant, il y a des exceptions :

- les personnes physiques ne sont pas concernées par l'obligation de mentionner certains points dans l'annexe prévue par le code de commerce et le PCG ;
- les personnes physiques placées sur option ou de plein droit sous le régime réel simplifié d'imposition peuvent ne pas établir d'annexe ;
- les personnes morales en dessous de certains seuils sont également dispensées d'appliquer certaines dispositions du PCG et du code de commerce relatives au contenu de l'annexe.

1 Voir présentation détaillée de la liasse fiscale sur www.dunod.com (mode d'emploi page 6).
2 Idem note précédente.

L'essentiel

Sauf exceptions, les entreprises doivent compléter les informations fournies dans leur bilan et leur compte de résultat par une annexe qui comprend un certain nombre d'états dont le nombre et le contenu varie selon le régime fiscal de l'entreprise.

Les tableaux les plus courants de l'annexe sont :

– le tableau des immobilisations ;

– le tableau des amortissements ;

– le tableau des provisions ;

– l'état des créances et des dettes ;

– la détermination du résultat fiscal.

Questionnaire 4

	Vrai	Faux
1. L'annexe permet d'avoir des informations complémentaires à celles qui sont données par le bilan et le compte de résultat.	❑	❑
2. L'annexe doit être présentée selon des normes précises.	❑	❑
3. L'annexe donne seulement des informations sur les immobilisations et les provisions.	❑	❑
4. Le tableau des immobilisations permet de connaître la politique d'investissement d'une entreprise.	❑	❑
5. L'annexe peut donner des informations sur l'ancienneté des immobilisations d'une entreprise.	❑	❑
6. Le tableau des provisions permet de suivre, dans une certaine mesure, la valeur de certains postes d'actif.	❑	❑
7. Il est possible de connaître l'échéance des créances et des dettes d'une entreprise.	❑	❑
8. Pour un même exercice, il y a presque toujours une différence entre le résultat comptable et le résultat fiscal.	❑	❑
9. Toutes les entreprises sont tenues de fournir les mêmes informations complémentaires à leur bilan et leur compte de résultat.	❑	❑
10. L'annexe est plus ou moins étoffée selon les entreprises.	❑	❑

Corrigé du questionnaire 4

1. L'annexe permet d'avoir des informations complémentaires à celles qui sont données par le bilan et le compte de résultat.

Vrai : l'annexe est généralement structurée en deux parties :

- les faits majeurs, les règles et méthodes comptables ;
- les compléments d'informations relatifs au bilan et au compte de résultat.

2. L'annexe doit être présentée selon des normes précises.

Faux : contrairement au bilan et au compte de résultat ; toutefois, si le PCG ne propose pas de présentation normée, la liasse fiscale comprend un certain nombre d'états annexes obligatoires à fournir par les entreprises.

3. L'annexe donne seulement des informations sur les immobilisations et les provisions.

Faux : l'annexe comprend essentiellement :

- le tableau des immobilisations ;
- le tableau des amortissements ;
- le tableau des provisions ;
- l'état des créances et des dettes ;
- la détermination du résultat fiscal.

4. Le tableau des immobilisations permet de connaître la politique d'investissement d'une entreprise.

Vrai : car il fait apparaître pour chaque catégorie d'immobilisations :

- les valeurs brutes en début d'exercice ;
- les augmentations ;
- les diminutions ;
- les valeurs brutes en fin d'exercice.

5. L'annexe peut donner des informations sur l'ancienneté des immobilisations d'une entreprise.

Vrai : cette information figure dans le tableau des amortissements qui fait apparaître pour chaque catégorie d'immobilisations :

- les montants en début d'exercice ;
- les dotations de l'exercice ;
- les réintégrations ;
- les montants en fin d'exercice.

Avec le détail sur les méthodes de calcul (linéaire ou dégressif).

6. Le tableau des provisions permet de suivre, dans une certaine mesure, la valeur de certains postes d'actif.

Vrai : le tableau des provisions fait apparaître pour chaque catégorie de postes ayant fait l'objet de dépréciations :

- les montants en début d'exercice ;
- les dotations de l'exercice ;
- les reprises de l'exercice ;
- les montants en fin d'exercice.

7. Il est possible de connaître l'échéance des créances et des dettes d'une entreprise.

Vrai : le tableau des créances et des dettes permet de ventiler les créances et les dettes en fonction des échéances ; la ventilation s'effectue en distinguant :

- les créances : jusqu'à un an et au-delà d'un an ;
- les dettes : jusqu'à un an, de un an à cinq ans et à plus de cinq ans.

8. Pour un même exercice, il y a presque toujours une différence entre le résultat comptable et le résultat fiscal.

Vrai : le résultat fiscal est quasiment toujours différent du résultat comptable ; un état de l'annexe présente la détermination du résultat fiscal ; cet état présente le calcul du résultat fiscal effectué à partir du résultat comptable.

En simplifiant, pour déterminer le résultat fiscal, le résultat comptable est augmenté des charges non déductibles et est diminué des produits non imposables.

9. Toutes les entreprises sont tenues de fournir les mêmes informations complémentaires à leur bilan et leur compte de résultat.

Faux : toute entreprise devant présenter des comptes annuels est, par principe, tenue d'établir une annexe. Cependant, il y a des exceptions :

- les personnes physiques ne sont pas concernées par l'obligation de mentionner certains points dans l'annexe prévue par le code de commerce et le PCG ;
- les personnes physiques placées sur option ou de plein droit sous le régime réel simplifié d'imposition peuvent ne pas établir d'annexe ;
- les personnes morales en dessous de certains seuils sont également dispensées d'appliquer certaines dispositions du PCG et du code de commerce relatives au contenu de l'annexe.

10. L'annexe est plus ou moins étoffée selon les entreprises.

Vrai : il existe des états annexes qui ne sont pas obligatoires pour toutes les entreprises :

- page 10 de la liasse : déficits, indemnités pour congés à payer et provisions non déductibles ;
- page 11 de la liasse : tableau d'affectation du résultat et renseignements divers ;
- page 12 de la liasse : détermination des plus ou moins-values ;
- page 13 de la liasse : affectation des plus-values à court terme et des plus-values de fusion ou d'apport ;
- page 14 de la liasse : suivi des moins-values à long terme ;
- page 15 de la liasse : réserve spéciale des plus-values à long terme et réserve spéciale des provisions pour fluctuation des cours ;
- page 16 : détermination de la valeur ajoutée produite au cours de l'exercice ;
- page 17 : composition du capital social ;
- page 18 : filiales et participations.

Cas pratique 4

Vous êtes chargé de prendre en charge un jeune stagiaire qui n'est pas très à l'aise avec la documentation comptable remise par les sociétés. Il vous pose les questions suivantes :

1. À quoi sert l'annexe ?

2. En quoi le tableau des immobilisations offre-t-il une information plus complète sur les immobilisations que le bilan ?

3. En quoi le tableau des amortissements offre-t-il une information plus complète sur les amortissements que le bilan ?

4. À quoi sert le tableau des provisions ?

5. Quelle est la principale différence entre le résultat comptable et le résultat fiscal ?

Vous donnez une suite favorable à sa demande.

Corrigé du cas pratique 4

I. À quoi sert l'annexe ?

L'annexe complète et commente l'information donnée pour le bilan et le compte de résultat. L'annexe comprend essentiellement :

- le tableau des immobilisations ;
- le tableau des amortissements ;
- le tableau des provisions ;
- l'état des créances et des dettes ;
- la détermination du résultat fiscal.

II. En quoi le tableau des immobilisations offre-t-il une information plus complète sur les immobilisations que le bilan ?

Le bilan présente les immobilisations regroupées par catégorie et ne donne que des informations figées : valeurs brutes ; amortissements et provisions, valeurs nettes.

Le tableau des immobilisations donne plus de détail sur les différentes catégories d'immobilisations et pour chacune d'elles :

- les valeurs brutes en début d'exercice ;
- les augmentations ;
- les diminutions ;
- les valeurs brutes en fin d'exercice.

Il donne donc des informations importantes sur les investissements et les désinvestissements effectués au cours d'un exercice.

III. En quoi le tableau des amortissements offre-t-il une information plus complète sur les amortissements que le bilan ?

Le bilan présente les immobilisations regroupées par catégorie et ne donne que le montant des amortissements à la date d'arrêté du bilan.

Le tableau des amortissements donne plus de détails car il fait apparaître pour chaque catégorie d'immobilisations :

- les montants en début d'exercice ;
- les dotations aux amortissements de l'exercice ;
- les réintégrations ;
- les montants en fin d'exercice.

Avec le détail sur les méthodes de calcul (linéaire ou dégressif).

IV. À quoi sert le tableau des provisions ?

Le tableau des provisions fait apparaître pour chaque catégorie de postes ayant fait l'objet de dépréciations :

- les montants en début d'exercice ;
- les dotations de l'exercice ;
- les reprises de l'exercice ;
- les montants en fin d'exercice.

Il est précieux pour connaître les flux (dotations et reprises) relatifs aux provisions alors que le bilan ne donne que le montant des provisions à la date d'arrêté des comptes.

V. Quelle est la principale différence entre le résultat comptable et le résultat fiscal ?
Le résultat comptable prend en compte tous les produits et toutes les charges imputables à un exercice. Le résultat fiscal est calculé à partir du résultat comptable qui est, en simplifiant, augmenté de charges non déductibles et diminué de produits non imposables.

Chapitre 5

Le reclassement du bilan

Executive summary

- **Le bilan comptable** n'est pas adapté à l'analyse financière.
- **Pour pouvoir procéder à une analyse financière cohérente** du bilan, il est nécessaire de procéder à certains retraitements afin de dégager des grandes masses.
- **Le bilan retraité**, appelé bilan financier ou bilan fonctionnel, distingue trois grandes masses à l'actif comme au passif : le haut de bilan (emplois et ressources stables), le bas de bilan (emplois et ressources variables) et la trésorerie (trésorerie actif et trésorerie passif).
- **Le reclassement du bilan** est une étape intermédiaire suivie d'autres travaux de retraitement : calcul du fonds de roulement, du besoin en fonds de roulement, de la trésorerie nette et d'un certain nombre de ratios de structure.

Le bilan comptable n'est pas adapté à l'analyse financière et il est nécessaire d'en modifier la présentation pour faire ressortir un bilan dit « fonctionnel » qui permet de dégager les grandes masses « financières » afin de pouvoir facilement faire ressortir la structure de ce bilan avec ses points forts et ses points faibles.
L'intérêt du retraitement du bilan est de pouvoir établir des liens entre les ressources (passif du bilan) et les besoins (emplois au sens comptable) afin de mener à bien l'analyse financière de l'entreprise.

Les principes de reclassement du bilan

On distingue, aussi bien à l'actif qu'au passif, trois grandes masses :

- le haut de bilan (emplois et ressources principalement en relation avec les investissements) : à l'actif, les emplois stables et au passif, les ressources stables ;
- le bas de bilan (emplois et ressources en relation avec l'activité) : à l'actif, les emplois variables et au passif, les ressources variables ;
- la trésorerie : à l'actif, la trésorerie actif et au passif, la trésorerie passif.

■ Le haut de bilan : emplois et ressources stables

À l'actif : l'actif immobilisé.
Au passif : les ressources stables.

■ Le bas de bilan : emplois et ressources variables

À l'actif : les actifs d'exploitation et hors exploitation.
Au passif : les dettes d'exploitation et hors exploitation.

■ La trésorerie

À l'actif : la trésorerie actif.
Au passif : la trésorerie passif.

Les aménagements apportés

■ À l'actif

L'actif immobilisé

Les immobilisations sont prises en compte pour leurs valeurs nettes (montants bruts déduction faite des amortissements et dépréciations).

L'actif d'exploitation et hors exploitation

Il comprend :

- les stocks et encours : valeurs nettes au bilan ;
- les avances et acomptes versés : valeurs nettes au bilan ;
- les clients et comptes rattachés : valeurs nettes au bilan, Il convient d'ajouter au poste Clients les effets escomptés non échus (voir page 11 de la liasse fiscale) dans la mesure où, si les créances matérialisées par ces effets ont bien été cédées à la banque, les clients concernés n'ont pas encore réglé leur dette ; il faudra alors pour assurer l'équilibre du bilan ajouter ce montant au passif dans la trésorerie passif ;
- les autres créances : valeurs nettes au bilan (si leur montant est significatif, certaines créances sans réelle valeur doivent être déduites des capitaux propres, par ex. les écarts de conversion actif). Attention au poste « Autres créances » du bilan qui est un poste fourre-tout et qui peut servir à loger notamment des comptes courants d'associés débiteurs.

NB : Il peut être utile dans certains cas de différencier l'actif d'exploitation de l'actif hors exploitation.

La trésorerie actif

Elle comprend :

- les valeurs mobilières : valeurs nettes au bilan ;
- les disponibilités : valeurs au bilan.

■ Au passif

Les postes du passif sont regroupés selon la fonction économique des ressources financières qu'ils recouvrent (et non selon l'échéance de ces ressources), ainsi distingue-t-on parmi les emprunts et dettes :

- les ressources d'emprunt stables (d'origine à moyen ou long terme, quelle que soit leur échéance) destinées à financer les besoins durables de l'entreprise classés comme ressources stables ;
- les « dettes » bancaires (d'origine à court terme) finançant des besoins plus volatils classés en trésorerie.

NB : Il est souvent utile d'isoler la part à moins d'un an des emprunts à moyen ou long terme afin de la comparer à la CAF et de voir si l'entreprise est capable de faire face aux remboursements de ses emprunts.

Les ressources stables

Elles comprennent :

- les ressources propres (capitaux propres, comptes courants d'associés bloqués), déduction faite d'éventuelles non-valeurs figurant à l'actif ;
- les provisions pour risques et charges ;
- les emprunts à moyen ou long terme.

NB : Certains analystes classent les comptes courants d'associés stables dans les emprunts à moyen ou long terme, d'autres les assimilent à des fonds propres. S'ils sont bloqués, il semble logique, quant à nous, de les assimiler à des fonds propres.

Les dettes d'exploitation et hors exploitation

Elles comprennent :
- les avances et acomptes reçus ;
- les dettes fournisseurs et comptes rattachés ;
- les dettes fiscales et sociales ;
- les autres dettes (autres postes du passif hors trésorerie).

La trésorerie passif

Elle comprend :
- l'escompte ;
- les soldes créditeurs de banque (découvert, facilité de caisse, crédit de campagne) ;
- les autres concours de trésorerie (mobilisation Dailly, mobilisation de créances nées sur l'étranger).

Présentation résumée du bilan reclassé

Bilan reclassé en masses

Actif	Passif
Actif immobilisé net Immobilisations incorporelles nettes Immobilisations corporelles nettes Immobilisations financières nettes	**Ressources stables** Ressources propres *Capitaux propres dont résultat + comptes courants d'associés bloqués* Provisions pour risques et charges Emprunts à moyen ou long terme
Actifs d'exploitation et hors exploitation Stocks et en cours Avances et acomptes versés sur commandes Créances clients et comptes rattachés Autres créances	**Dettes d'exploitation et hors exploitation** Avances et acomptes reçus Dettes fournisseurs Dettes fiscales et sociales Autres dettes
Trésorerie actif Valeurs mobilières de placement Disponibilités	**Trésorerie passif** Escompte Soldes créditeurs de banque Autres concours

Passage du bilan comptable au bilan fonctionnel

Actif		**Passif**	
Immobilisations incorporelles (A) *Immobilisations corporelles (B)* *Immobilisations financières (C)*	Valeurs nettes au bilan Valeurs nettes au bilan Valeurs nettes au bilan	Capitaux propres (J) Comptes courants d'associés bloqués (K)	Valeurs au bilan déduction faite des non-valeurs de l'actif Figurent dans les autres dettes (2)
		Ressources propres (L)	J + K
Actif immobilisé net (I)	A + B + C	*Provisions pour risques et charges (M)*	Valeurs au bilan
Stocks et en-cours (D) *Avances et acomptes versés sur commandes (E)*	Valeurs nettes au bilan Valeurs nettes au bilan	*Emprunts à moyen ou long terme (N)*	Part à moyen ou long terme des emprunts Voir renvois passif du bilan ou annexe
Créances clients et comptes rattachés (F)	Valeurs nettes au bilan + effets escomptés non échus	Ressources stables (I)	L + M + N
Autres créances (G)	Valeurs nettes au bilan + charges à répartir + primes de remboursement des obligations + écarts de conversion actif (1)	Avances et acomptes reçus (O) Dettes fournisseurs (P) Dettes fiscales et sociales (Q) Autres dettes (R)	Valeurs au bilan Valeurs au bilan Valeurs au bilan Valeurs au bilan – comptes courants associés bloqués
Actif d'exploitation et hors exploitation (II)	D + E + F + G	Dettes d'exploitation et hors exploitation (II)	O + P + Q + R
Valeurs mobilières de placement (H) *Disponibilités (I)*	Valeurs nettes au bilan Valeurs au bilan	Escompte (S) Soldes créditeurs de banque (T) Autres concours (U)	Voir annexe (montant repris à l'actif) Voir renvois passif du bilan ou annexe Voir renvois passif du bilan ou annexe
Trésorerie actif (III)	H + I	Trésorerie passif (III)	S + T + U
Total actif (I + II + III)	Total net du bilan comptable + escompte	Total passif (I + II + III)	Total bilan comptable + escompte

(1) En cas de montants significatifs, il convient de déduire les non-valeurs (charges à répartir, primes de remboursement des obligations et écarts de conversion actif) des capitaux propres.
(2) Ne doivent figurer dans les ressources propres que s'il y a engagement de blocage.

L'essentiel

▶▶ **Le reclassement du bilan** est une étape incontournable préparatoire à l'analyse financière.

▶▶ **Il permet de reclasser le bilan** en trois grandes masses :
- le haut de bilan, partie stable liée principalement aux opérations d'investissement ;
- le bas de bilan, partie variable liée à l'activité de l'entreprise ;
- la trésorerie : trésorerie « actif » et trésorerie « passif ».

▶▶ **Le retraitement** nécessite certains choix qui vont dépendre des informations recueillies dans l'annexe de la liasse fiscale et au cours d'un entretien avec l'interlocuteur représentant l'entreprise. Ces choix doivent être effectués avec prudence et rigueur, car ils peuvent impacter sensiblement l'interprétation qui sera faite des comptes.

Questionnaire 5

	Vrai	Faux
1. Le bilan comptable est bien adapté à l'analyse financière.	❑	❑
2. Le bilan reclassé pour analyse comprend trois grandes catégories de masses.	❑	❑
3. Dans un bilan reclassé pour analyse, les valeurs de l'actif sont reprises pour leur montant brut.	❑	❑
4. Les ressources stables se composent des ressources propres, des provisions pour risques et charges et des emprunts à moyen ou long terme.	❑	❑
5. Les ressources propres se composent des capitaux propres seuls.	❑	❑
6. Tous les emprunts bancaires figurent dans les ressources stables.	❑	❑
7. Dans un bilan reclassé pour analyse, les emplois variables comprennent les stocks et les créances, escompte non compris.	❑	❑
8. Dans un bilan reclassé pour analyse, les ressources variables comprennent les dettes du bilan comptable sauf les emprunts.	❑	❑
9. La trésorerie « actif » comprend les valeurs mobilières de placement, les disponibilités et l'escompte.	❑	❑
10. La trésorerie « passif » comprend les soldes créditeurs de banque seuls.	❑	❑

Corrigé du questionnaire 5

1. Le bilan comptable est bien adapté à l'analyse financière.
Faux : il est nécessaire de le retraiter pour pouvoir dégager de grandes masses financières et faciliter son analyse.

2. Le bilan reclassé pour analyse comprend trois grandes catégories de masses.
Vrai : la partie stable (haut de bilan), la partie variable (bas de bilan) et la trésorerie.

3. Dans un bilan reclassé pour analyse les valeurs de l'actif sont reprises pour leur valeur brute.
Faux : les postes de l'actif sont repris pour la valeur nette (montants bruts déduction faite des amortissements et dépréciations).

4. Les ressources stables se composent des ressources propres, des provisions pour risques et charges et des emprunts à moyen ou long terme.
Vrai : les ressources stables sont des ressources dont l'entreprise doit pouvoir disposer sans risque de diminution à court terme.

5. Les ressources propres se composent des capitaux propres seuls.
Faux : les ressources propres se composent des capitaux propres et des comptes courants d'associés stables, déduction faite d'éventuelles non-valeurs figurant à l'actif.

6. Tous les emprunts bancaires figurent dans les ressources stables.
Faux : seuls les emprunts bancaires à moyen ou long terme figurent dans les ressources stables.

7. Dans un bilan reclassé pour analyse, les emplois variables comprennent les stocks et les créances, escompte non compris.
Faux : les emplois variables (actif d'exploitation et hors exploitation) comprennent les stocks et encours, les avances et acomptes versés, les créances clients (effets escomptés compris) et les autres créances.

8. Dans un bilan reclassé pour analyse, les ressources variables comprennent les dettes du bilan comptable sauf les emprunts.
Vrai : les ressources variables (dettes d'exploitation et hors exploitation) comprennent, les avances et acomptes reçus, les dettes fournisseurs, les dettes fiscales et sociales et les autres dettes (déduction faite éventuellement des comptes d'associés stables).

9. La trésorerie « actif » comprend les valeurs mobilières de placement, les disponibilités et l'escompte.
Faux : l'escompte fait partie du poste Clients et figure donc dans les emplois variables (actif d'exploitation et hors exploitation).

10. La trésorerie « passif » comprend les soldes créditeurs de banque seuls.
Faux : elle comprend aussi l'escompte et les autres concours (mobilisation Dailly et mobilisations de créances nées sur l'étranger).

Cas pratique 5

On vous donne les bilans de l'entreprise RAMEL.

Une augmentation de capital a été constituée en numéraire en N–1 et n'a pas modifié la répartition d'origine.

L'encours d'escompte est :

en N–2 : 860

en N–1 : 2 200

en N : 3 950.

Procéder au reclassement du bilan pour les trois années.

Bilan actif Ramel

	N – 2			N – 1			N		
	Brut	Amort Prov.	Net	Brut	Amort Prov.	Net	Brut	Amort Prov.	Net
ACTIF IMMOBILISÉ									
Immobilisations incorporelles									
Frais d'établissement									
Frais de recherche et développement									
Concessions, brevets et droits similaires									
Fonds commercial	90		90	90		90	90		90
Autres immobilisations incorporelles									
Immobilisations corporelles									
Terrains	100		100	100		100	310		310
Constructions	900	800	100	900	850	50	2 500	100	2 400
Installations techniques, matériel et outillage industriels	1 210	820	390	1 460	1 040	420	1 900	1 300	600
Autres immobilisations corporelles	350	270	80	600	370	230	1 100	510	590
Immobilisations en cours				600		600			
Immobilisations financières									
Participations									
Autres titres immobilisés									
Prêts									
Autres immobilisations financières	60		60	70		70	110		110
Total I	**2 710**	**1 890**	**820**	**3 820**	**2 260**	**1 560**	**6 010**	**1 910**	**4 100**

	N – 2			N – 1			N		
	Brut	Amort Prov.	Net	Brut	Amort Prov.	Net	Brut	Amort Prov.	Net
ACTIF CIRCULANT									
Stocks et en cours									
Matières premières, approvisionnements	200		200	240		240	410	40	370
En cours de production de biens									
En cours de production de services									
Produits intermédiaires et finis	320		320	840	60	780	1 620	100	1 520
Marchandises									
Créances									
Avances et acomptes versés sur commandes									
Clients et comptes rattachés	340		340	1 300		1 300	2 400	60	2 340
Autres créances	160		160	320		320	460		460
Capital souscrit et appelé, non versé									
Divers									
Valeurs mobilières de placement									
Disponibilités	30		30	50		50	60		60
Charges constatées d'avance	60		60	110		110	120		120
Total II	1 110	**0**	**1 110**	2 860	**60**	2 800	5 070	**200**	4 870
Total général (I et II)	**3 820**	**1 890**	**1 930**	**6 680**	**2 320**	**4 360**	**11 080**	**2 110**	**8 970**

Bilan passif RAMEL

	N – 2	N – 1	N
CAPITAUX PROPRES			
Capital social ou individuel	100	500	500
Primes d'émission, de fusion, d'apport			
Ecart de réévaluation			
Réserve légale	10	10	23
Réserves statutaires ou contractuelles	100	200	340
Réserves réglementées			
Autres réserves			
Report à nouveau		20	27
Résultat de l'exercice (bénéfice ou perte)	120	260	540
Subventions d'investissement			
Provisions réglementées			240
TOTAL I	**330**	**990**	**1 670**
AUTRES FONDS PROPRES			
Produits des émissions de titres participatifs			
Avances conditionnées			
TOTAL II	**0**	**0**	**0**
PROVISIONS POUR RISQUES ET CHARGES			
Provisions pour risques		60	140
Provisions pour charges	30	80	120
TOTAL III	**30**	**140**	**260**
DETTES			
Emprunts obligataires convertibles			
Autres emprunts obligataires			
Emprunts et dettes auprès des étab. de crédit (1)	330	790	3 220
Emprunts et dettes financières divers			
Avances et acomptes reçus sur commandes en cours			
Dettes fournisseurs et comptes rattachés	820	1 820	2 660

»

»	N – 2	N – 1	N
Dettes fiscales et sociales	270	450	720
Dettes sur immobilisations et cptes rattachés			120
Autres dettes (2)	150	170	320
COMPTES DE RÉGULARISATION			
Produits constatés d'avance			
TOTAL IV	**1 570**	**3 230**	**7 040**
Écarts de conversion passif (V)			
TOTAL GÉNÉRAL (I À V)	**1 930**	**4 360**	**8 970**
(1) Dont emprunts à moyen ou long terme	200	500	2 800
Dont concours bancaires courants			
Dont soldes créditeurs de banques	130	290	420
(2) Dont comptes courants d'associés bloqués	100	100	200

Bilan reclassé Ramel

Actif	N – 2	%	N – 1	%	N	%
Immobilisations incorporelles *Immobilisations corporelles* *Immobilisations financières*						
Actif immobilisé net						
Stocks et en cours *Avances et acomptes versés sur commandes* *Créances clients et comptes rattachés* *Autres créances*						
Actif d'exploitation et hors-exploitation						
Valeurs mobilières de placement *Disponibilités*						
Trésorerie actif						
TOTAL ACTIF						

Passif	N – 2	%	N – 1	%	N	%
Capitaux propres *Comptes courants d'associés bloqués*						
Ressources propres						
Provisions pour risques et charges						
Emprunts à moyen ou long terme						
Ressources stables						
Avances et acomptes reçus *Dettes fournisseurs* *Dettes fiscales et sociales* *Autres dettes*						
Dettes d'exploitation et hors exploitation						
Escompte *Soldes créditeurs de banque* *Autres concours*						
Trésorerie passif						
TOTAL PASSIF						

Corrigé du cas pratique 5

I. Reclassement de l'actif

Immobilisations incorporelles (a) : valeurs nettes au bilan

Immobilisations corporelles (b) : valeurs nettes au bilan

Immobilisations financières (c) : valeurs nettes au bilan

Actif immobilisé net = a + b + c

Stocks et en cours (d) : valeurs nettes au bilan

Avances et acomptes versés sur commandes (e) : valeurs nettes au bilan

Créances clients et comptes rattachés (f) : valeurs nettes au bilan + effets escomptés non échus

Autres créances (g) : autres créances + charges constatées d'avance : valeurs nettes au bilan

Actif d'exploitation et hors exploitation = d + e + f + g

Valeurs mobilières de placement (h) : valeurs nettes au bilan

Disponibilités (i) : valeurs au bilan

Trésorerie actif = h + i

Total Actif = total net du bilan comptable + escompte

II. Reclassement du passif

Capitaux propres (j) : valeurs au bilan

Comptes courants d'associés bloqués (k) : figuraient en autres dettes (renvoi 2) : valeurs au bilan

Ressources propres (l) = j + k

Provisions pour risques et charges (m) : valeurs au bilan

Emprunts à moyen ou long terme (n) : part des emprunts bancaires qui sont à moyen ou long terme (renvoi 1)

Ressources stables = l + m + n

Avances et acomptes reçus (o) : valeurs au bilan

Dettes fournisseurs (p) : valeurs au bilan

Dettes fiscales et sociales (q) : valeurs au bilan

Autres dettes (r) : valeurs au bilan – comptes courants associés bloqués

Dettes d'exploitation et hors exploitation = o + p + q + r

Escompte (s) : encours ajouté à l'actif au poste Clients

Soldes créditeurs de banque (t) : part des emprunts bancaires représentée par des découverts en compte (renvoi 1)

Autres concours (u) : part des emprunts bancaires représentée par des concours bancaires courants (Dailly, mobilisation de créances nées) (renvoi 1)

Trésorerie passif = s + t + u

Total Passif = total du bilan comptable + escompte

Bilan reclassé RAMEL

Actif	N – 2	%	N – 1	%	N	%
Immobilisations incorporelles	90	3,2	90	1,4	90	0,7
Immobilisations corporelles	670	24,0	1 400	21,3	3 900	30,2
Immobilisations financières	60	2,2	70	1,1	110	0,9
Actif immobilisé net	**820**	**29,4**	**1 560**	**23,8**	**4 100**	**31,7**
Stocks et en cours	520	18,6	1 020	15,5	1 890	14,6
Avances et acomptes versés sur commandes	0	0,0	0	0,0	0	0,0
Créances clients et comptes rattachés	1 200	43,0	3 500	53,4	6 290	48,7
Autres créances	220	7,9	430	6,6	580	4,5
Actif d'exploitation et hors-exploitation	**1 940**	**69,5**	**4 950**	**75,5**	**8 760**	**67,8**
Valeurs mobilières de placement	0	0,0	0	0,0	0	0,0
Disponibilités	30	1,1	50	0,8	60	0,5
Trésorerie actif	**30**	**1,1**	**50**	**0,8**	**60**	**0,5**
TOTAL ACTIF	**2 790**	**100**	**6 560**	**100**	**12 920**	**100**

Passif	N – 2	%	N – 1	%	N	%
Capitaux propres	330	11,8	990	15,1	1 670	12,9
Comptes courants d'associés bloqués	100	3,6	100	1,5	200	1,5
Ressources propres	**430**	15,4	**1 090**	16,6	**1 870**	14,5
Provisions pour risques et charges	**30**	1,1	**140**	2,1	**260**	2,0
Emprunts à moyen ou long terme	**200**	7,2	**500**	7,6	**2 800**	21,7
Ressources stables	**660**	**23,7**	**1 730**	**26,4**	**4 930**	**38,2**
Avances et acomptes reçus	0	0,0	0	0,0	0	0,0
Dettes fournisseurs	820	29,4	1 820	27,7	2 660	20,6
Dettes fiscales et sociales	270	9,7	450	6,9	720	5,6
Autres dettes	50	1,8	70	1,1	240	1,9
Dettes d'exploitation et hors exploitation	**1 140**	**40,9**	**2 340**	**35,7**	**3 620**	**28,0**
Escompte	860	30,8	2 200	33,5	3 950	30,6
Soldes créditeurs de banque	130	4,7	290	4,4	420	3,3
Autres concours	0	0,0	0	0,0	0	0,0
Trésorerie passif	**990**	**35,5**	**2 490**	**38,0**	**4 370**	**33,8**
TOTAL PASSIF	**2 790**	**100**	**6 560**	**100**	**12 920**	**100**

Chapitre 6

Les valeurs structurelles

Executive summary

- ▸▸ **À partir du bilan reclassé,** il est possible de calculer les valeurs structurelles qui permettent d'apprécier la fragilité ou la solidité de l'entreprise.
- ▸▸ **Est-ce que les immobilisations** sont correctement financées d'une part.
- ▸▸ **Est-ce que l'activité** génère ou non des besoins de trésorerie et, si oui, comment ces besoins sont-ils financés.

Calculées à partir du bilan reclassé, ces valeurs, appelées valeurs structurelles, en caractérisent la structure.

Les ressources propres

Ce sont les capitaux apportés par les associés ou laissés par eux à la disposition de l'entreprise et qui supportent le risque plein de l'entreprise.

Ces capitaux, en cas de liquidation de l'entreprise, devraient permettre de faire face aux moins-values sur cessions d'actifs (notamment sur les immobilisations et les stocks) ainsi qu'aux dettes du bilan ou du hors bilan (indemnités diverses, frais de liquidation de la société...), ceci afin d'éviter de léser les créanciers.

Calcul

Ressources propres = Capitaux propres + Comptes courants d'associés bloqués – Actif sans valeur

En pratique, il convient donc le plus souvent de déduire de ces ressources propres l'actif sans valeur (éléments d'actif sans valeur marchande) et la part du bénéfice éventuellement distribué aux associés (celle-ci n'est généralement pas connue à la clôture des comptes et il convient, dans ce cas, de se référer à la politique généralement appliquée par les associés quant à l'affectation des résultats).

Utilité

Le calcul des ressources propres constitue une approche du risque de non-remboursement couru par les créanciers (dont les banques) en cas de liquidation de la société.

En principe les ressources propres doivent être au moins égales à 20 % voire beaucoup plus du total net de bilan ; elles doivent être d'autant plus importantes que l'activité est risquée (immobilisations importantes, produits à risques, marché instable, etc.).

Ces ressources propres doivent couvrir les moins-values prévisibles sur cessions des actifs dits « à risques » (par exemple les installations techniques) ou du moins la part de ces moins-values qui ne serait pas compensée par des plus-values sur cessions (de terrains ou de constructions non réévalués et bien situés par exemple). En effet, lorsqu'une entreprise est mise en liquidation, certains éléments de l'actif seront difficilement réalisables pour leur valeur au bilan.

On peut retenir comme postes à risques : les immobilisations incorporelles, les constructions industrielles, les installations techniques, les matériels et outillages industriels, les produits en cours (voire certains produits finis) ou encore certaines créances insuffisamment provisionnées. Toutefois en pratique l'évaluation de ces plus ou moins-values potentielles est délicate.

Le fonds de roulement (FR)

C'est la part des ressources stables disponibles après le financement des actifs immobilisés et actifs sans valeur pour contribuer à couvrir les besoins de financement liés à l'exploitation (actif circulant).

Calcul

Actif immobilisé net	**Ressources stables** **(Ressources propres, provisions pour risques et charges, dettes à moyen ou long terme)**
Fonds de roulement ⇕	

Fonds de roulement
=
Ressources stables – Actif immobilisé net

Le fonds de roulement représente donc l'excédent des ressources stables sur les emplois stables.

S'il existe des actifs sans valeurs, il convient de les déduire des ressources stables, car ils viennent en déduction des ressources propres : ce sont en effet des postes d'actif sans valeur marchande.

Utilité

Le fonds de roulement (FR) constitue, dans une optique de continuité de l'exploitation, un indicateur de vulnérabilité ou au contraire d'autonomie plus ou moins grande de l'entreprise vis-à-vis des prêteurs à court terme (fournisseurs et banquiers).

Il est en effet souhaitable que les besoins de financement structurels d'une entreprise soient couverts par des ressources ayant le même caractère de stabilité ; on minimise ainsi le risque d'atteinte à la survie de l'entreprise par remise en cause de ses financements à court terme. Rappelons que les besoins de financement structurels comprennent non seulement les immobilisations et l'actif sans valeur, mais aussi certains éléments de l'actif circulant tels que les stocks ou les créances clients, éléments indispensables à la continuité de l'exploitation.

En principe le fonds de roulement doit être positif ; cependant, dans certains secteurs d'activité tels que la grande distribution ou certains services, on peut admettre un fonds de roulement nul ou négatif ceci dans la mesure où :

- les stocks sont nuls ou tournent vite ;
- les clients payent comptant ou dans des délais réduits ;
- le volume des achats est important par rapport au CA et les fournisseurs accordent des délais de paiement relativement longs.

Dans ces situations, la continuité même de son exploitation assure donc à l'entreprise des ressources à court terme stables et supérieures au besoin en financement relatif aux stocks et au crédit client.

À chaque secteur d'activité correspond une norme spécifique en matière de fonds de roulement. En résumé :

- dans une entreprise industrielle à cycle de production et/ou de commercialisation long et/ou à contraintes de stockage élevées, un fonds de roulement conséquent est nécessaire ;
- dans une entreprise industrielle classique, un fonds de roulement de l'ordre de 20 % de l'actif circulant est souhaitable ;
- dans une entreprise du secteur de la grande distribution ou utilisant très largement la sous-traitance un fonds de roulement négatif peut être admis.

Le besoin en fonds de roulement (BFR)

C'est la part des besoins en financement liés à l'activité (exploitation ou hors exploitation) non couverte par les ressources provenant de cette même activité.

Calcul

<table>
<tr><td rowspan="2">Actifs d'exploitation
et hors exploitation
(Stocks, créances clients,
autres créances)</td><td>Dettes d'exploitation
et hors exploitation
(Fournisseurs, dettes fiscales
et sociales, autres dettes)</td></tr>
<tr><td>Besoin en fonds
de roulement</td></tr>
</table>

Besoin en fonds de roulement = Actifs d'exploitation et hors-exploitation – Dettes d'exploitation et hors-exploitation

Le besoin en fonds de roulement représente donc l'excédent des emplois variables sur les ressources variables.

On peut aussi, si nécessaire, distinguer le BFR lié à l'exploitation et le BFR provenant du hors-exploitation ; on a donc :

BFR exploitation = Actifs d'exploitation – Dettes d'exploitation **BFR hors-exploitation = Actifs hors-exploitation** **– Dettes hors-exploitation**

Utilité

Les besoins en financement liés à l'exploitation sont essentiellement constitués par les stocks et les créances clients.

Les ressources provenant de l'exploitation sont essentiellement les dettes fournisseurs et dans une moindre mesure certaines dettes fiscales et sociales (notamment TVA à décaisser et salaires et charges sociales dus).

En général, les dettes hors exploitation sont d'un montant supérieur à celui des actifs hors exploitation ; le BFR est donc le plus souvent réduit par les postes hors exploitation.

L'importance de ces postes dépendant à la fois des contraintes propres au secteur d'activité de l'entreprise (durée du cycle de production, usages de la profession en matière de crédit...) et de sa politique industrielle et commerciale, l'interprétation du niveau du BFR est délicate.

On s'intéressera essentiellement à son évolution dans le temps et à son financement ; rappelons en la matière que le BFR recouvrant un besoin en financement structurel, il devrait être principalement couvert par des ressources stables (à travers le FR), du moins pour sa part stable, et accessoirement par des ressources d'origine à court terme et donc plus volatiles que sont les concours bancaires de trésorerie.

Si le BFR est le plus souvent positif, ce n'est pas toujours le cas ; les entreprises appartenant à des secteurs d'activité tels que la grande distribution ou certains services dégagent des ressources nettes d'exploitation (BFR négatif) du fait de stocks inexistants (ou du moins faibles ou à rotation rapide) et/ou d'un crédit clients limité ou nul et/ou d'un volume d'achats important par rapport au CA assorti de délais de règlement fournisseurs conséquents.

Notons enfin que dans le cas d'activité saisonnière, en matière de production et/ou de commercialisation, le BFR varie considérablement d'une période de l'année à l'autre. Les comptes sont généralement établis à une date telle que le BFR soit minimum ou relativement faible.

Le BFR peut varier considérablement d'un secteur à l'autre, d'une entreprise à une autre, d'une période à une autre pour la même entreprise. Le BFR est le reflet assez fidèle du cycle d'exploitation d'une entreprise (sauf si les éléments hors exploitation sont importants), mais celui qui ressort à la date d'arrêté du bilan peut être très différent de ceux que l'activité de l'entreprise générera à certaines périodes de l'exercice et effectuer l'analyse du bilan sans en tenir compte serait une grave erreur.

Une entreprise peut avoir un BFR important et normal (stocks importants et incompressibles, délais clients élevés mais normaux, délais fournisseurs faibles et difficiles à allonger), une autre peut avoir un BFR beaucoup plus faible et, malgré tout, trop important (stocks anormalement élevés, délais clients mal maîtrisés, notamment).

Le BFR est donc à analyser en fonction du secteur d'activité et des spécificités de l'entreprise. Son évolution doit être comparée à celle du chiffre d'affaires et analysée selon celle de ses composantes : il est normal la plupart du temps que le BFR augmente si le chiffre d'affaires augmente, mais il faut faire attention s'il augmente plus vite que le chiffre d'affaires sans raison particulière.

Il ne faut pas oublier que l'augmentation, même normale du BFR, doit être accompagnée d'une augmentation du FR (et implicitement des capitaux propres) pour éviter une dégradation de la trésorerie.

La trésorerie nette (TN)

C'est la différence entre les liquidités (placées ou non) et les financements bancaires courants. Rappelons que les concours bancaires de trésorerie comprennent l'escompte commercial (escompte d'effets commerciaux), les concours bancaires courants (mobilisations Dailly et mobilisations de créances nées sur l'étranger) et les crédits par caisse (soldes créditeurs de banque : découverts, facilités de caisse et crédits de campagne).

Calcul

Trésorerie nette
=
Trésorerie active – Trésorerie passive
ou
Fonds de roulement – Besoin en Fonds de Roulement

Utilité

Dans les PME, le plus souvent la trésorerie nette est négative ; elle représente la contribution des banques au financement des besoins courants de l'entreprise, le besoin en fonds de roulement étant financé pour partie par des ressources stables (le fonds de roulement) et pour le solde par des ressources plus volatiles (la trésorerie passive).

La trésorerie nette (TN), de même que le besoin en fonds de roulement (BFR) et le fonds de roulement (FR) doivent être exprimés avec leur signe (trésorerie nette positive ou négative). Il y a donc une liaison fondamentale entre FR, BFR et TN.

TN = FR – BFR
On a une trésorerie nette déficitaire si FR < BFR
On a une trésorerie nette excédentaire si FR > BFR

Cette égalité est vérifiée quelle que soit la situation de l'entreprise en matière de BFR, FR et TN.

Plus la part du BFR financée par la TN est élevée, plus le risque de remise en cause de la continuité de l'exploitation par suppression ou diminution des financements bancaires de trésorerie est grande (des besoins structurels sont en effet, dans ce cas, couverts par des ressources essentiellement volatiles).

En résumé...

On peut dire qu'une entreprise a une bonne structure :

- quand son BFR est raisonnable par rapport à son activité et son marché, voire nul ou négatif si sa position économique le lui permet ;
- si elle a un BFR, si le BFR moyen est financé de façon significative (au moins 40 %) par son FR ;

si le FR est composé à hauteur d'au moins 50 % par des ressources propres.

Quelques situations types

Fonds de roulement négatif et besoin en fonds de roulement négatif

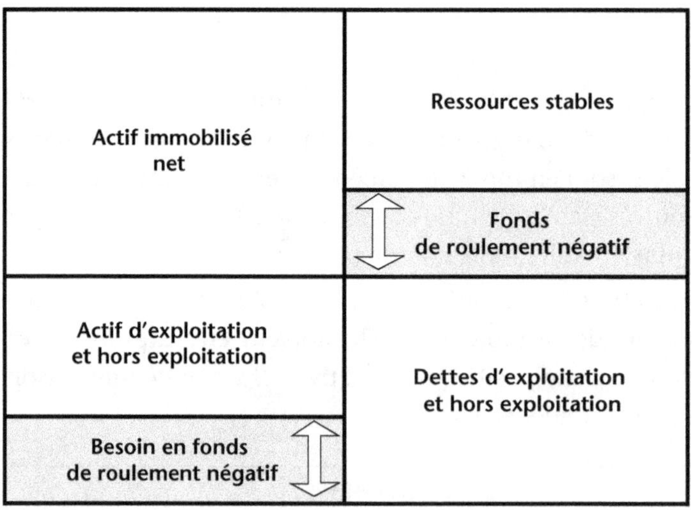

L'insuffisance des ressources stables par rapport aux emplois stables (fonds de roulement négatif) est compensée par un excédent des ressources variables sur les emplois variables (besoin en fonds de roulement négatif). Cette situation est courante dans la grande distribution et dans les entreprises qui font fortement appel à la sous-traitance avec des délais de paiement des sous-traitants largement supérieurs aux délais clients.

Fonds de roulement négatif et besoin en fonds de roulement positif

<table>
<tr><td rowspan="2">Actif immobilisé net</td><td>Ressources stables</td></tr>
<tr><td>Fonds de roulement négatif</td></tr>
<tr><td rowspan="2">Actif d'exploitation et hors exploitation</td><td>Dettes d'exploitation et hors exploitation</td></tr>
<tr><td>Besoin en fonds de roulement positif</td></tr>
</table>

L'insuffisance des ressources stables par rapport aux emplois stables (fonds de roulement négatif) est accompagnée d'une insuffisance des ressources variables sur les emplois variables (besoin en fonds de roulement positif). On a donc une insuffisance de ressources tant pour le haut de bilan que pour le bas de bilan et le tout est financé par des crédits de trésorerie. Cette situation ne peut être que très temporaire, les banques n'acceptant pas de financer les entreprises présentant de tels déséquilibres de structure.

Fonds de roulement positif et besoin en fonds de roulement négatif

<table>
<tr><td>Actif immobilisé net</td><td rowspan="2">Ressources stables</td></tr>
<tr><td>Fonds de roulement positif</td></tr>
<tr><td>Actif d'exploitation et d'exploitation</td><td rowspan="2">Dettes d'exploitation et hors exploitation</td></tr>
<tr><td>Besoin en fonds de roulement négatif</td></tr>
</table>

Il y a excédent des ressources stables sur les emplois stables (fonds de roulement positif) et des ressources variables sur les emplois variables (besoin en fonds de roulement négatif). On a donc un excédent de ressources tant pour le haut de bilan que pour le bas de bilan entraînant des excédents de trésorerie. Cette situation ne peut être que temporaire, car il ne sert à rien d'avoir un fonds de roulement en cas de besoin en fonds de roulement négatif (dans une telle situation, on a soit trop de fonds propres, soit des emprunts à long ou moyen terme inutiles et coûteux).

Fonds de roulement nul et besoin en fonds de roulement positif

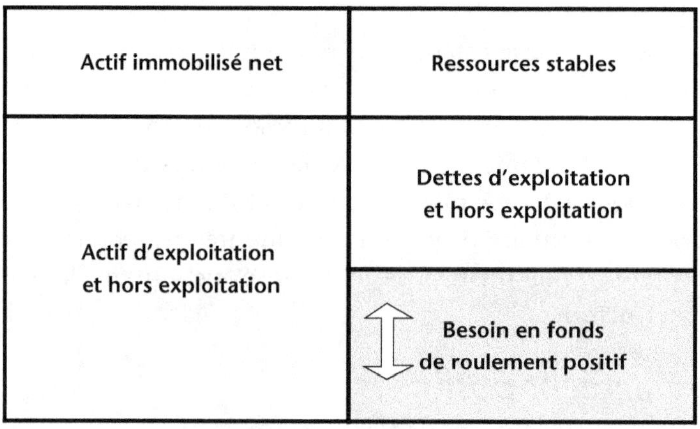

Les ressources stables étant égales à l'actif immobilisé net, il n'y a pas de fonds de roulement. Le besoin en fonds de roulement est, dans ce cas, totalement financé par les crédits bancaires de trésorerie rendant l'entreprise totalement dépendante des banques pour financer son activité. Cette situation ne peut être que temporaire, les banques acceptant rarement de financer seules durablement le besoin en fonds de roulement d'une entreprise.

L'essentiel

- ▶▶ **Les éléments d'actif d'une entreprise** doivent être correctement financés en montant et en durée.
- ▶▶ **Si l'activité d'une entreprise** génère un besoin en fonds de roulement, ce qui peut être normal compte tenu de son activité, il faut qu'il soit donc financé en partie par le fonds de roulement afin d'éviter la dépendance à l'égard des financements bancaires de trésorerie.
- ▶▶ **Un déséquilibre du bilan** conduit tôt ou tard à une raréfaction des financements et à la cessation des paiements.

Questionnaire 6

	Vrai	Faux
1. Le fonds de roulement est représenté par les ressources stables moins les emplois stables.	❑	❑
2. Le fonds de roulement (FR) permet de financer les dettes.	❑	❑
3. Le fonds de roulement augmente lorsque le chiffre d'affaires augmente.	❑	❑
4. Le fonds de roulement augmente lorsque les ressources stables augmentent.	❑	❑
5. Le fonds de roulement diminue lorsque l'actif immobilisé augmente.	❑	❑
6. Contribue à l'augmentation du fonds de roulement une augmentation de capital en numéraire.	❑	❑
7. Contribue à la diminution du fonds de roulement le remboursement d'un emprunt à moyen ou long terme.	❑	❑
8. Le besoin en fonds de roulement (BFR) exprime l'insuffisance du fonds de roulement.	❑	❑
9. Le besoin en fonds de roulement est généralement financé en totalité par le fonds de roulement.	❑	❑
10. Le besoin en fonds de roulement est négatif lorsque l'entreprise a une trésorerie nette négative.	❑	❑
11. Le besoin en fonds de roulement augmente toujours lorsque le chiffre d'affaires augmente.	❑	❑
12. Le besoin en fonds de roulement diminue lorsque les dettes à court terme hors trésorerie augmentent.	❑	❑
13. Contribue à l'augmentation du besoin en fonds de roulement une diminution des crédits accordés aux clients.	❑	❑
14. Contribue à la diminution du besoin en fonds de roulement une réduction des stocks.	❑	❑
15. Le solde net de trésorerie est égal à : fonds de roulement – besoin en fonds de roulement.	❑	❑
16. Le solde net de trésorerie est positif lorsque : BFR > FR.	❑	❑
17. Le solde net de trésorerie est nul lorsque : FR = BFR.	❑	❑
18. Le solde net de trésorerie s'améliore lorsque le fonds de roulement diminue et/ou le besoin en fonds de roulement augmente.	❑	❑
19. Le solde net de trésorerie se détériore lorsque le poste Emprunts auprès des établissements de crédit augmente au bilan comptable.	❑	❑
20. La structure du bilan a une incidence sur le compte de résultat.	❑	❑

Corrigé du questionnaire 6

1. Le fonds de roulement est représenté par les ressources stables moins les emplois stables.

Vrai : le fonds de roulement est représenté par les ressources stables moins les emplois stables (actif immobilisé).

2. Le fonds de roulement (FR) permet de financer les dettes.

Faux : le fonds de roulement permet de financer tout ou partie du besoin en fonds de roulement.

3. Le fonds de roulement augmente lorsque le chiffre d'affaires augmente.

Faux : l'augmentation du chiffre d'affaires n'a pas de rapport direct avec le fonds de roulement.

4. Le fonds de roulement augmente lorsque les ressources stables augmentent.

Vrai : toute augmentation des ressources stables améliore le fonds de roulement dans la mesure où les emplois stables n'augmentent pas.

5. Le fonds de roulement diminue lorsque l'actif immobilisé augmente.

Vrai : toute augmentation de l'actif immobilisé détériore le fonds de roulement dans la mesure où les ressources stables n'augmentent pas.

6. Contribue à l'augmentation du fonds de roulement une augmentation de capital en numéraire.

Vrai : par contre une augmentation de capital par incorporation de réserves ne change rien.

7. Contribuent à la diminution du fonds de roulement le remboursement d'un emprunt à moyen ou long terme.

Vrai : tout remboursement d'un emprunt à moyen ou long terme entraîne une diminution des ressources stables donc du fonds de roulement.

8. Le besoin en fonds de roulement (BFR) exprime l'insuffisance du fonds de roulement.

Faux : le besoin en fonds de roulement exprime l'excédent des emplois variables (actif d'exploitation et hors exploitation) sur les ressources variables (dettes d'exploitation et hors exploitation).

9. Le besoin en fonds de roulement est généralement financé en totalité par le fonds de roulement.

Faux : sauf exception, le besoin en fonds de roulement est financé en partie par le fonds de roulement (normalement au moins 40 %) et en partie par la trésorerie.

10. Le besoin en fonds de roulement est négatif lorsque l'entreprise a une trésorerie nette négative.

Faux : cela n'a rien à voir, mais lorsque le besoin en fonds de roulement est supérieur au fonds de roulement la trésorerie nette est négative.

11. Le besoin en fonds de roulement augmente toujours lorsque le chiffre d'affaires augmente.

Faux : l'augmentation du chiffre d'affaires n'a pas forcément d'incidence sur la variation du besoin en fonds de roulement ; en effet, les ressources variables peuvent évoluer différemment des emplois variables.

12. Le besoin en fonds de roulement diminue lorsque les dettes à court terme hors trésorerie augmentent.

Vrai : toute diminution des ressources variables a pour conséquence une diminution du BFR.

13. Contribue à l'augmentation du besoin en fonds de roulement une diminution des crédits accordés aux clients.

Faux : la diminution des crédits aux clients entraîne une réduction du poste Clients et par conséquent une diminution des emplois variables et donc du BFR.

14. Contribue à la diminution du besoin en fonds de roulement une réduction des stocks.

Vrai : la réduction des stocks entraîne une diminution des emplois variables et donc une diminution du BFR.

15. Le solde net de trésorerie est égal à : fonds de roulement – besoin en fonds de roulement.

Vrai : la trésorerie finance donc la part du besoin en fonds de roulement qui n'est pas financée par le fonds de roulement.

16. Le solde net de trésorerie est positif lorsque : BFR > FR.

Faux : si le besoin en fonds de roulement est supérieur au fonds de roulement, la différence est financée par la trésorerie et on a donc un solde net de trésorerie négatif.

17. Le solde net de trésorerie est nul lorsque : FR = BFR.

Vrai : car le fonds de roulement finance en totalité le besoin en fonds de roulement ; situation idéale, mais rarement durable.

18. Le solde net de trésorerie s'améliore lorsque le fonds de roulement diminue et/ou le besoin en fonds de roulement augmente.

Faux : le solde net de trésorerie se détériore lorsque le fonds de roulement diminue et/ou le besoin en fonds de roulement augmente.

19. Le solde net de trésorerie se détériore lorsque le poste Emprunts auprès des établissements de crédit augmente au bilan comptable.

Faux : le poste Emprunts auprès des établissements de crédit comprend des dettes à moyen ou long terme et des concours bancaires à court terme ; seule l'augmentation des concours bancaires à court terme a pour conséquence une augmentation de la trésorerie passif.

20. La structure du bilan a une incidence sur le compte de résultat.

Vrai : un bilan mal équilibré fait souvent apparaître un endettement important ou inadapté qui entraîne des charges financières et qui fragilise d'une façon générale l'entreprise.

Cas pratique 6

On vous donne les bilans de l'entreprise Rosse.

L'encours d'escompte est :

en N– 2 :	860
en N–1 :	2 200
en N	3 950

En vous aidant des tableaux vierges joints en annexe :

1. Procéder au reclassement du bilan pour les 3 années.

2. Calculer les valeurs structurelles pour les 3 années.

Bilan actif Rosse

	Exercice clos le 31/12/N-2			Exercice clos le 31/12/N-1			Exercice clos le 31/12/N		
	Brut	**Amort Prov.**	**Net**	**Brut**	**Amort Prov.**	**Net**	**Brut**	**Amort Prov.**	**Net**
ACTIF IMMOBILISÉ									
Immobilisations incorporelles									
Frais de recherche et développement									
Concessions, brevets et droits similaires									
Fonds commercial	500		500	500		500	500		500
Immobilisations corporelles									
Terrains et constructions									
Installations techniques, matériel et outillage industriels	980	530	450	980	605	375	980	680	300
Autres immobilisations corporelles	475	300	175	475	350	125	475	400	75
Immobilisations financières									
Prêts									
Autres immobilisations financières									
TOTAL (I)	**1 955**	**830**	**1 125**	**1 955**	**955**	**1 000**	**1 955**	**1 080**	**875**

»

	Exercice clos le 31/12/N-2			Exercice clos le 31/12/N-1			Exercice clos le 31/12/N		
	Brut	Amort Prov.	Net	Brut	Amort Prov.	Net	Brut	Amort Prov.	Net
ACTIF CIRCULANT									
Stocks									
Matières premières, approvisionnements									
En cours de production de services									
Produits intermédiaires et finis									
Marchandises	2 385		2 385	3 145	240	2 905	3 350	320	3 030
Créances									
Avances et acomptes versés sur commandes	50		50	30		30	40		40
Clients et comptes rattachés	630		630	830	110	720	955	110	845
Autres créances	760		760	835		835	970		970
Divers									
Valeurs mobilières de placement									
Disponibilités	80		80	30		30	120		120
Comptes de régularisation									
Charges constatées d'avance									
TOTAL (II)	**3 905**	**0**	**3 905**	**4 870**	**350**	**4 520**	**5 435**	**430**	**5 005**
TOTAL GÉNÉRAL	**5 860**	**830**	**5 030**	**6 825**	**1 305**	**5 520**	**7 390**	**1 510**	**5 880**

Bilan passif Rosse

	31/12/N-2	31/12/N-1	31/12/N
CAPITAUX PROPRES			
Capital social ou individuel	300	300	300
Primes d'émission, de fusion, d'apport			
Ecart de réévaluation			
Réserve légale	30	30	30
Réserves statutaires ou contractuelles	680	780	780
Réserves réglementées			
Autres réserves			
Report à nouveau	155	360	– 70
Résultat de l'exercice (bénéfice ou perte)	305	– 430	– 120
Subventions d'investissement			
Provisions réglementées (amortissements dérogatoires)			
TOTAL I	**1 470**	**1 040**	**920**
AUTRES FONDS PROPRES			
Produits des émissions de titres participatifs			
Avances conditionnées			
TOTAL II	**0**	**0**	**0**
PROVISIONS POUR RISQUES ET CHARGES			
Provisions pour risques	100	30	120
Provisions pour charges à répartir sur plusieurs exercices	80	150	150
TOTAL III	**180**	**180**	**270**

»

	31/12/N-2	31/12/N-1	31/12/N
DETTES			
Emprunts obligataires convertibles			
Autres emprunts obligataires			
Emprunts et dettes auprès des étab. de crédit (1)	1 210	1 620	1 655
Emprunts et dettes financières divers			
Avances et acomptes reçus sur commandes en cours	250	180	200
Dettes fournisseurs et comptes rattachés	1 025	1 315	1 370
Dettes fiscales et sociales	495	635	595
Dettes sur immobilisations et cptes rattachés			
Autres dettes (2)	400	550	870
COMPTES DE RÉGULARISATION			
Produits constatés d'avance			
(TOTAL (IV)	**3 380**	**4 300**	**4 690**
Écarts de conversion passif (V)			
TOTAL GÉNÉRAL (I à V)	**5 030**	**5 520**	**5 880**
(1) Dont emprunts à moyen ou long terme	215	160	105
concours bancaires courants			
soldes créditeurs de banque	995	1 460	1 550
(2) Dont comptes courants d'associés stables	300	300	300

Bilan reclassé Rosse

ACTIF	N - 2	%	N – 1	%	N	%
Immobilisations incorporelles Immobilisations corporelles Immobilisations financières						
Actif immobilisé net						
Stocks et en cours Avances et acomptes versés sur commandes Créances clients et comptes rattachés Autres créances						
Actif d'exploitation et hors-exploitation						
Valeurs mobilières de placement Disponibilités						
Trésorerie actif						
TOTAL ACTIF						

PASSIF	N – 2	%	N – 1	%	N	%
Capitaux propres Comptes courants d'associés bloqués						
Ressources propres						
Provisions pour risques et charges						
Dettes à moyen ou long terme						
Ressources stables						
Avances et acomptes reçus Dettes fournisseurs Dettes fiscales et sociales Autres dettes						
Dettes d'exploitation et hors exploitation						
Escompte Soldes créditeurs de banque Autres concours						
Trésorerie passif						
TOTAL PASSIF						

Valeurs structurelles Rosse

	N – 2	N – 1	% (1)	N	% (1)
Ressources stables					
– Actif immobilisé net					
1 – Fonds de roulement (FR)					
Actif d'exploitation et hors d'exploitation					
– Dettes d'exploitation et hors exploitation					
2 – Besoin en fonds de roulement (BFR)					
Fonds de roulement					
– Besoin en fonds de roulement					
3 – Trésorerie nette (TN)					
Trésorerie actif					
– Trésorerie passif					
4 – Vérification de la trésorerie nette					

(1) % de variation par rapport à l'exercice précédent

Corrigé du cas pratique 6

I – Le reclassement du bilan

A Reclassement de l'actif

Immobilisations incorporelles (a) : valeurs nettes au bilan

Immobilisations corporelles (b) : valeurs nettes au bilan

Immobilisations financières (c) : valeurs nettes au bilan

Actif immobilisé net = a + b + c

Stocks et en cours (d) : valeurs nettes au bilan

Avances et acomptes versés sur commandes (e) : valeurs nettes au bilan

Créances clients et comptes rattachés (f) : valeurs nettes au bilan + effets escomptés non échus

Autres créances (g) : valeurs nettes au bilan

Actif d'exploitation et hors exploitation = d + e + f + g

Valeurs mobilières de placement (h) : valeurs nettes au bilan (ici néant)

Disponibilités (i) : valeurs au bilan

Trésorerie actif = h + i

Total Actif = total net du bilan comptable + escompte

B Reclassement du passif

Capitaux propres (j) : valeurs au bilan

Comptes courants d'associés bloqués (k) : figuraient en autres dettes (renvoi 2) : valeurs au bilan

Ressources propres (l) = j + k

Provisions pour risques et charges (m) : valeurs au bilan

Emprunts à moyen ou long terme (n) : part des emprunts bancaires qui sont à moyen ou long terme (renvoi 1)

Ressources stables = l + m + n

Avances et acomptes reçus (o) : valeurs au bilan

Dettes fournisseurs (p) : valeurs au bilan

Dettes fiscales et sociales (q) : valeurs au bilan

Autres dettes (r) : valeurs au bilan – comptes courants associés bloqués

Dettes d'exploitation et hors exploitation = o + p + q + r

Escompte (s) : encours ajouté à l'actif au poste Clients

Soldes créditeurs de banque (t) : part des emprunts bancaires représentée par des découverts en compte (renvoi 1)

Autres concours (u) : part des emprunts bancaires représentée par des concours bancaires courants (Dailly, mobilisation de créances nées) (renvoi 1) (ici néant)

Trésorerie passif = s + t + u

Total Passif = total du bilan comptable + escompte

II – Les valeurs structurelles

A Calcul du fonds de roulement (FR)

FR = Ressources stables – Actif immobilisé net

N – 2 : FR = 2 165 – 1 125 = 1 040

N – 1 : FR = 1 680 – 1 000 = 680

N : FR = 1 595 – 875 = 720

B Calcul du besoin en fonds de roulement (FR)

BFR = (Actif d'exploitation et hors-exploitation) – (Dettes d'exploitation et hors-exploitation)

N – 2 : BFR = 4 685 – 1 870 = 2 815

N – 1 : BFR = 6 690 – 2 380 = 4 310

N : BFR = 8 835 – 2 735 = 6 100

C Calcul de la trésorerie nette (TN)

Trésorerie nette = FR – BFR

N – 2 : TN = 1 040 – 2 815 = – 1 775

N – 1 : TN = 680 – 4 310 = - 3 630

N : TN = 720 – 6 100 = – 5 380

D Vérification de la trésorerie nette

Trésorerie nette = Trésorerie actif – Trésorerie passif

N – 2 : TN = 80 – 1 855 = – 1 775

N – 1 : TN = 30 – 3 660 = – 3 630

N : TN = 120 – 5 500 = – 5 380

Bilan reclassé Rosse

ACTIF	N – 2	%	N – 1	%	N	%	PASSIF	N – 2	%	N – 1	%	N	%
Immobilisations incorporelles	500	8,5	500	6,5	500	5,1	*Capitaux propres*	1 470	25,0	1 040	13,5	920	9,4
Immobilisations corporelles	625	10,6	500	6,5	375	3,8	*Comptes courants d'associés bloqués*	300	5,1	300	3,9	300	3,1
Immobilisations financières	0	0,0	0	0,0	0	0,0							
Actif immobilisé net	**1 125**	**19,1**	**1 000**	**13,0**	**875**	**8,9**	**Ressources propres**	**1 770**	30,1	**1 340**	17,4	**1 220**	12,4
Stocks et en cours	2 385	40,5	2 905	37,6	3 030	30,8	**Provisions pour risques et charges**	**180**	3,1	**180**	2,3	**270**	2,7
Avances et acomptes versés sur commandes	50	0,8	30	0,4	40	0,4	**Dettes à moyen ou long terme**	**215**	3,7	**160**	2,1	**105**	1,1
Créances clients et comptes rattachés	1 490	25,3	2 920	37,8	4 795	48,8	**Ressources stables**	**2 165**	**36,8**	**1 680**	**21,8**	**1 595**	**16,2**
Autres créances	760	12,9	835	10,8	970	9,9	*Avances et acomptes reçus*	250	4,2	180	2,3	200	2,0

»

ACTIF	N – 2	%	N – 1	%	N	%	PASSIF	N – 2	%	N – 1	%	N	%
							Dettes fournisseurs	1 025	17,4	1 315	17,0	1 370	13,9
							Dettes fiscales et sociales	495	8,4	635	8,2	595	6,1
							Autres dettes	100	1,7	250	3,2	570	5,8
Actif d'exploitation et hors-exploitation	**4 685**	**79,5**	**6 690**	**86,7**	**8 835**	**89,9**	**Dettes d'exploitation et hors exploitation**	**1 870**	**31,7**	**2 380**	**30,8**	**2 735**	**27,8**
Valeurs mobilières de placement	0	0,0	0	0,0	0	0,0	*Escompte*	860	14,6	2 200	28,5	3 950	40,2
Disponibilités	80	1,4	30	0,4	120	1,2	*Soldes créditeurs de banque*	995	16,9	1 460	18,9	1 550	15,8
							Autres concours	0	0,0	0	0,0	0	0,0
Trésorerie actif	**80**	**1,4**	**30**	**0,4**	**120**	**1,2**	**Trésorerie passif**	**1 855**	**31,5**	**3 660**	**47,4**	**5 500**	**56,0**
TOTAL ACTIF	**5 890**	**100**	**7 720**	**100**	**9 830**	**100**	**TOTAL PASSIF**	**5 890**	**100**	**7 720**	**100**	**9 830**	**100**

Valeurs structurelles Rosse

	N – 2	N – 1	%(1)	N	%(1)
Ressources stables	2 165	1 680		1 595	
– *Actif immobilisé net*	– 1 125	– 1 000		– 875	
1 – Fonds de roulement (FR)	**1 040**	**680**	**– 34,6**	**720**	+ 5,9
Actif d'exploitation et hors d'exploitation	4 685	6 690		8 835	
– *Dettes d'exploitation et hors exploitation*	– 1 870	– 2 380		– 2 735	
2 – Besoin en fonds de roulement (BFR)	**2 815**	**4 310**	+ **53,1**	**6 100**	+ **41,5**
Fonds de roulement	1 040	680		720	
– *Besoin en fonds de roulement*	– 2 815	– 4 310		– 6 100	
3 – Trésorerie nette (TN)	– **1 775**	– **3 630**	+ **104,5**	– **5 380**	+ **48,2**
Trésorerie actif	80	30		120	
– *Trésorerie passif*	– 1 855	– 3 660		– 5 500	
4 – Vérification de la trésorerie nette	– **1 775**	– **3 630**	+ **104,5**	– **5 380**	+ **48,2**

(1) % de variation par rapport à l'exercice précédent

Chapitre 7

Les soldes intermédiaires de gestion

Executive summary

- **Comme pour le bilan,** l'analyse du compte de résultat ne peut se faire qu'après avoir effectué un retraitement.
- **Ce retraitement** consiste à calculer des soldes intermédiaires qui permettront de savoir pourquoi l'entreprise a dégagé un résultat positif ou négatif.
- **Ces soldes calculés en valeur absolue** et en valeur relative permettront aussi une comparaison des performances de l'entreprise sur plusieurs exercices.

Le compte de résultat permet de connaître l'ensemble des charges et des produits qui ont permis à une entreprise de dégager un bénéfice ou une perte au cours d'un exercice : c'est un film entre deux bilans.

La formation du résultat est une opération complexe, car elle fait intervenir de nombreux produits et charges et l'interprétation du compte de résultat grâce aux soldes intermédiaires de gestion ne peut être faite sans avoir au préalable compris comment se forme ce résultat.

Sans retraitement, le compte de résultat ne donne que quelques grandes étapes catégoriels : résultat d'exploitation, résultat financier, résultat exceptionnel, participation des salariés, impôt sur les bénéfices qui conduiront à la détermination du résultat net.

Il est nécessaire de connaître les différentes étapes de la formation du résultat en calculant des soldes intermédiaires de gestion et en procédant à leur analyse.

La formation du résultat

Le compte de résultat comprend des produits et des charges d'exploitation, des produits et des charges financières, des produits et des charges exceptionnels et prend en compte la participation revenant aux salariés et l'IS pour les entreprises qui y sont assujetties.

Le résultat est donc déterminé par différence entre les produits et les charges : on aura un bénéfice si les produits sont supérieurs aux charges et une perte dans le cas inverse, mais un bénéfice ne signifie pas forcément une entrée en trésorerie et une perte un déficit de trésorerie.

Une charge crée une diminution du résultat de l'entreprise : elle peut être décaissable ou non décaissable.

Une charge décaissable donne lieu à décaissement immédiat ou différé (ex. un loyer) ; une charge non décaissable consiste à constater une dépréciation définitive sous forme d'amortissement (prise en charge de la dépréciation d'une immobilisation au cours d'un exercice) ou une perte potentielle sous la forme d'une dépréciation (d'un élément d'actif) ou d'une provision (pour charge ou pour risque).

Un produit crée une augmentation du résultat de l'entreprise : il peut être encaissable ou non encaissable.

Un produit encaissable donne lieu à encaissement immédiat ou différé (ex. : une vente) ; un produit non encaissable consiste à diminuer ou annuler, sous forme de reprise, un amortissement, une dépréciation ou une provision.

Les biens corporels, incorporels ou financiers acquis par une entreprise ne sont pas considérés comme des charges (sauf pour de faibles montants), mais comme des immobilisations et la prise en charge de leur coût doit être le plus souvent répartie en charges sous plusieurs exercices par des « amortissements ».

Comme tous les produits et toutes les charges ne sont pas encaissables ou décaissables et que les encaissements de produits et les décaissements de charges ne se font pas forcément lors de leur naissance, le résultat est très souvent différent de la trésorerie : une entreprise peut donc dégager un bénéfice et avoir des problèmes de trésorerie ; elle peut dégager des pertes et avoir des excédents de trésorerie.

Les soldes intermédiaires de gestion

Le tableau des soldes intermédiaires de gestion (SIG) figure dans le système développé du nouveau plan comptable. Établi à partir du compte de résultat, il en permet une analyse relativement fine ; il présente en effet un recalcul progressif du résultat net comptable de l'exercice à travers une cascade de soldes successifs. Ces soldes sont le principal outil utilisé pour l'analyse de l'activité et de la rentabilité des entreprises.

Les soldes intermédiaires de gestion

Ventes de marchandises (A) Production vendue (B)
Chiffre d'affaires de l'exercice = A + B
Production stockée (C) Production immobilisée (D)
Production de l'exercice = B + C + D
Consommations de marchandises (achats + ou – variation de stocks de marchandises) (E) Consommations de matières premières (achats + ou – variation de stocks de matières premières) (F)
Marge commerciale (MC) = A – E *Marge brute (MB) = (A + B + C) – (E + F)*
Autres achats et charges externes (G)

»

»» *Valeur ajoutée (VA) = (A + B + C + D) – (E + F + G)*

Subventions d'exploitation (H)
Impôts et taxes (I)
Charges de personnel (J)

Excédent brut d'exploitation (EBE) = VA + H – (I + J)

Dotations aux amortissements, dépréciations et provisions d'exploitation (K)
Reprises de dépréciations et provisions d'exploitation (L)
Transferts de charges (M)
Autres produits et autres charges d'exploitation (N)

Résultat d'exploitation (RE) = EBE – K + L + M + ou – N

Quotes-parts de résultat sur opérations en commun (O)
Produits financiers (P)
Charges financières (Q)

Résultat courant (RC) = RE + ou – O + P – Q

Produits exceptionnels (R)
Charges exceptionnelles (S)
Participation des salariés (T)
Impôts sur les bénéfices (U)

Résultat net (RN) = RC + R – S – T – U

Dotations aux amortissements, dépréciations et provisions (V)
Reprises sur amortissements, dépréciations et provisions (W)
Valeurs comptables des éléments cédés (X)
Produits des cessions d'éléments d'actifs (Y)

Capacité d'autofinancement (CAF) = RN + V – W + X – Y

Le chiffre d'affaires (CA)

Ce n'est pas à proprement parler un solde, mais il est le point de départ de toute analyse de l'activité d'une entreprise.

■ Les postes concernés

- Ventes de marchandises : il s'agit du montant des ventes de biens non transformés (activité de négoce).
- Production vendue : elle regroupe les ventes de produits après transformation (production vendue de biens) et de services (production vendue de services).

■ Le calcul du chiffre d'affaires

Chiffre d'affaires = Ventes de marchandises + Production vendue

■ Interprétation et analyse

C'est le total (généralement hors taxes) des sommes effectivement facturées (c'est-à-dire nettes de remises, rabais, ristournes) par l'entreprise à des tiers au titre de son activité courante « normale » (négoce : ventes de marchandises ; transformation et services : production vendue) à l'exclusion des activités courantes « anormales » (autres produits, tels les redevances sur brevets et licences par exemple) et des activités exceptionnelles.

On s'intéressera à son évolution tant globale que par segments.

On pourra ainsi répartir le chiffre d'affaires :

- par *nature d'activité* (négoce, transformation) ;
- par *zones géographiques* (France/export ; régions). Si le chiffre d'affaires export est significatif, on s'interrogera sur l'existence de risques spécifiques attachés (change, réglementation, climat des relations de la France avec ces pays, climat économique et politique local, fiabilité de l'acheminement des produits, degré de contrôle de l'entreprise sur ses distributeurs locaux...) ;
- par produits ou groupes de produits ;
- par *type de clientèle* (entreprises, grande distribution, petit commerce, particuliers...) en isolant les gros clients.

On identifiera les clients ou segments à risques (risque en terme de volume d'achat ainsi qu'en terme de règlement).

On analysera la progression du chiffre d'affaires en prenant soin de distinguer progression en valeur et progression en volume ; en effet une progression en valeur du chiffre d'affaires peut recouvrir des quantités vendues plus importantes et/ou un prix de vente unitaire en hausse (CA = quantité par prix unitaire).

La marge commerciale

Le résultat d'une entreprise, qui peut être aussi bien un profit qu'une perte, est la résultante de multiples facteurs ; pour une entreprise de négoce, le premier d'entre eux sera la marge commerciale.

La marge commerciale n'existe que dans le cadre d'une activité de négoce (achat et revente en l'état, ou, éventuellement après reconditionnement, de marchandises) ; cette activité est comptabilisée dans le compte de résultat à travers les postes Achats de marchandises, Variation de stocks de marchandises et Ventes de marchandises.

■ Les postes concernés

Avant de calculer la marge commerciale, il faut comprendre les postes du compte de résultat qui vont être utilisés pour permettre son calcul.

- Ventes de marchandises : il s'agit du montant des ventes de biens non transformés.
- Achats de marchandises : il s'agit de biens destinés à être revendus dans l'état.
- Variation des stocks de marchandises : elle est calculée par différence entre le stock initial et le stock final de marchandises ; si elle négative, cela signifie que l'entreprise n'a pas vendu tout le stock acheté au cours de l'exercice, si elle est positive, cela signifie que l'entreprise a vendu plus de marchandises qu'elle n'en a achetées au cours de l'exercice en prélevant dans le stock existant au début de l'exercice.

■ Le calcul de la marge commerciale

Marge commerciale = **Ventes de marchandises – Consommation des marchandises**

La consommation des marchandises se détermine de la façon suivante :

Consommation des marchandises = Achats de marchandises + ou – Variation des stocks de marchandises

La variation des stocks se calcule de la manière suivante :

Variation des stocks de marchandises = Stock initial de marchandises – Stock final de marchandises

On peut aussi calculer directement deux ratios importants qui sont le taux de marge et le taux de marque :

Taux de marge = **Marge commerciale/Prix d'achat des marchandises HT**

Taux de marque
=
Marge commerciale/Prix de vente des marchandises HT

La marge commerciale peut être définie comme le supplément de valeur apporté par l'entreprise aux marchandises vendues, ce supplément de valeur étant la contrepartie du service de distribution assuré par l'entreprise.

La marge commerciale est sensiblement proportionnelle aux ventes de marchandises (le coût des marchandises étant un coût variable) ; elle est souvent exprimée en pourcentage et peut alors être significativement comparée aussi bien dans le temps (d'une année sur l'autre pour une même entreprise) que dans l'espace (d'une entreprise à l'autre dans un même secteur d'activité pour une même période de temps).

■ Interprétation et analyse

L'analyse de la marge commerciale doit prendre en compte les risques attachés aux approvisionnements en marchandises et en particulier la variabilité des prix, le cas échéant celle des taux de change, ainsi que l'opportunité de constituer des stocks de précaution.

Le niveau de la marge commerciale est déterminant pour la rentabilité d'une entreprise, car elle est le point d'ancrage de cette rentabilité. Un bon niveau de marge commerciale va permettre à l'entreprise de supporter sans difficultés majeures les charges inhérentes à son activité et aussi d'assurer une rentabilité indispensable à sa survie et son développement ; un faible niveau de marge commerciale va poser très vite des problèmes de rentabilité et va, plus ou moins rapidement, mettre en péril l'avenir de l'entreprise et sa pérennité.

Le niveau de la marge commerciale est très différent d'un secteur à l'autre et pour évaluer celui d'une entreprise, il faut connaître la moyenne du secteur. Les taux indiqués sur le tableau ci-dessous n'ont que valeur indicative, car la marge dégagée par une entreprise dépend de nombreux facteurs (taille, marché, politique commerciale, etc.).

Toutefois, les chiffres du secteur ne sont que des moyennes et chaque entreprise a ses propres points forts et points faibles.

Secteurs d'activités	Taux de marge commerciale (en %)
Commerce et réparation automobile	**13,5**
dont : Commerce de véhicules automobiles	10,6
Commerce de gros d'équipements automobiles	25,3
Commerce de détail d'équipements automobiles	35,5
Commerce de détail de carburants	10,8
Commerce de détail (hors artisanat commercial)	**29,0**
dont : Grandes surfaces d'alimentation générale	34,2
Grands magasins et autres magasins non alimentaires non spécialisés	20,5
Pharmacies et commerce d'articles médicaux	31,1
Habillement-chaussures	43,5
Autres équipements de la personne	46,1
Culture, loisirs, sports	33,5
Équipement du foyer	34,8
Aménagement de l'habitat	38,6
Vente à distance	44,3
Commerce de gros et intermédiaires du commerce	**21,3**
dont : Produits agricoles bruts	10,3
Produits alimentaires	27,3
Biens de consommation non alimentaire	31,5
dont : produits pharmaceutiques	*19,2*
parfumerie et produits de beauté	*51,4*
Produits intermédiaires non agricoles	20,2
dont : combustibles	*10,5*
produits pour l'installation de l'habitat et construction	*41,5*
Autres produits	*18,5*
Équipement professionnel	*22,7*
dont : machines de bureau et matériel informatique	*14,9*
matériel électrique et électronique	*27,6*
autres équipements	*23,4*

La première analyse à mener est celle du niveau de la marge commerciale : est-elle à peu près cohérente par rapport au secteur et si elle est assez sensiblement inférieure à celle des entreprises du secteur, quelles en sont les causes : concurrence plus forte, prix d'achats trop élevés, prix de ventes trop faibles, etc.

Une fois connu le niveau de la marge commerciale, il faut se pencher sur son évolution sur plusieurs exercices : est-elle stable, augmente-t-elle, diminue-t-elle ?

La marge commerciale est stable : sauf stabilité due au hasard, une stabilité de la marge dénote une gestion de la marge qui se veut suivie et rigoureuse.

La marge commerciale augmente : c'est *a priori* une bonne chose, mais quelles en sont les causes : sont-elles structurelles ou conjoncturelles ?

La marge commerciale diminue : est-ce le début de difficultés, l'entreprise fait-elle face à une passe difficile, est-ce le fruit d'une nouvelle politique commerciale ?

Comme une entreprise vend rarement un seul produit, une variation sensible de la marge commerciale peut simplement être due à une répartition différente des ventes entre les produits à forte marge et les produits à faible marge.

Dans tous les cas, il est très important de comprendre la politique commerciale de l'entreprise et le marché sur lequel elle évolue : est-il ou non fortement concurrentiel ?

La marge brute

Elle n'existe que dans le cadre d'une activité de transformation matérialisée dans le compte de résultat par les comptes Production vendue, Production stockée et dans les activités mixtes (négoce et production).

La production mesure le niveau de l'activité de transformation de l'entreprise (quel que soit le sort des produits de cette activité de transformation : vente, stockage, immobilisation).

■ Les postes concernés

Avant de calculer la marge brute, il faut comprendre les postes du compte de résultat ou les soldes de gestion qui vont être utilisés pour permettre son calcul.

- Marge commerciale : ventes de marchandises – consommations de marchandises.
- Production vendue : ventes de biens après transformation (industrie) et ventes de services (travaux, études, réparations, prestations de services intellectuelles).
- Production stockée : elle est calculée par différence entre le stock final et le stock initial de l'exercice de produits finis ou en cours de fabrication ; si elle négative, cela signifie que l'entreprise a prélevé sur ses stocks de produits finis pour vendre, si elle est positive, cela signifie que l'entreprise n'a pas vendu tout ce qu'elle a fabriqué au cours de l'exercice.
- Achats de matières premières et autres approvisionnements : il s'agit des biens achetés dans le but d'être revendus après transformation.

- Variation des stocks de matières premières et approvisionnements : elle est calculée par différence entre le stock initial et le stock final de matières premières et approvisionnements (par ex. les emballages) ; si elle négative, cela signifie que l'entreprise n'a pas utilisé tout le stock de matières premières et approvisionnements acheté au cours de l'exercice, si elle est positive, cela signifie que l'entreprise a consommé plus de matières premières et approvisionnements qu'elle n'en a achetés au cours de l'exercice.

■ Le calcul de la marge brute

Si la marge commerciale est relativement facile à calculer, la marge brute est beaucoup plus difficile à évaluer, car la présentation du compte de résultat n'est pas assez détaillée notamment en ce qui concerne les charges externes ; toutefois, on peut définir la marge brute par la formule suivante :

Marge brute

=

Marge commerciale + Production vendue + ou – Production stockée – Consommation des matières premières

La production stockée se détermine de la façon suivante :

Production stockée = Stock final de produits en cours et produits finis – Stock initial de produits en cours et produits finis

La consommation des matières premières se détermine de la façon suivante :

Consommation des matières premières = Achats de matières premières + ou – Variation des stocks de matières premières

La variation des stocks se calcule de la manière suivante :

Variation des stocks de matières premières = Stock initial de matières premières – Stock final de matières premières

■ Interprétation et analyse

La marge brute mesure le niveau des marges de négoce et de transformation de l'entreprise (quel que soit le sort des produits de cette activité de transformation : vente, stockage).

Une place à part doit être faite pour la production immobilisée qui n'est pas prise en compte pour le calcul de la marge brute, car cette production n'est pas destinée à être vendue.

Le compte « Production immobilisée » permet de comptabiliser des travaux faits par l'entreprise pour elle-même avant l'immobilisation des charges correspondantes au bilan dans les comptes d'immobilisations corporelles (constructions, outillage, encours...) ou incorporelles (frais d'établissement, de recherche et développement...) selon le cas.

L'analyse de l'évolution de la production est rendue délicate par le fait que la production n'est pas une grandeur homogène : la production vendue est comptabilisée en prix de vente (prix incorporant une marge bénéficiaire) tandis que la production stockée l'est en coût de revient (coût complet hors charges de sous-activité, pertes et gaspillage et charges d'administration générale).

La production stockée apparaît au compte de résultat avec un signe positif ou négatif, comptabilisant respectivement un gonflement des stocks ou au contraire un déstockage. Tout constitution significative de stockage, génératrice de surcoûts (coûts d'entreposage, coûts financiers, éventuellement coûts ultérieurs de sous activité), appelle une analyse approfondie : est-elle due à la constitution d'un stock de sécurité dans le cadre du lancement d'un nouveau produit, à la reconstitution d'un stock dégarni par des ventes exceptionnelles, à la préparation d'une grosse commande, à une mévente, etc. ? Ce phénomène est-il temporaire ou durable ?

L'analyse du niveau de la marge brute est quasiment impossible à faire, car elle est presque toujours spécifique d'une entreprise à l'autre : elle dépend du secteur, du ou des produits fabriqués, des modes de fabrication (production intégrée ou sous-traitance partielle ou totale), du marché, etc.

Il est plus intéressant de se pencher sur son évolution sur plusieurs exercices : est-elle stable, augmente-t-elle, diminue-t-elle ?

La marge brute est stable : sauf stabilité due au hasard, une stabilité de la marge dénote une gestion de la marge qui se veut suivie et rigoureuse.

La marge brute augmente : c'est *a priori* une bonne chose, mais quelles en sont les causes : produits différents, politique de production, politique de prix... ?

La marge brute diminue : est-ce le début de difficultés pour l'entreprise, est-ce dû à une passe difficile ou à un changement de stratégie (par exemple, fabrication de produits à plus faible marge) ?

Comme une entreprise vend rarement un seul produit, une variation sensible de la marge brute peut simplement être due à une répartition différente des ventes entre les produits à forte marge et les produits à faible marge.

Il est très important de comprendre la politique de production de l'entreprise et le marché sur lequel elle évolue.

La valeur ajoutée (VA)

La notion de valeur ajoutée est *a priori* simple à comprendre : elle correspond à la création de richesse réalisée par une entreprise.

Cette définition qui peut être satisfaisante sur le plan économique est beaucoup trop imprécise pour satisfaire l'analyste financier, car son mode de calcul n'est pas forcément effectué à l'identique par tous et son analyse est délicate.

On peut donner une deuxième définition plus satisfaisante : elle est la différence entre tout ce qu'une entreprise produit et vend et tout ce qu'elle consomme (en provenance des tiers).

Ce mode de calcul de la création de richesse reste encore trop général et il est nécessaire d'une part de déterminer ce qu'il faut prendre précisément en compte pour calculer la valeur ajoutée et comment il convient de l'analyser selon le secteur d'activité, la taille de l'entreprise et ses choix de production et de commercialisation.

La valeur ajoutée est l'accroissement de valeur que l'entreprise apporte aux biens et services en provenance des tiers dans le cadre de son activité courante (négoce et transformation – activités financières et exceptionnelles exclues). Il s'agit du supplément de valeur produit quel que soit son sort (vente, stockage, ou immobilisation).

Pour produire et vendre, une entreprise doit combiner différents facteurs : des matières premières, du travail et du capital. L'utilisation de ces différents facteurs est une alchimie complexe et qui va sensiblement être différente d'une entreprise à l'autre.

Une entreprise industrielle utilise ces différents facteurs dans des proportions sensiblement différentes selon le type de produit fabriqué et les technologies employées.

Une entreprise de négoce utilisera essentiellement du capital et du travail et pas ou peu de matières premières (à l'exception de quelques ressources énergétiques).

Une entreprise de service fera appel pour l'essentiel à des compétences humaines donc au facteur travail.

Cette distinction entre industrie, négoce et services est en fait assez arbitraire, car certaines entreprises industrielles sous-traitent intégralement leur production et certaines entreprises de service, comme le transport, font largement appel au capital et doivent effectuer de lourds investissements.

Quels que soient le secteur d'activité et la taille de l'entreprise, il est indispensable que celle-ci dégage une valeur ajoutée suffisante pour financer ses charges de personnel, ses impôts, ses investissements, assurer la prise en charge de ses risques et pertes potentiels ou effectifs, régler ses charges financières, rémunérer les capitaux empruntés et assurer son autofinancement.

Une valeur ajoutée trop faible conduit immanquablement une entreprise à la disparition à plus ou moins longue échéance et il est donc très important de comprendre les composantes de cette valeur ajoutée.

La valeur ajoutée renseigne sur la structure de l'entreprise :

- sur sa *dimension économique* réelle : la valeur ajoutée exprime ce que l'entreprise apporte dans la chaîne de réalisation globale d'un produit (conception, fabrication, distribution) avec un processus plus ou moins intégré ;
- sur son *degré d'intégration* : plus une entreprise est intégrée (c'est-à-dire plus la portion du cycle de production du bien fourni qu'elle maîtrise est importante – à l'extrême de la collecte des matières premières brutes à la commercialisation du produit fini), plus sa valeur ajoutée est importante par rapport à la production ;
- sur sa *structure interne* : elle peut être appréciée à travers la répartition de la valeur ajoutée entre les différents agents économiques et financiers (main-d'œuvre, prêteurs, entreprise, État...), cette répartition étant l'expression de leur poids respectif.

Par contre, elle ne nous renseigne que très imparfaitement sur la *performance économique* de l'entreprise ; un accroissement de la valeur ajoutée ne signifie pas forcément une amélioration de la rentabilité.

Tout au plus peut-on évaluer le degré de maîtrise des consommations en provenance des tiers, ou du moins des consommations matières (matières premières et autres approvisionnements) : leur accroissement est-il supérieur ou inférieur à celui de la valeur ajoutée – signes respectivement de mauvaise et de bonne maîtrise des approvisionnements ? Toutefois, des approvisionnements irréguliers ne sont pas forcément dus à une mauvaise gestion : ils peuvent résulter des contraintes imposées par un marché agité (offre limitée et/ou irrégulière et/ou quantités minimum imposées et/ou prix fluctuants...).

Les « Autres achats et charges externes » ne sont en général pas détaillés ; ils recouvrent en particulier les coûts de sous-traitance et d'intérim ainsi que les charges de crédit-bail. La prise en compte au niveau de la valeur ajoutée de ces trois éléments la rend hétérogène et donc nuit à son interprétation ; en effet, ces charges dépendent de choix en matière de politique sociale (intérim), de politique d'investissement (sous-traitance) et de politique de financement (crédit-bail), ces choix étant comptabilisés pour leur majeure partie plus en aval dans la cascade des soldes (respectivement au niveau de l'excédent brut d'exploitation, du résultat d'exploitation et du résultat courant avant impôt).

■ Les postes concernés

Il s'agit des ventes de marchandises, de la production vendue, de la production stockée, de la production immobilisée, des achats de marchandises, de la variation des stocks de marchandises, des consommations de matières premières, de la variation des stocks de matières premières et des autres achats et charges externes.

- Ventes de marchandises : il s'agit du montant des ventes de biens non transformés (sauf éventuel conditionnement).
- Production vendue : ventes de biens après transformation (industrie) et ventes de services (travaux, études, réparations, prestations de services intellectuelles).
- Production stockée : elle est calculée par différence entre le stock final et le stock initial de l'exercice de produits finis ou en cours de fabrication ; si elle est négative, cela signifie que l'entreprise a prélevé sur ses stocks de produits finis pour vendre, si elle est positive, cela signifie que l'entreprise n'a pas vendu tout ce qu'elle a fabriqué au cours de l'exercice.
- Production immobilisée : il s'agit de la production pour compte propre de tous les biens qu'une entreprise destine à l'investissement ; elle comprend la production d'actifs immobilisés corporels (bâtiments, etc.) et incorporels (logiciels, dépenses de recherche et développement, etc.). C'est une production non vendue évaluée au coût de production. Ces immobilisations doivent également figurer à l'actif.
- Achats de marchandises : il s'agit de biens destinés à être revendus dans l'état.
- Variation des stocks de marchandises : elle est calculée par différence entre le stock initial et le stock final de marchandises ; si elle est négative, cela signifie que l'entreprise n'a pas vendu tout le stock acheté au

cours de l'exercice, si elle est positive, cela signifie que l'entreprise a vendu plus de marchandises qu'elle n'en a achetées au cours de l'exercice.

- Achats de matières premières et autres approvisionnements : il s'agit des biens achetés dans le but d'être revendus après transformation.
- Variation des stocks de matières premières et approvisionnements : elle est calculée par différence entre le stock initial et le stock final de matières premières et approvisionnements (par exemple, les emballages) ; si elle est négative, cela signifie que l'entreprise n'a pas utilisé tout le stock de matières premières et approvisionnements acheté au cours de l'exercice, si elle est positive, cela signifie que l'entreprise a consommé plus de matières premières et approvisionnements qu'elle n'en a achetés au cours de l'exercice.
- Les autres achats et charges externes : ce sont tous les biens et services achetés par l'entreprise auprès de tiers autres que les marchandises et matières premières : redevances de crédit-bail, locations, charges locatives, entretien et réparations, primes d'assurance, études et recherches, rémunérations d'intérimaires et honoraires, publicité, transports, déplacements et missions réceptions, frais postaux et de télécommunications, services bancaires.

■ Le calcul de la valeur ajoutée

Valeur ajoutée
=
Production de l'exercice + Marge commerciale
– Consommations en provenance des tiers

Pour comprendre le calcul, il convient donc de définir les différentes composantes de la valeur ajoutée : production de l'exercice, marge commerciale et consommations en provenance des tiers.

La production de l'exercice

Production de l'exercice = Production vendue + Production stockée + Production immobilisée

Production vendue = produits transformés et vendus au cours de l'exercice.

Production stockée = stock final de produits en cours et finis – Stock initial de produits en cours et finis.

Production immobilisée = production de l'entreprise pour elle-même (immobilisations incorporelles – recherche notamment – ou corporelles – immeubles, matériels...).

La marge commerciale

Marge commerciale = Ventes de marchandises – Consommations des marchandises

Ventes de marchandises = produits vendus sans transformation par l'entreprise.

Consommation des marchandises = achats de marchandises + ou – variation des stocks de marchandises

Les consommations en provenance des tiers

Consommations en provenance des tiers = consommations de matières premières et autres achats et charges externes

Consommations de matières premières = achats de matières premières + ou – variation des stocks de matières premières

Autres achats et charges externes = tous les biens et services fournis par des tiers autres que les marchandises et matières premières

Les autres achats et charges externes peuvent être très nombreux : redevances de crédit-bail, locations, charges locatives, entretien et réparations, primes d'assurance, études et recherches, rémunérations d'intérimaires et honoraires, publicité, transports, déplacements et missions réceptions, frais postaux et de télécommunications, services bancaires (mais pas les intérêts qui sont comptabilisés en charges financières).

En ce qui concerne le crédit-bail, il est d'usage de retraiter les loyers de crédit-bail en les ventilant en dotations aux amortissements et en charges financières ; pour le crédit-bail mobilier la répartition est de 2/3 pour les amortissements et de 1/3 pour les charges financières, pour le crédit-bail immobilier la répartition est de 1/2 pour les amortissements et de 1/2 pour les charges financières.

■ Interprétation et analyse

La valeur ajoutée est une notion complexe ; il faut bien comprendre ses différentes composantes et en quoi leur variation peut avoir une incidence sur la valeur ajoutée à court ou à long terme.

Rappelons que la valeur ajoutée est l'accroissement de valeur que l'entreprise apporte aux biens et services en provenance des tiers dans le cadre de son activité courante (négoce et transformation – activités financières et exceptionnelles exclues). Il s'agit du supplément de valeur produit quel que soit son sort (vente, stockage, ou immobilisation).

Le niveau de la valeur ajoutée est très différent d'un secteur à l'autre, et, pour évaluer celui d'une entreprise, il faut connaître la moyenne du secteur (voir tableau ci-dessous ; ces chiffres sont indicatifs et peuvent sensiblement varier en fonction de la taille et la situation géographique de l'entreprise).

Secteurs d'activités	Taux de valeur ajoutée (en pourcentage de la production)(1)
Industries agricoles et alimentaires	20,1
Industrie hors IAA	
Biens de consommation	27,7
Automobile	15,2
Biens d'équipement	26,2
Biens intermédiaires	25,2
Énergie	20,9
Construction	34,1
Commerce	
Commerce et réparation automobile	11,1
Commerce de gros, intermédiaires	10,7
Commerce de détail, réparations	17,2
Transports	35,6
Services aux entreprises	44,2
Services aux particuliers	41,5

(1) Sources INSEE

Toutefois, les chiffres du secteur ne sont que des moyennes et chaque entreprise a ses propres points forts et points faibles.

La première analyse à mener est celle du niveau de la valeur ajoutée : est-elle à peu près cohérente par rapport au secteur d'activité et, si elle est assez sensiblement inférieure à celle des entreprises du secteur, quelles en sont les causes : politique commerciale, politique de production, augmentation du prix des matières premières, concurrence accrue, etc. ?

Une fois connu le niveau de la valeur ajoutée, il faut se pencher sur son évolution sur plusieurs exercices : est-elle stable, augmente-t-elle, diminue-t-elle ?

La valeur ajoutée est stable : sauf stabilité due au hasard, une stabilité de la valeur ajoutée dénote une gestion de la marge qui se veut suivie et rigoureuse.

La valeur ajoutée augmente : c'est *a priori* une bonne chose, mais quelles en sont les causes : est-ce dû à une augmentation des ventes et/ ou de la production (en valeur ou en nombre) ou à une diminution des charges et consommations externes ; s'agit-il de causes structurelles et conjoncturelles ?

La valeur ajoutée diminue : de multiples raisons peuvent conduire à une baisse de la valeur ajoutée : cela peut être bien sûr la conséquence d'une baisse des ventes et/ou de la production (en valeur ou en nombre), mais cela peut être aussi dû à une augmentation des charges et consommations externes, avec un recours plus important à la sous-traitance.

Pour comprendre les variations de la valeur ajoutée, il faut bien comprendre le mode de fonctionnement de l'entreprise d'une part et les postes qui sont regroupés dans les autres achats et charges externes.

Une variation sensible des autres achats et charges externes doit s'expliquer et il ne faut pas hésiter à s'informer auprès des dirigeants de l'entreprise dont on étudie les comptes surtout si l'on constate une augmentation sensible de ce poste.

Quelles sont les causes possibles d'augmentation des charges externes : de nouveaux investissements financés en crédit-bail, la location de nouveaux locaux ou matériels, une augmentation des primes d'assurances, des frais d'étude et de recherches, le recours accru à la sous-traitance à quelque niveau que ce soit (par exemple le service après-vente, le transport), une campagne de publicité, etc.

Une augmentation de la valeur ajoutée n'est pas forcément une bonne chose, car elle peut masquer d'autres problèmes comme la difficulté à sous-traiter et le recours à une main-d'œuvre interne dangereuse en termes de charges fixes.

Le dialogue entre l'analyste et ses interlocuteurs au sein de l'entreprise doit être enrichi par de nombreuses questions qui ne doivent pas rester sans réponse : « votre valeur ajoutée a augmenté, je veux savoir pourquoi et si cette augmentation est conjoncturelle ou structurelle ; elle a diminué, je veux encore plus savoir pourquoi et si cette diminution est structurelle ou conjoncturelle ».

Il est très important de comprendre la politique de l'entreprise que ce soit sur le plan de la production ou celui de la commercialisation et le marché sur lequel elle évolue : est-il ou non fortement concurrentiel ?

L'excédent brut d'exploitation (EBE)

Si cette grandeur est négative, on parle d'insuffisance brute d'exploitation.

C'est le résultat purement économique (c'est-à-dire avant prise en compte des choix politiques en matière de structure financière, d'investissement, de financement et de fiscalité) dégagé par l'entreprise dans le cadre de ses activités courantes « normales » (autres charges et autres produits exclus). Ce flux doit permettre de faire face aux aléas de ses activités tant courantes qu'exceptionnelles, de maintenir et de développer son outil de production, de s'acquitter de ses obligations envers l'État et de rémunérer les prêteurs ainsi que les associés.

La formation du résultat, qu'il soit positif ou négatif, est due à de multiples facteurs ; nous avons étudié précédemment la prise en compte des ventes, de la production et des achats, consommations et charges externes qui conduisent à la valeur ajoutée.

Nous allons maintenant étudier l'incidence des autres produits et autres charges qui permettent de déterminer le résultat en étudiant et analysant les autres étapes que sont l'excédent brut d'exploitation, le résultat d'exploitation, le résultat courant avant impôts et le résultat net.

En ce qui concerne les charges, la valeur ajoutée ne prend en compte que les charges externes, les étapes suivantes vont permettre de prendre en compte les charges de personnel et les impôts, puis le coût net des amortissements et des provisions, sans oublier les autres produits et charges, pour conduire au résultat net qui sera déterminé après la prise en compte du résultat financier, du résultat exceptionnel, de la participation des salariés et éventuellement de l'IS.

■ Les postes concernés

- Subventions d'exploitation : subventions dont bénéficie une entreprise pour lui permettre de compenser l'insuffisance de certains produits d'exploitation ou de faire face à certaines charges d'exploitation ; elle sont à inscrire intégralement dans le compte de résultat de l'année d'obtention.
- Impôts, taxes et versements assimilés : versements obligatoires à l'État et aux collectivités locales pour subvenir aux dépenses publiques : contribution économique territoriale, taxe foncière, taxe d'habitation, taxe sur les salaires, taxe d'apprentissage, participation des employeurs à la formation professionnelle continue, etc. ; ce sont donc tous les impôts et taxes déductibles du résultat (la TVA qui représente une

créance – si elle est déductible – ou une dette – si elle est due – figure donc au bilan ; l'IS ne fait pas partie des charges déductibles).

- Salaires et traitements : salaires bruts auxquels il faut rajouter toutes les charges sociales supportées par l'entreprise.

■ Le calcul de l'EBE

Excédent brut d'exploitation
=
Valeur ajoutée
+
Subventions d'exploitation
–
Impôts, taxes et versements assimilés, charges de personnel

Si cette grandeur est négative, on parle d'insuffisance brute d'exploitation.

■ Interprétation et analyse

C'est le résultat purement économique (c'est-à-dire avant prise en compte des choix politiques en matière de structure financière, d'investissement, de financement et de fiscalité) dégagé par l'entreprise dans le cadre de ses activités courantes « normales » (autres charges et autres produits exclus). Ce flux doit permettre de faire face aux aléas de ses activités tant courantes qu'exceptionnelles, de maintenir et de développer son outil de production, de s'acquitter de ses obligations envers l'État et de rémunérer les prêteurs ainsi que les associés.

L'excédent brut d'exploitation constitue un bon indice de la qualité de la gestion économique de l'entreprise et intervient dans la mesure de la rentabilité d'exploitation (§ ratios). Il renseigne sur le degré de maîtrise des charges de personnel : on comparera l'évolution de l'excédent brut d'exploitation et celle de la valeur ajoutée ou pour plus de précision l'évolution des charges de personnel et celle de la valeur ajoutée. On complétera utilement cette analyse par un examen de l'évolution du nombre de salariés (fourni généralement en annexe) ; toutefois, il ne faut pas oublier qu'un cadre supplémentaire pèse plus lourd sur les charges de personnel qu'un ouvrier spécialisé supplémentaire.

L'excédent brut d'exploitation apparaît comme un indicateur du potentiel de l'entreprise en terme de flux de trésorerie d'exploitation ;

c'est de fait à partir de l'excédent brut d'exploitation que le Plan comptable détermine la capacité d'autofinancement.

L'excédent brut d'exploitation est une étape très importante de la formation du résultat. La plupart des analystes financiers s'accordent pour dire que ce solde est celui qui permet de déterminer la productivité d'une entreprise.

Si l'entreprise a peu de marge de manœuvre pour réduire le poids des impôts et taxes, sa politique salariale est déterminante pour sa compétitivité et ses performances. Un niveau trop élevé de charges de personnel pénalise durablement une entreprise puisque généralement une bonne partie de ces charges sont des charges pérennes (sauf à utiliser massivement des contrats à durée déterminée).

Pour être supportables sans mettre en péril la pérennité d'une entreprise, on considère que les charges de personnel ne doivent pas représenter plus de 70 % à 75 % de la valeur ajoutée. Dans les petites entreprises, il est important de connaître la politique des dirigeants en ce qui concerne leur rémunération : en effet, l'entreprise n'a pas pour objectif d'assurer le train de vie de ses dirigeants et des rémunérations excessives peuvent non seulement peser anormalement sur la rentabilité, mais donner lieu à des redressements fiscaux.

L'interprétation de l'EBE doit être différente selon que l'on a affaire à une entreprise individuelle ou à une société soumise à l'IS.

Dans une entreprise individuelle, les charges de personnel ne comprennent pas la rémunération du dirigeant qui sera assurée par le résultat dégagé, qui doit donc être bénéficiaire. Ne seront comptabilisées que les charges sociales du dirigeant et éventuellement la rémunération de son conjoint et les cotisations sociales sur cette rémunération s'il est salarié ou ses cotisations retraite s'il est simple collaborateur.

On comprend aisément que, de ce fait, l'EBE d'une entreprise individuelle soit forcément plus élevé que celui d'une société soumise à l'IS dans laquelle la rémunération du dirigeant sera comptabilisée en charges de personnel.

Le résultat d'exploitation (RE)

Sous réserve que l'entreprise ne fasse appel que de façon marginale au crédit-bail pour financer ses investissements, le résultat d'exploitation constitue une approche de sa rentabilité industrielle et commerciale ; il enrichit en effet l'excédent brut d'exploitation d'une prise en compte de la politique d'investissement de l'entreprise (à travers les amortissements), de ses activités courantes « anormales » (à travers les autres charges et autres produits) ainsi que des aléas « normaux » de la profession (à travers les dépréciations et provisions).

Un recours significatif au crédit-bail introduit dans le résultat d'exploitation des éléments relevant de la politique de financement de l'entreprise (une partie des loyers de crédit-bail correspond de fait à des frais financiers) et rend l'analyse du résultat d'exploitation plus délicate.

Les postes concernés

- Reprises sur amortissements, dépréciations et provisions : diminution ou annulation de dépréciations, de provisions ou d'amortissements.
- Transferts de charges : montant des charges d'exploitation à transférer soit à un compte de bilan, autre que les comptes d'immobilisations, soit à un autre compte de charges ; ce compte permet la répartition de charges sur plusieurs exercices.
- Autres produits : il s'agit de produits annexes à l'activité de l'entreprise : redevances acquises pour concessions, brevets, licences, marques, procédés, logiciels, droits et valeurs similaires ou de produits de quotes-parts de résultat sur opérations faites en commun.
- Dotations aux amortissements : les amortissements servent à constater la dépréciation normale et définitive d'une immobilisation ; chaque année une partie de cette dépréciation est prise en charge par une dotation annuelle qui est une charge qui figure au compte de résultat.
- Dotations aux dépréciations sur actif circulant : les dépréciations sur actif circulant servent à constater la perte de valeur anormale et réversible d'un bien ou d'une créance ; au compte de résultat, la dépréciation est constatée par une dotation qui figure dans les charges (en charge d'exploitation, financière ou exceptionnelle) ; les dotations aux dépréciations d'exploitation de cette catégorie concernent le plus souvent les stocks et les créances clients.
- Dotations aux provisions pour risques et charges : les provisions pour risques et charges servent à prévoir un risque potentiel ou une charge future ; au compte de résultat, la provision est constatée par une dotation qui figure dans les charges (en charge d'exploitation, financière ou exceptionnelle) ; les dotations aux provisions d'exploitation de cette catégorie concernent essentiellement les provisions pour garantie.
- Les autres charges : on trouve dans cette catégorie les redevances sur brevets, les jetons de présence, les pertes sur créances irrécouvrables, les autres charges diverses d'exploitation, etc.

Le calcul et l'analyse de certains soldes intermédiaires nécessitent la compréhension de certains mécanismes de l'économie d'une entreprise ; s'il est facile de comprendre les produits et les charges qui conduisent à des encaissements et des décaissements, il est beaucoup plus difficile de comprendre le mode de calcul, la finalité et la comptabilisation des amortissements et des provisions.

■ Le calcul du résultat d'exploitation

Résultat d'exploitation
=
Excédent brut d'exploitation
+
Reprises sur amortissements et provisions et transferts de charges
–
Dotations aux amortissements, dépréciations et provisions
+ ou –
Autres produits et autres charges

■ Interprétation et analyse

Sous réserve que l'entreprise ne fasse appel que de façon marginale au crédit-bail pour financer ses investissements, le résultat d'exploitation constitue une approche de sa rentabilité industrielle et commerciale ; il enrichit en effet l'excédent brut d'exploitation d'une prise en compte de la politique d'investissement de l'entreprise (à travers les amortissements), de ses activités courantes « anormales » (à travers les autres charges et autres produits) ainsi que des aléas « normaux » de la profession (à travers les dépréciations et provisions).

Un recours significatif au crédit-bail introduit dans le résultat d'exploitation des éléments relevant de la politique de financement de l'entreprise (une partie des loyers de crédit-bail correspond en fait à des frais financiers) et rend l'analyse du résultat d'exploitation plus délicate (un retraitement des loyers de crédit-bail doit donc être effectué avant de calculer ce solde).

L'analyse du résultat d'exploitation doit être faite très attentivement, car c'est peut-être dans ses composantes que certaines manipulations peuvent apparaître.

Une attention particulière doit être apportée à l'étude des dépréciations et provisions d'une part et des reprises d'autre part qui peuvent être, pour les premières, sous-estimées et, pour les secondes, effectuées sans amélioration des situations qui ont conduit à leur constitution.

Une des techniques les plus classiques pour « améliorer » un résultat consiste à passer le minimum de dépréciations et de provisions et à effectuer le maximum de reprises sur dépréciations et provisions.

Comment savoir si les dépréciations et provisions sont suffisantes ? Il y a une corrélation constante entre l'évolution de la plupart des postes du bilan et de ceux du compte de résultat : il y a donc une relation entre les dépréciations et provisions figurant au bilan et le montant des dotations et reprises.

En ce qui concerne les stocks et les créances, une augmentation du délai de rotation des stocks et du délai de règlement clients peut signifier des difficultés à vendre et à être payé et, dans ce cas, une gestion rigoureuse nécessite une augmentation des dépréciations.

La même analyse doit être faite pour les provisions pour risques et charges (une diminution de leur montant par le biais de reprises pourrait être suspecte si l'EBE est en sensible diminution).

Tous ces points ne peuvent être analysés efficacement sans un échange avec les dirigeants.

Le résultat courant avant impôt

Il met en lumière la performance globale (industrielle commerciale et financière) hors fiscalité de l'entreprise dans le cadre de ses activités courantes.

■ Les postes concernés

- Produits financiers de participations : il s'agit de revenus procurés par des participations (parts de capital) dans d'autres sociétés.
- Produits des autres valeurs mobilières et créances de l'actif immobilisé : il s'agit de revenus des titres immobilisés, de prêts et des créances immobilisées.
- Autres intérêts et produits assimilés : revenus des créances commerciales et de créances diverses, revenus des valeurs mobilières de placement (intérêts et dividendes), escomptes obtenus des fournisseurs pour règlement anticipé et de produits financiers divers.
- Reprises sur dépréciations et provisions : reprises de dépréciations et provisions financières constituées au cours des exercices précédents (par exemple : reprises de provisions pour perte de change).

- Transferts de charges : montant des charges financières à transférer soit à un compte de bilan, autre que les comptes d'immobilisations, soit à un autre compte de charges ; ce compte permet la répartition de charges sur plusieurs exercices.
- Différences positives de change : profits de change réalisés dans le cadre d'opérations commerciales ou financières (par exemple : profits sur ventes entre la date de facturation et la date de règlement en cas d'appréciation de la devise de facturation ou profits sur achats entre date d'enregistrement de l'achat et date de règlement en cas de dépréciation de la devise).
- Dotations financières aux amortissements, dépréciations et provisions : dotations aux amortissements des primes de remboursement des obligations, dotations aux provisions pour risques et charges financiers, dotations aux dépréciations pour dépréciation des immobilisations financières ou des valeurs mobilières de placement.
- Intérêts et charges assimilées : intérêts des emprunts et dettes (sur comptes courants, intérêts bancaires, intérêts versés aux fournisseurs), pertes sur créances liées à des participations, escomptes accordés aux clients pour règlements anticipés, autres charges financières.
- Différences négatives de change : pertes de change réalisées dans le cadre d'opérations commerciales ou financières (par exemple : pertes sur ventes entre la date de facturation et la date de règlement si dépréciation de la devise de facturation ou pertes sur achats entre date d'enregistrement de l'achat et date de règlement si appréciation de la devise).
- Charges nettes sur cessions de valeurs mobilières de placement : moins-values nettes (différence entre la valeur comptable des titres et leur prix de cession net) réalisées en cas de cession de titres.
- Quote-part de résultat sur opérations faites en commun : bénéfice ou perte sur opérations effectuées par le biais de GIE, de sociétés en participation ou de sociétés de moyens.

■ Le calcul du résultat courant avant impôts

Résultat courant avant impôts
=
Résultat d'exploitation
+
Résultat financier
+ ou –
Quote-part de résultat sur opérations effectuées en commun

Résultat financier = Produits financiers – Charges financières

■ Interprétation et analyse

Le résultat courant met en lumière la performance globale (industrielle, commerciale et financière), hors fiscalité, de l'entreprise dans le cadre de ses activités courantes puisqu'il prend en compte l'ensemble des produits et des charges hors opérations exceptionnelles.

Il se différencie souvent sensiblement du résultat d'exploitation dans les entreprises dont la structure est soit très solide avec des excédents constants de trésorerie soit très fragile avec un endettement très lourd notamment à court terme.

L'analyse du résultat courant ne peut être dissociée de celle de la structure du bilan et notamment de celle du fonds de roulement, du besoin en fonds de roulement, de la trésorerie et de leurs composantes.

Une bonne structure implique, sauf exceptions, que les immobilisations soient financées par des ressources stables, que le besoin en fonds de roulement soit raisonnable et cohérent par rapport avec l'activité et que s'il existe un besoin en fonds de roulement qu'il soit financé en bonne partie par le fonds de roulement et, en aucun cas, exclusivement par des concours bancaires à court terme.

Le résultat exceptionnel

Comme elles sont exceptionnelles, les opérations prises en compte pour établir ce solde sont par essence non reproductibles ; le résultat exceptionnel est donc très fluctuant et se prête mal à la prévision.

On isole en général les éléments ayant trait à des opérations dites en capital (plus et moins-values sur cessions d'actifs).

■ Les postes concernés

- Produits exceptionnels sur opérations de gestion : dédits et pénalités perçus sur achats et sur ventes, libéralités reçues, rentrées sur créances amorties, subventions d'équilibre, dégrèvements d'impôts autres qu'impôts sur les bénéfices et autres produits exceptionnels sur opérations de gestion.
- Produits exceptionnels sur opérations en capital : produits sur cessions d'éléments d'actif (prix de cession), quote-part des subventions d'investissement virée au résultat de l'exercice, autres produits exceptionnels.
- Reprises sur dépréciations et provisions : reprises de dépréciations et provisions exceptionnelles constituées au cours des exercices précédents

(par exemple : reprise d'une provision constituée à la suite d'un contrôle fiscal).

- Transferts de charges : montant des charges exceptionnelles à transférer soit à un compte de bilan, autre que les comptes d'immobilisations, soit à un autre compte de charges ; ce compte permet la répartition de charges sur plusieurs exercices.
- Charges exceptionnelles sur opérations de gestion : pénalités sur marchés (et dédits payés sur achats et ventes), pénalités, amendes fiscales et pénales, dons, libéralités, créances devenues irrécouvrables dans l'exercice, subventions accordées, rappel d'impôts (autres qu'impôts sur les bénéfices), autres charges exceptionnelles sur opérations de gestion.
- Charges exceptionnelles sur opérations en capital : valeurs comptables des éléments d'actif cédés (prix d'acquisition moins amortissements comptabilisés à la date de la cession) et autres charges exceptionnelles.
- Dotations exceptionnelles aux amortissements, dépréciations et provisions : dotations aux amortissements exceptionnels des immobilisations, dotations aux amortissements dérogatoires[1], dotations aux provisions réglementées[2], dotations aux provisions pour risques et charges exceptionnels, dotations aux dépréciations exceptionnelles.

■ Le calcul du résultat exceptionnel

Résultat exceptionnel
=
Produits exceptionnels
–
Charges exceptionnelles

■ Interprétation et analyse

Puisqu'exceptionnelles, les opérations prises en compte pour établir ce solde sont par essence non reproductibles ; le résultat exceptionnel est

1 L'amortissement dérogatoire est exclusivement d'ordre fiscal ; il ne correspond pas à la dépréciation du bien, mais permet à l'entreprise d'optimiser son résultat fiscal en enregistrant des amortissements fiscaux. Cet amortissement est optionnel, chaque entreprise étant libre de l'appliquer ou non.

2 Les provisions réglementées sont des provisions qui ne correspondent pas à l'objet normal d'une dépréciation ou d'une provision. Elles sont comptabilisées en application de dispositions légales. Elles sont créées suivant un mécanisme analogue à celui des dépréciations et des provisions proprement dites.

donc très fluctuant et ne peut, par son essence même, donner lieu à comparaison ou à prévision.

On isole en général les éléments ayant trait à des opérations dites en capital (plus et moins-values sur cessions d'actifs).

L'analyse du résultat exceptionnel doit faire l'objet d'une étude attentive pour plusieurs raisons.

Tout d'abord, il peut sensiblement modifier le résultat net et, donc, si l'on n'y prend garde, fausser l'étude de la performance de l'activité de l'entreprise.

Ensuite, il peut permettre de détecter des insuffisances graves de gestion et il convient d'avoir le détail des charges exceptionnelles de gestion qui peut faire apparaître, entre autres, des amendes fiscales ou sociales ou des rappels d'impôts ou de cotisations sociales suite à des contrôles.

Enfin, il convient d'étudier de près les résultats obtenus sur les cessions d'immobilisations : des pertes récurrentes sur cessions peuvent dénoter des amortissements insuffisants, une mauvaise politique d'investissement ou encore un mauvais entretien des équipements.

Il ne faut pas passer rapidement sur l'existence de dotations ou de reprises exceptionnelles qui peuvent comprendre la comptabilisation d'amortissements dérogatoires ou de reprises de tels amortissements ; la question pourrait se poser de les réintégrer en exploitation, car une politique systématique d'utilisation des amortissements dérogatoires peut être utilisée dans le seul but de fausser le résultat d'exploitation.

Le résultat de l'exercice

C'est le résultat net tel qu'il figure au bas du compte de résultat ainsi qu'au passif du bilan avant répartition.

Il permet d'apprécier la rentabilité finale de l'affaire (c'est-à-dire la rentabilité pour les associés), sous réserve que les salaires et avantages divers servis aux associés salariés de la société ne soient pas anormaux.

■ Les postes concernés

En dehors des postes qui permettent de déterminer le résultat d'exploitation et le résultat courant avant impôts, on va prendre en compte la participation des salariés et l'impôt sur les bénéfices.

- Participation des salariés : montant de la participation aux bénéfices versée aux salariés. La participation est obligatoire dans les entreprises employant plus de 50 salariés quelle que soit leur forme juridique, les entreprises de moins de 50 salariés pouvant l'appliquer facultativement. Elle permet d'attribuer chaque année aux salariés une somme liée aux bénéfices réalisés.

- Impôts sur les bénéfices : montant de l'impôt sur les bénéfices pour les entreprises qui y sont assujetties.

■ Le calcul du résultat net

Résultat net
=
Résultat courant avant impôts
+ ou –
Résultat exceptionnel
–
Participation des salariés
–
Impôt sur les bénéfices

■ Interprétation et analyse

C'est le résultat net tel qu'il figure au bas du compte de résultat ainsi qu'au passif du bilan avant répartition.

Il permet d'apprécier la rentabilité finale de l'affaire (c'est-à-dire la rentabilité pour les associés), sous réserve que les salaires et avantages divers servis aux associés salariés de la société ne soient pas anormaux.

L'analyse du résultat de l'exercice permet évidemment de comprendre la performance de l'entreprise, performance qui peut être comparée aux capitaux propres ou au chiffre d'affaires.

La comparaison aux capitaux propres permet de connaître la rentabilité des capitaux investis pour les associés sans préjuger de la politique de répartition des bénéfices, s'ils existent.

La comparaison au chiffre d'affaires est plus subtile : la rentabilité peut être plus ou moins élevée, mais il convient de voir combien de fois au cours d'un exercice se déroule le cycle de l'activité (une même rentabilité rapportée au chiffre d'affaires n'est au final pas du tout la même si une entreprise a un cycle d'activité court ou un cycle d'activité long).

Par ailleurs, si la performance globale d'une entreprise dépend, entre autres, du volume de son activité, elle dépend aussi de la répartition de son activité par nature d'activité, par zones géographiques, par produits ou groupes de produits, par type de clientèle. On analysera aussi la progression du chiffre d'affaires en prenant soin de distinguer progression en valeur et progression en volume.

La capacité d'autofinancement (CAF)

■ Définition

C'est le flux résiduel de trésorerie effective ou potentielle sécrétée par l'ensemble des opérations de gestion de l'entreprise.

Cette définition appelle quelques commentaires :

- la capacité d'autofinancement est un flux résiduel puisqu'elle est constituée par l'écart existant entre des produits encaissables et des charges décaissables ;
- la capacité d'autofinancement est un flux de trésorerie dans la mesure où on ne s'intéresse pour son calcul qu'aux produits et aux charges se traduisant à terme par des encaissements et des décaissements ; sont donc exclues les dotations aux amortissements, dépréciations et provisions, les reprises correspondantes ainsi que la part des subventions d'investissement virée au compte de résultat de l'exercice ;
- la capacité d'autofinancement est un flux de trésorerie effective ou potentielle dans la mesure où les produits et les charges pris en compte pour son calcul le sont dès leur apparition en comptabilité et non au moment de leur règlement en caisse ;
- pour le calcul de la capacité d'autofinancement, seuls sont pris en compte les charges et les produits résultant des opérations de gestion (quelle que soit leur nature économique : exploitation, financière ou exceptionnelle) ; sont donc exclues les opérations en capital (cessions d'actifs).

■ Méthodes de calcul

Deux méthodes de calcul sont couramment utilisées :

- La première adopte comme point de départ l'excédent brut d'exploitation duquel on retranche les charges décaissables situées en aval dans la cascade des soldes intermédiaires de gestion et auquel on ajoute les produits encaissables situés en aval ; c'est la formule de calcul préconisée par le plan comptable.

Capacité d'autofinancement
=
Excédent brut d'exploitation
+
Transferts de charges
+/ –
Autres produits et autres charges
+
Produits financiers (sauf reprises)
–
Charges financières (sauf dotations)
+
Produits exceptionnels (sauf reprises)
–
Charges exceptionnelles (sauf dotations)
–
Participation des salariés

- La deuxième méthode de calcul, plus rapide, retraite le résultat de l'exercice pour neutraliser :
  - les charges et les produits n'engendrant pas de mouvements de trésorerie (on ajoute ainsi au résultat de l'exercice les dotations aux amortissements et provisions et on en retranche les reprises correspondantes ainsi que la part des subventions d'investissement virées au compte de résultat de l'exercice) ;
  - l'impact des opérations en capital (on ajoute la valeur comptable des actifs cédés et on retranche le produit de ces cessions).

Capacité d'autofinancement
=
Résultat de l'exercice
+
Dotations aux amortissements et provisions
–
Reprises sur amortissements et provisions
+
Valeurs comptables des éléments d'actif cédés
–
Produits des cessions d'éléments d'actif
–
Reprises de subventions d'investissement

■ Interprétation et analyse

La CAF constitue une ressource propre de financement pour l'entreprise ; elle doit permettre de :

- faire face aux aléas de gestion (à travers la constitution de provisions) ;
- maintenir la capacité de production de l'entreprise (à travers les dotations aux amortissements économiques) ;
- contribuer au financement de sa croissance (c'est-à-dire de ses investissements en immobilisations ainsi que de l'augmentation du besoin en fonds de roulement induite) ;
- rémunérer les associés par le versement de dividendes.

On appelle autofinancement la capacité d'autofinancement diminuée de la distribution.

La CAF permet une approche de la rentabilité de l'entreprise d'une part et de son potentiel d'endettement structurel encore inutilisé d'autre part (voir chapitre sur les ratios).

Pour savoir si une entreprise dispose d'une CAF suffisante pour assurer le financement de ses investissements, il faut procéder à une analyse détaillée de sa composition : résultat net, dotations aux amortissements, dotations nettes aux dépréciations et provisions (dotations – reprises) et connaître la distribution.

- Les dotations aux amortissements correspondent à la part de la CAF consacrée au financement des investissements existants (sont-ils récents et sur quelle durée sont-ils amortis ? L'information sera donnée dans l'annexe avec le tableau des immobilisations). Si les investissements existants sont en fin d'amortissement, leur part d'amortissement pourra devenir du bénéfice et de ce fait être consacrée au financement de nouveaux investissements.
- Les dotations aux dépréciations et provisions nettes (dotations – reprises) correspondent à la part de la CAF assurant le financement des pertes et risques potentiels : tout le problème est de savoir si ces pertes et risques ont des chances ou non de se réaliser et pour quel montant. Si les risques de pertes sont réels (ce qui doit être le cas, puisqu'il y a eu dépréciation ou provision), on devrait ne pas en tenir compte pour mesurer le niveau de la CAF ; s'ils ont peu de chance de se réaliser, les dotations feront l'objet d'une reprise sans perte en contrepartie et viendront améliorer les résultats futurs et pourraient donc être considérés comme du profit différé. Par prudence, il conviendrait de ne pas tenir compte de ces dotations nettes pour calculer l'autofinancement.

- Le résultat correspond à la part de la CAF qui pourrait être réellement consacrée au financement de nouveaux investissements du moins à hauteur de ce qui ne sera pas distribué aux associés. Pour connaître la distribution, il suffit de comparer les capitaux propres hors résultat d'un exercice à l'autre (sans tenir compte des augmentations de capital en numéraire ni des provisions réglementées) ; voir plus loin : comment calculer l'affectation du résultat entre deux exercices ?

On peut résumer en disant que la CAF qui peut être consacrée à de nouveaux investissements, dite CAF de croissance, est égale au résultat diminué de la distribution ; à ce montant peut être ajouté celui des amortissements effectués sur des immobilisations dont l'amortissement vient de se terminer.

■ Quelques cas particuliers de distorsions de la capacité d'autofinancement

Recours au crédit-bail, à la location ou à la sous-traitance

Le recours significatif d'une entreprise au crédit-bail, à la location ou à la sous-traitance introduit des distorsions dans la capacité d'autofinancement ; celle-ci est alors en effet amputée de l'équivalent des amortissements économiques que passerait l'entreprise si elle était propriétaire des biens concernés.

Manipulations comptables diverses

Diminution de l'impôt de l'exercice pour augmenter la CAF

Ceci peut être fait de deux façons :

- *par minimisation du résultat imposable :* pour ce faire, doter les provisions réglementées (et notamment les amortissements dérogatoires) du maximum autorisé par les législations comptables et fiscales. Ce procédé, s'il maximise la capacité d'autofinancement, présente l'inconvénient de diminuer le résultat net et donc les possibilités de distribution ; toutefois cet inconvénient est souvent aisément compensable des ponctions sur les marges dégagées par l'entreprise pouvant être pratiquées en amont du résultat net comptable, à travers les salaires versés aux dirigeants associés, la rémunération des comptes courants d'associés, les loyers versés aux associés propriétaires en leur nom personnel d'une partie de l'outil de production, etc. ;

- *en différant ou en étalant l'impôt :* ainsi une entreprise ayant réalisé des plus-values à court terme sur cessions d'actifs choisira-t-elle d'étaler cette plus-value, et donc l'imposition correspondante, sur 3 ans.

Immobilisation des charges pour améliorer la CAF

Ceci peut être pratiqué par le biais de la Production immobilisée (notamment en matière d'immobilisations incorporelles tels que les frais d'établissement et de recherche et développement) ainsi que des Transferts de charges vers des comptes de bilan tels que Charges à répartir.

La CAF est ainsi améliorée non seulement la première année mais aussi les suivantes (la diminution du résultat net comptable étant plus que compensée par l'amortissement des charges ainsi immobilisées : le montant de la dotation aux amortissements est deux fois supérieur à la diminution du résultat net comptable).

Gonflement artificiel du chiffre d'affaires

Une entreprise en difficulté peut aussi être tentée de gonfler sa CAF en vendant à des clients qu'elle sait douteux (les créances obtenues étant alors provisionnées ou non) ; de telles pratiques sont de toute évidence très malsaines.

Comment calculer l'affectation du résultat entre deux exercices ?

Soit les capitaux propres d'une entreprise sur 3 exercices :

	N–2	N–1	N
Capital	300	300	300
Réserves	430	530	430
Report à nouveau	10	30	30
Résultat de l'exercice	220	100	– 40
Provisions réglementées	340	380	400
Total	1 300	1 340	1 120

Hors résultat et provisions réglementées, les capitaux propres sont les suivants :

	740	860	760

Les variations sont les suivantes :

- entre N–2 et N–1 = 860 – 740 = + 120 ; sur 220 de résultat, il y a eu donc 100 distribués et 120 conservés en fonds propres ;
- entre N–1 et N = 760 – 860 = – 100 ; pour 100 de résultat, il y a eu donc 200 distribués (donc 100 prélevés sur les réserves).

L'essentiel

▶▶ **Le calcul des soldes intermédiaires de gestion** est une étape incontournable pour analyser le compte de résultat d'une entreprise.

▶▶ **L'interprétation de ces soldes** doit être effectuée en tenant compte de nombreux paramètres extra-comptables propres à l'entreprise étudiée : forme juridique, régime fiscal, taille, marché, politique de production et de distribution, etc.

▶▶ **Il faut donc être très prudent** si l'on veut comparer les performances de l'entreprise à celles d'autres entreprises du secteur.

▶▶ **Par ailleurs tout écart** ou toute variation de performance d'un exercice à l'autre ne peut donner lieu à interprétation sans avoir interrogé les dirigeants de l'entreprise sur les causes éventuelles de ces évolutions.

Questionnaire 7

	Vrai	Faux
1. Le cycle d'exploitation commence à l'achat des matières premières ou des marchandises.	❑	❑
2. Le cycle d'exploitation se termine à la commercialisation des produits finis.	❑	❑
3. Les soldes intermédiaires de gestion sont établis à partir du compte de résultat.	❑	❑
4. Le chiffre d'affaires réalisé par une entreprise comprend les ventes de marchandises et la production vendue.	❑	❑
5. La marge commerciale réalisée par une entreprise se calcule ainsi : chiffre d'affaires – achats de marchandises.	❑	❑
6. La consommation de marchandises est égale à : achats de marchandises + ou – variation de stocks de marchandises.	❑	❑
7. La production de l'exercice est égale à : production vendue + ou – production stockée + production immobilisée.	❑	❑
8. La marge brute est égale à production de l'exercice – consommations de l'exercice.	❑	❑
9. La valeur ajoutée est égale à : ventes de marchandises + production de l'exercice – toutes les consommations de l'exercice en provenance des tiers.	❑	❑
10. Les consommations de l'exercice en provenance des tiers sont égales à : achats de marchandises + ou – variation des stocks de marchandises + achats de matières premières et autres approvisionnements + ou – variation des stocks de matières premières et autres approvisionnements + autres achats et charges externes.	❑	❑
11. L'excédent brut d'exploitation est égal à : valeur ajoutée + subventions d'exploitation – impôts et taxes – charges de personnel.	❑	❑
12. Le résultat d'exploitation est égal à : excédent brut d'exploitation – autres charges d'exploitation + autres produits d'exploitation.	❑	❑
13. Le résultat courant avant impôts est égal à : résultat d'exploitation + résultat financier + ou – quote-part des opérations faites en commun.	❑	❑
14. Le résultat exceptionnel est égal à : produits exceptionnels – charges exceptionnelles – impôts sur les bénéfices.	❑	❑

»

	Vrai	Faux
15. Le résultat de l'exercice est égal à : résultat d'exploitation + ou – résultat financier + ou – résultat exceptionnel.	❑	❑
16. La marge commerciale augmente toujours lorsque le chiffre d'affaires augmente.	❑	❑
17. La valeur ajoutée augmente lorsque la production augmente et/ou les consommations externes diminuent.	❑	❑
18. Une augmentation des charges de personnel diminue la valeur ajoutée.	❑	❑
19. Le résultat d'exploitation augmente toujours lorsque les dotations aux amortissements, dépréciations et provisions diminuent.	❑	❑
20. Une augmentation des charges financières diminue le résultat courant avant impôts.	❑	❑
21. La capacité d'autofinancement est égale au résultat net.	❑	❑
22. Pour une société, la capacité d'autofinancement nette est égale à la capacité d'autofinancement – bénéfice distribué.	❑	❑
23. Pour une entreprise individuelle, la capacité d'autofinancement nette est égale à la capacité d'autofinancement – bénéfice distribué.	❑	❑
24. La capacité d'autofinancement permet de financer les investissements.	❑	❑
25. La capacité d'autofinancement permet de financer les intérêts des emprunts.	❑	❑

Corrigé du questionnaire 7

1. Le cycle d'exploitation commence à l'achat des matières premières ou des marchandises.

Vrai : il commence d'une façon générale, lors de tout achat de bien ou de service quel qu'il soit, sauf celui d'une immobilisation.

2. Le cycle d'exploitation se termine à la commercialisation des produits finis.

Faux : il se termine lors des règlements clients.

3. Les soldes intermédiaires de gestion sont établis à partir du compte de résultat.

Vrai : le calcul des soldes intermédiaires de gestion permet de déterminer les principales étapes de constitution du résultat.

4. Le chiffre d'affaires réalisé par une entreprise comprend les ventes de marchandises et la production vendue.

Vrai : les ventes sont constituées des ventes de marchandises (sans transformation) et la production vendue comprend la production de biens (industrie) et celle de services.

5. La marge commerciale réalisée par une entreprise se calcule ainsi : chiffre d'affaires – achats de marchandises.

Faux : la marge commerciale est égale à : ventes de marchandises – consommation des marchandises.

6. La consommation de marchandises est égale à : achats de marchandises + ou – variation de stocks de marchandises.

Vrai : un déstockage a pour effet d'augmenter la consommation ; une augmentation des stocks a, au contraire, pour effet de diminuer la consommation.

7. La production de l'exercice est égale à : production vendue + ou – production stockée + production immobilisée.

Vrai : la production vendue comprend les biens et les services, la production stockée représente la différence entre le stock final et le stock initial de produits et la production immobilisée la production effectuée par l'entreprise pour elle-même (biens de production ou frais de recherche).

8. La marge brute est égale à production de l'exercice – consommations de l'exercice.

Faux : la marge brute est égale aux ventes de marchandises plus la production vendue et la production stockée moins les consommations de marchandises et de matières premières. Elle exprime la marge sans tenir compte de la production immobilisée et des autres achats et charges externes.

9. La valeur ajoutée est égale à : ventes de marchandises + production de l'exercice – toutes les consommations de l'exercice en provenance des tiers.

Vrai : la valeur ajoutée exprime donc la transformation effectuée par l'entreprise dans le circuit de production ; elle est très variable selon le secteur d'activité (industrie, commerce ou services), la taille de l'entreprise, les produits fabriqués ou vendus, le marché sur lequel se trouve l'entreprise et l'organisation de la production et de la commercialisation (sous-traitance ou non, production fortement automatisée ou non, etc.). Elle est généralement élevée dans les services, moyenne dans l'industrie et plus faible dans le commerce.

10. Les consommations de l'exercice en provenance des tiers sont égales à : achats de marchandises + ou – variation des stocks de marchandises + achats de matières premières et autres approvisionnements + ou – variation des stocks de matières premières et autres approvisionnements + autres achats et charges externes.

Vrai : elles prennent donc en compte tout ce que l'entreprise achète à l'extérieur (biens et services) sauf ce qui est financier et exceptionnel.

11. L'excédent brut d'exploitation est égal à : valeur ajoutée + subventions d'exploitation – impôts et taxes – charges de personnel.

Vrai : on considère généralement que les charges de personnel ne doivent pas excéder 70 % de la valeur ajoutée.

12. Le résultat d'exploitation est égal à : excédent brut d'exploitation – autres charges d'exploitation + autres produits d'exploitation.

Faux : il ne faut pas oublier de déduire les dotations et de rajouter les reprises et éventuellement les transferts de charges. Le poids des investissements et des risques a donc une influence importante sur le résultat d'exploitation.

13. Le résultat courant avant impôts est égal à : résultat d'exploitation + résultat financier + ou – quote-part des opérations faites en commun.

Vrai : si une entreprise a une structure du bilan trop lourde, elle doit supporter d'importantes charges financières qui pèseront sur son résultat courant.

14. Le résultat exceptionnel est égal à : produits exceptionnels – charges exceptionnelles – impôts sur les bénéfices.

Faux : le résultat exceptionnel est égal à : produits exceptionnels – charges exceptionnelles.

15. Le résultat de l'exercice est égal à : résultat d'exploitation + ou – résultat financier + ou – résultat exceptionnel.

Faux : le résultat de l'exercice doit prendre en compte aussi la participation des salariés et l'impôt sur les bénéfices.

16. La marge commerciale augmente toujours lorsque le chiffre d'affaires augmente.

Faux : l'augmentation du chiffre d'affaires n'a pas forcément de conséquence sur le niveau de la marge commerciale qui peut rester stable, augmenter ou diminuer.

17. La valeur ajoutée augmente lorsque la production augmente et/ou les consommations externes diminuent.

Vrai : une entreprise située sur un marché à forte concurrence essayera de réduire ses consommations, alors qu'une entreprise peu soumise à la concurrence pourra éventuellement augmenter ses prix.

18. Une augmentation des charges de personnel diminue la valeur ajoutée.

Faux : les charges de personnel font partie des charges internes et n'ont donc aucune influence sur la valeur ajoutée.

19. Le résultat d'exploitation augmente toujours lorsque les dotations aux amortissements, dépréciations et provisions diminuent.

Faux : les dotations aux amortissements, dépréciations et provisions étant des charges d'exploitation, financières ou exceptionnelles selon le cas, leur diminution n'a pour effet d'augmenter le résultat d'exploitation que dans la mesure où elles figurent en charges d'exploitation.

20. Une augmentation des charges financières diminue le résultat courant avant impôts.

Vrai : les charges financières ont une influence directe sur le résultat courant.

21. La capacité d'autofinancement est égale au résultat net.

Faux : la capacité d'autofinancement comprend le résultat + les dotations aux amortissements, dépréciations et provisions – les reprises sur dépréciations et provisions – les résultats sur cessions d'immobilisations ; elle correspond à la trésorerie excédentaire potentielle dégagée par l'activité hors cessions d'immobilisations.

22. Pour une société, la capacité d'autofinancement nette est égale à la capacité d'autofinancement – bénéfice distribué.

Vrai : la distribution de bénéfice diminue d'autant la capacité de l'entreprise à s'autofinancer.

23. Pour une entreprise individuelle, la capacité d'autofinancement nette est égale à la capacité d'autofinancement – bénéfice distribué.

Faux : pour une entreprise individuelle, ce sont les prélèvements effectués par le dirigeant qui amputent la capacité d'autofinancement.

24. La capacité d'autofinancement permet de financer les investissements.

Vrai : en effet, les emprunts seront remboursés grâce à la capacité d'autofinancement.

25. La capacité d'autofinancement permet de financer les intérêts des emprunts.

Faux : les intérêts des emprunts sont comptabilisés en charges.

Cas pratique 7

On vous donne les bilans et les comptes de résultat de l'entreprise Stylemode qui a pour objet la fabrication et la vente de sièges (canapés, fauteuils) et de lits de style.

L'encours d'escompte est :

en N – 2 : 300

en N – 1 : 480

en N : 700.

En vous aidant des tableaux vierges joints en annexe :

1. Procéder au reclassement du bilan pour les 3 années.

2. Calculer les valeurs structurelles pour les 3 années.

3. Calculer les soldes intermédiaires pour les 3 années.

Bilan actif Stylemode

	31/12/N-2			31/12/N-1			31/12/N		
	Brut	Amort Prov.	Net	Brut	Amort Prov.	Net	Brut	Amort Prov.	Net
ACTIF IMMOBILISÉ									
Immobilisations incorporelles									
Frais d'établissement									
Frais de recherche et développement									
Concessions, brevets et droits similaires									
Fonds commercial	60		60	60		60	60		60
Autres immobilisations incorporelles									
Avances et acomptes sur immobilisations incorporelles									
Immobilisations corporelles									
Terrains	80		80	80		80	80		80
Constructions	320	160	160	380	198	182	440	242	198
Installations techiques, mat. et out. industriels	240	90	150	320	136	184	420	186	234
Autres immobilisations corporelles	120	40	80	140	56	84	180	78	102

»

	31/12/N-2			*31/12/N-1*			*31/12/N*		
	Brut	**Amort Prov.**	**Net**	**Brut**	**Amort Prov.**	**Net**	**Brut**	**Amort Prov.**	**Net**
Immobilisations en cours									
Avances et acomptes									
Immobilisations financières									
Participations									
Créances rattachées à des participations									
Autres titres immobilisés									
Prêts									
Autres immobilisations financières	20		20	22		22	22		22
TOTAL (I)	**840**	**290**	**550**	**1 002**	**390**	**612**	**1 202**	**506**	**696**
ACTIF CIRCULANT									
Stocks et en cours									
Matières premières, approvisionnements	120		120	150		150	180		180
En cours de production de biens									
En cours de production de services									
Produits intermédiaires et finis	100		100	130	20	110	170	30	140

	31/12/N-2			31/12/N-1			31/12/N		
	Brut	Amort Prov.	Net	Brut	Amort Prov.	Net	Brut	Amort Prov.	Net
Marchandises	160		160	180		180	190		190
Créances									
Avances et acomptes versés sur commandes				12		12	20		20
Clients et comptes rattachés	420	24	396	460	24	436	520	40	480
Autres créances	64		64	80		80	92		92
Capital souscrit et appelé, non versé									
Divers									
Valeurs mobilières de placement									
Disponibilités	10		10	12		12	10		10
Comptes de régularisation									
Charges constatées d'avance	14		14	16		16	36		36
TOTAL (II)	**888**	**24**	**864**	**1 040**	**44**	**996**	**1 218**	**70**	**1 148**
TOTAL GÉNÉRAL (I et II)	**1 728**	**314**	**1 414**	**2 042**	**434**	**1 608**	**2 420**	**576**	**1 844**

Bilan passif STYLEMODE

		31/12 N-2	31/12 N-1	31/12 N
CAPITAUX PROPRES				
Capital social ou individuel	DA	60	60	60
Primes d'émission, de fusion, d'apport	DB			
Écart de réévaluation	DC			
Réserve légale	DD	6	6	6
Réserves statutaires ou contractuelles	DE	120	156	172
Réserves réglementées	DF	24	24	24
Autres réserves	DG			
Report à nouveau	DH	2	2	2
Résultat de l'exercice (bénéfice ou perte)	DI	108	36	48
Subventions d'investissement	DJ			
Provisions réglementées	DK			
TOTAL I	**DL**	**320**	**284**	**312**
AUTRES FONDS PROPRES				
Produits des émissions de titres participatifs	DM			
Avances conditionnées	DN			
TOTAL II	**DO**	**0**	**0**	**0**
PROVISIONS POUR RISQUES ET CHARGES				
Provisions pour risques	DP		20	56
Provisions pour charges	DQ	30	32	34
TOTAL III	**DR**	**30**	**52**	**90**
DETTES				
Emprunts obligataires convertibles	DS			
Autres emprunts obligataires	DT			
Emprunts et dettes auprès des étab. de crédit (1)	DU	300	434	526
Emprunts et dettes financières divers	DV			
Avances et acomptes reçus sur commandes en cours	DW	22	32	28
Dettes fournisseurs et comptes rattachés	DX	484	550	626

»

»

		31/12 N-2	31/12 N-1	31/12 N
Dettes fiscales et sociales	DY	168	108	130
Dettes sur immobilisations et cptes rattachés	DZ		16	
Autres dettes (2)	EA	98	128	132
COMPTES DE RÉGULARISATION				
Produits constatés d'avance	EB		4	
TOTAL IV	**EC**	**1 072**	**1 272**	**1 442**
Écarts de conversion passif (V)	ED			
TOTAL GÉNÉRAL (I à V)	**EE**	**1 422**	**1 608**	**1 844**
(1) Dont emprunts à moyen ou long terme		160	240	220
concours bancaires courants				
soldes créditeurs de banque		140	134	306
(2) Dont comptes courants d'associés bloqués		40	90	90

Compte de résultat Stylemode

		31/12/N-2	31/12/N-1	31/12/N
PRODUITS D'EXPLOITATION				
Ventes de marchandises	FC	680	800	960
Production vendue (biens)	FF	4 300	4 800	5 360
Production vendue (services)	FI			
Chiffre d'affaires net (1) (2)	FL	4 980	5 600	6 320
Production stockée	FM	20	30	40
Production immobilisée	FN			
Subventions d'exploitation	FO			
Reprises sur amortissements, dépréciations et provisions, transferts de charges	FP	42	30	52
Autres produits	FQ	4		10
Total des produits d'exploitation (I)	FR	5 046	5 660	6 422
CHARGES D'EXPLOITATION				
Achats de marchandises (3)	FS	420	500	620
Variation de stock (marchandises)	FT		– 20	– 10

»

		31/12/N-2	31/12/N-1	31/12/N
Achats de matières premières et autres approvisionnements (3)	FU	2 020	2 342	2 650
Variation de stock (matières premières et approvisionnements)	FV	– 12	– 30	– 30
Autres achats et charges externes (3) (4)	FW	476	584	660
Impôts, taxes et versements assimilés	FX	50	60	64
Salaires et traitements	FY	1 160	1 260	1 340
Charges sociales	FZ	540	620	660
Dotations aux amortissements et provisions				
Sur immobilisations : dotations aux amortissements	GA	60	80	100
Sur immobilisations : dotations aux dépréciations	GB			
Sur actif circulant : dotations aux dépréciations	GC	24	20	46
Pour risques et charges : dotations aux provisions	GD	30	52	54
Autres charges	GE	10	16	12
Total des charges d'exploitation (II)	GF	4 778	5 484	6 166
1 – RÉSULTAT D'EXPLOITATION (I – II)	GG	268	176	256
Opérations en commun				
Bénéfice attribué ou perte transférée (III)	GH			
Perte supportée ou bénéfice transféré (IV)	GI			
PRODUITS FINANCIERS				
Produits financiers de participations	GJ			
Produits des autres valeurs mobilières et créances de l'actif immobilisé	GK			
Autres intérêts et produits assimilés	GL			
Reprises sur provisions et dépréciations, transferts de charges	GM			
Différences positives de change	GN			

»

		31/12/N-2	31/12/N-1	31/12/N
Produits nets sur cessions de valeurs mobilières de placement	GO	4	8	
Total des produits financiers (V)	GP	4	8	0
CHARGES FINANCIERES				
Dotations financières aux amortissements, dépréciations et provisions	GQ			16
Intérêts et charges assimilées	GR	52	80	108
Différences négatives de change	GS			12
Charges nettes sur cessions de valeurs mobilières de placement	GT			
Total des charges financières (VI)	GU	52	80	136
2 – RÉSULTAT FINANCIER (V – VI)	GV	– 48	– 72	– 136
3 – RÉSULTAT COURANT AVANT IMPOTS (I – II + III – IV + V – VI)	GW	220	104	120
PRODUITS EXCEPTIONNELS				
Produits exceptionnels sur opérations de gestion	HA	6	2	10
Produits exceptionnels sur opérations en capital	HB			14
Reprises sur provisions et transferts de charges	HC	2	16	10
Total des produits exceptionnels (VII)	HD	8	18	34
CHARGES EXCEPTIONNELLES				
Charges exceptionnelles sur opérations de gestion	HE	4	10	6
Charges exceptionnelles sur opérations en capital	HF			10
Dotations exceptionnelles aux amortissements et provisions	HG	16	44	40
Total des charges exceptionnelles (VIII)	HH	20	54	56
4 – RÉSULTAT EXCEPTIONNEL (VII – VIII)	HI	– 12	– 36	– 22

»

»		31/12/N-2	31/12/N-1	31/12/N
Participation des salariés aux fruits de l'expansion (IX)	HJ			
Impôts sur les bénéfices (X)	HK	100	32	50
TOTAL DES PRODUITS (I + III + V + VII)	HL	5 058	5 686	6 456
TOTAL DES CHARGES (II + IV + VI + VIII + IX + X)	HM	4 950	5 650	6 408
BENEFICE OU PERTE (total des produits – total des charges)	HN	108	36	48
(1) Ventes France		4 440	4 920	5 440
Ventes exportations				
(2) Non compris TVA collectée		540	680	880
(3) Non compris TVA déductible		870	964	1 066
(4) Crédit bail mobilier		572	671	770

Bilan reclassé Stylemode

ACTIF	N – 2	%	N – 1	%	N	%
Immobilisations incorporelles Immobilisations corporelles Immobilisations financières						
Actif immobilisé net						
Stocks et en cours Avances et acomptes versés sur commandes Créances clients et comptes rattachés Autres créances						
Actif d'exploitation et hors-exploitation						
Valeurs mobilières de placement Disponibilités						
Trésorerie actif						
TOTAL ACTIF						

PASSIF	N – 2	%	N – 1	%	N	%
Capitaux propres						
Comptes courants d'associés bloqués						
Ressources propres						
Provisions pour risques et charges						
Dettes à moyen ou long terme						
Ressources stables						
Avances et acomptes reçus Dettes fournisseurs Dettes fiscales et sociales Autres dettes						
Dettes d'exploitation et hors exploitation						
Escompte Soldes créditeurs de banque Autres concours						
Trésorerie passif						
TOTAL PASSIF						

Valeurs structurelles STYLEMODE

	N – 2	N – 1	%(1)	N	%(1)
Ressources stables					
– Actif immobilisé net					
1 – Fonds de roulement (FR)					
Actif d'exploitation et hors d'exploitation					
– Dettes d'exploitation et hors exploitation					
2 – Besoin en fonds de roulement (BFR)					
Fonds de roulement					
– Besoin en fonds de roulement					
3 – Trésorerie nette (TN)					
Trésorerie actif					
– Trésorerie passif					
4 – Vérification de la trésorerie nette					

(1) % de variation par rapport à l'exercice précédent

Soldes intermédiaires de gestion STYLEMODE

	N – 2	%	N – 1	%	N	%
Ventes de marchandises						
+ Production vendue						
Chiffre d'affaires de l'exercice						
+ Production stockée						
+ Production immobilisée						
Production de l'exercice						
– Consommation de marchandises						
– Consommation de matières premières						
Marge commerciale						
Marge brute						
– Autres achats et charges externes						
Valeur ajoutée						
+ Subventions d'exploitation						

»

»	N – 2	%	N – 1	%	N	%
– Impôts et taxes						
– Charges de personnel						
Excédent brut d'exploitation						
– Dotations aux amort. dépr. et prov. d'exploitation						
+ Reprises de prov. et dépr. d'exploitation						
+ Autres produits d'exploitation						
– Autres charges d'exploitation						
Résultat d'exploitation						
+ Produits financiers						
– Charges financières						
Résultat courant						
+ Produits exceptionnels						
– Charges exceptionnelles						
– Participation des salariés						
– Impôts sur les bénéfices						
Résultat de l'exercice						
+ Dotations aux amort. dépr. et prov.						
– Reprises sur amort. dépr. et prov.						
+ Valeurs comptables des éléments cédés						
– Produits des cessions d'éléments d'actifs						
Capacité d'autofinancement						

Corrigé du cas pratique 7

I – Le reclassement du bilan

A Reclassement de l'actif

Immobilisations incorporelles (a), corporelles (b) et financières (c) : valeurs nettes au bilan

Actif immobilisé net = a + b + c

Stocks et en cours (d) : valeurs nettes au bilan

Avances et acomptes versés sur commandes (e) : valeurs nettes au bilan (néant en N-2)

Créances clients et comptes rattachés (f) : valeurs nettes au bilan + effets escomptés non échus

Autres créances (g) : valeurs nettes au bilan + charges constatées d'avance

Actif d'exploitation et hors exploitation = d + e + f + g

Valeurs mobilières de placement (h) : valeurs nettes au bilan (ici néant)

Disponibilités (i) : valeurs au bilan

Trésorerie actif = h + i

Total Actif = total net du bilan comptable + escompte

B Reclassement du passif

Capitaux propres (j) : valeurs au bilan

Comptes courants d'associés bloqués (k) : figuraient en autres dettes (renvoi 2) : valeurs au bilan

Ressources propres (l) = j + k

Provisions pour risques et charges (m) : valeurs au bilan

Emprunts à moyen ou long terme (n) : part des emprunts bancaires qui sont à moyen ou long terme (renvoi 1)

Ressources stables = l + m + n

Avances et acomptes reçus (o) : valeurs au bilan

Dettes fournisseurs (p) : valeurs au bilan

Dettes fiscales et sociales (q) : valeurs au bilan

Autres dettes (r) : valeurs au bilan + dettes sur immobilisations – comptes courants associés bloqués

Dettes d'exploitation et hors exploitation = o + p + q + r

Escompte (s) : encours ajouté à l'actif au poste Clients

Soldes créditeurs de banque (t) : part des emprunts bancaires représentée par des découverts en compte (renvoi 1)

Autres concours (u) : part des emprunts bancaires représentée par des concours bancaires courants (Dailly, mobilisation de créances nées) (renvoi 1) (ici néant)

Trésorerie passif = s + t + u

Total Passif = total du bilan comptable + escompte

II – Les valeurs structurelles

Fonds de roulement (FR) = Ressources stables – Actif immobilisé net

Besoin en fonds de roulement (BFR) = Actif d'exploitation et hors-exploitation – Dettes d'exploitation et hors-exploitation

Trésorerie nette (TN) = Fonds de roulement – Besoin en fonds de roulement

Vérification de la trésorerie nette

III – Les soldes intermédiaires de gestion

Chiffre d'affaires = Ventes de marchandises + Production vendue

Production de l'exercice = Production vendue + Production stockée + Production immobilisée

Marge commerciale = Ventes de marchandises – Consommations de marchandises (1)

(1) Consommations de marchandises = Achats de marchandises + ou – Variation de stocks de marchandises

Marge brute = (Ventes de marchandises + Production vendue + Production stockée) – (Consommations de marchandises + Consommations de matières premières).

Valeur ajoutée = (Marge brute + Production immobilisée) – Autres achats et charges externes.

Excédent brut d'exploitation = (Valeur ajoutée + Subventions d'exploitation) – (Impôts et taxes + Charges de personnel).

Résultat d'exploitation = Excédent brut d'exploitation – Dotations aux amortissements, dépréciations et provisions d'exploitation + Reprises d'amortissements, dépréciations et provisions d'exploitation + transferts de charges + Autres produits d'exploitation – Autres charges d'exploitation.

Résultat courant = Résultat d'exploitation + Produits financiers – Charges financières + ou – Quote-part de résultat sur opérations faites en commun.

Résultat de l'exercice = Résultat courant + Produits exceptionnels – Charges exceptionnelles – Participation des salariés – Impôts sur les bénéfices.

Capacité d'autofinancement = Résultat de l'exercice + Dotations aux amortissements, dépréciations et provisions – Reprises sur amortissements, dépréciations et provisions + Valeurs comptables des éléments d'actif cédés – Produits des cessions d'éléments d'actif.

Bilan reclassé Stylemode

ACTIF	N - 2	%	N - 1	%	N	%	PASSIF	N - 2	%	N - 1	%	N	%
Immobilisations incorporelles	60	3,5	60	2,9	60	2,4	Capitaux propres	320	18,6	284	13,6	312	12,3
Immobilisations corporelles	470	27,3	530	25,4	614	24,1	Comptes courants d'associés bloqués	40	2,3	90	4,3	90	3,5
Immobilisations financières	20	1,2	22	1,1	22	0,9	**Ressources propres**	**360**	20,9	**374**	17,9	**402**	15,8
Actif immobilisé net	**550**	**31,9**	**612**	**29,3**	**696**	**27,4**	**Provisions pour risques et charges**	**30**	1,7	**52**	2,5	**90**	3,5
Stocks et en-cours	380	22,1	440	21,1	510	20,0	**Dettes à moyen ou long terme**	**160**	9,3	**240**	11,5	**220**	8,6
Avances et acomptes versés sur commandes	0	0,0	12	0,6	20	0,8	**Ressources stables**	**550**	**31,9**	**666**	**31,9**	**712**	**28,0**
Créances clients et comptes rattachés	696	40,4	916	43,9	1 180	46,4							
Autres créances	86	5,0	96	4,6	128	5,0	Avances et acomptes reçus	22	1,3	32	1,5	28	1,1
							Dettes fournisseurs	484	28,1	550	26,3	626	24,6
Actif d'exploitation et hors-exploitation	**1 162**	**67,5**	**1 464**	**70,1**	**1 838**	**72,2**	Dettes fiscales et sociales	168	9,8	108	5,2	130	5,1
							Autres dettes	58	3,4	58	2,8	42	1,7
Valeurs mobilières de placement	0	0,0	0	0,0	0	0,0	**Dettes d'exploitation et hors exploitation**	**732**	**42,5**	**748**	**35,8**	**826**	**32,5**
Disponibilités	10	0,6	12	0,6	10	0,4	Escompte	300	17,4	480	23,0	700	27,5
							Soldes créditeurs de banque	140	8,1	194	9,3	306	12,0
Trésorerie actif	**10**	**0,6**	**12**	**0,6**	**10**	**0,4**	Autres concours	0	0,0	0	0,0	0	0,0
							Trésorerie passif	**440**	**25,6**	**674**	**32,3**	**1 006**	**39,5**
TOTAL ACTIF	**1 722**	**100**	**2 088**	**100**	**2 544**	**100**	**TOTAL PASSIF**	**1 722**	**100**	**2 088**	**100**	**2 544**	**100**

Valeurs structurelles Stylemode

	N – 2	N – 1	%(1)	N	%(1)
Ressources stables	550	666		712	
– Actif immobilisé net	– 550	– 612		– 696	
1 – Fonds de roulement (FR)	**0**	**54**	**NS**	**16**	**– 70,4**
Actif d'exploitation et hors d'exploitation	1 162	1 464		1 838	
– Dettes d'exploitation et hors exploitation	– 732	– 748		– 826	
2 – Besoin en fonds de roulement (BFR)	**430**	**716**	**+ 66,5**	**1 012**	**+ 41,3**
Fonds de roulement	0	54		16	
– besoin en fonds de roulement	– 430	– 716		– 1 012	
3 – Trésorerie nette (TN)	**– 430**	**– 662**	**+ 54,0**	**– 996**	**+ 50,5**
Trésorerie actif	10	12		10	
– Trésorerie passif	– 440	– 674		– 1 006	
4 – Vérification de la trésorerie nette	**– 430**	**– 662**	**+ 54,0**	**– 996**	**+ 50,5**

(1) % de variation par rapport à l'exercice précédent

Soldes intermédiaires de gestion Stylemode

	N – 2	%	N – 1	%	N	%
Ventes de marchandises	680	13,7	800	14,3	960	15,2
+ Production vendue	4 300	86,3	4 800	85,7	5 360	84,8
Chiffre d'affaires de l'exercice	**4 980**	**100,0**	**5 600**	**100,0**	**6 320**	**100,0**
+ Production stockée	20		30		40	
+ Production immobilisée	0		0		0	
Production de l'exercice	**4 320**	**86,7**	**4 830**	**86,3**	**5 400**	**85,4**
– Consommation de marchandises	420	8,4	480	8,6	610	9,7
– Consommation de matières premières	2 008	40,3	2 312	41,3	2 620	41,5

»

»

	N – 2	%	N – 1	%	N	%
Marge commerciale	**260**	**38,2**	**320**	**40,0**	**350**	**36,5**
Marge brute	**2 572**	**51,6**	**2 838**	**50,7**	**3 130**	**49,5**
– Autres achats et charges externes	476	9,6	584	10,4	660	10,4
Valeur ajoutée	**2 096**	**42,1**	**2 254**	**40,3**	**2 470**	**39,1**
+ Subventions d'exploitation	0	0,0	0	0,0	0	0,0
– Impôts et taxes	50	1,0	60	1,1	64	1,0
– Charges de personnel	1 700	34,1	1 880	33,6	2 000	31,6
Excédent brut d'exploitation	**346**	**6,9**	**314**	**5,6**	**406**	**6,4**
– Dotations aux amort. dépr. et prov. d'exploitation	114	2,3	152	2,7	200	3,2
+ Reprises de prov. et dépr. d'exploitation	42	0,8	30	0,5	52	0,8
+ Autres produits d'exploitation	4	0,1	0	0,0	10	0,2
– Autres charges d'exploitation	10	0,2	16	0,3	12	0,2
Résultat d'exploitation	**268**	**5,4**	**176**	**3,1**	**256**	**4,1**
+ Produits financiers	4	0,1	8	0,1	0	0,0
– Charges financières	52	1,0	80	1,4	136	2,2
Résultat courant	**220**	**4,4**	**104**	**1,9**	**120**	**1,9**
+ Produits exceptionnels	8	0,2	18	0,3	34	0,5
– Charges exceptionnelles	20	0,4	54	1,0	56	0,9
– Participation des salariés	0	0,0	0	0,0	0	0,0
– Impôts sur les bénéfices	100	2,0	32	0,6	50	0,8
Résultat de l'exercice	**108**	**2,2**	**36**	**0,6**	**48**	**0,8**
+ Dotations aux amort. dépr. et prov.	130	2,6	196	3,5	256	4,1
– Reprises sur amort. dépr. et prov.	44	0,9	46	0,8	62	1,0
+ Valeurs comptables des éléments cédés	0	0,0	0	0,0	10	0,2
– Produits des cessions d'éléments d'actifs	0	0,0	0	0,0	14	0,2
Capacité d'autofinancement	**194**	**3,9**	**186**	**3,3**	**238**	**3,8**

Chapitre 8

Les ratios

Executive summary

- **L'analyse financière des comptes d'une entreprise** ne peut se faire sans l'utilisation d'un certain nombre de ratios qui font faciliter les comparaisons des performances de l'entreprise d'un exercice sur l'autre, mais aussi par rapport à d'autres entreprises du secteur.
- **Ces ratios vont permettre d'évaluer la structure du bilan**, mais aussi l'activité et la rentabilité de l'entreprise.
- **S'ils sont indispensables**, ils doivent être interprétés avec prudence.

Généralités

Définition

Un ratio est un rapport entre deux grandeurs extraites des documents comptables retraités ou non qui facilitent une approche du risque que représente l'entreprise pour ses partenaires (associés, banquiers, fournisseurs).

Parmi les ratios, certains sont exprimés en pourcentage, d'autres en nombre de jours, d'autres encore en montant.

Interprétation et analyse

Le risque que constitue l'entreprise pour ses partenaires ne saurait être appréhendé à travers un ratio unique ; il ne peut être évalué qu'à partir de comparaisons dans le temps pour un même ratio (sur plusieurs exercices pour la même entreprise), de comparaisons dans l'espace pour un même ratio (comparaisons interentreprises à l'intérieur d'un même secteur d'activité) et de batteries de ratios convergents (par recoupements).

Les normes, quand elles existent, ne sont qu'indicatives ; il importe d'examiner non seulement la position d'un ratio par rapport à la norme, mais aussi son évolution sans oublier de tenir compte des particularités de l'entreprise étudiée (activité, histoire récente, projets, appartenance éventuelle à un groupe, etc.).

L'évolution d'un ratio dans le temps dépend de celle de son numérateur et de celle de son dénominateur, lesquelles évolutions peuvent se renforcer l'une et l'autre au sein du ratio considéré ou au contraire se compenser ; expliquer l'évolution d'un ratio oblige donc à s'intéresser à chacune de ses composantes.

On distingue les ratios de structure qui concernent le bilan et les ratios d'activité et de rentabilité qui concernent le compte de résultat ; à ces ratios, on peut en ajouter d'autres qui peuvent donner des informations intéressantes sur la situation financière de l'entreprise.

Les ratios de structure

Le ratio de solvabilité

■ Calcul

$$\text{Solvabilité} = \frac{\text{Ressources propres} \times 100}{\text{Total du bilan reclassé}}$$

Les ressources propres comprennent les capitaux propres et les comptes courants d'associés bloqués, déduction faite d'éventuelles non-valeurs.

■ Interprétation et analyse

Ce ratio, exprimé en pourcentage, mesure le poids des droits des associés sur les actifs de l'entreprise, poids qui correspond au montant des ressources propres par rapport au total des ressources ; il indique par là le taux maximum de moins-value sur cession des actifs tolérable pour que les créanciers de la société et notamment les banquiers, ne soient pas lésés (c'est-à-dire soient intégralement remboursés des prêts consentis). On considère habituellement que le ratio de solvabilité doit être supérieur ou égal à 20 %, voire beaucoup plus dans certaines activités où les risques de dépréciation des actifs sont élevés.

Prenons un exemple : soit une entreprise dont le bilan reclassé résumé se présente ainsi :

Actif		**Passif**	
Actif immobilisé	1 000	Ressources propres	300
Actif d'exploitation		Dettes à MLT	500
et hors exploitation	900	Dettes d'exploitation et hors exploitation	800
Trésorerie actif	100	Trésorerie passif	400
	2 000		2 000

Si la valeur de réalisation de l'actif est inférieure à 1 700, les créanciers ne seront pas intégralement remboursés (il y a 1 700 de dettes) ; On a ici un ratio de solvabilité de : (300 × 100)/2 000 = 15 %.

Supposons une valeur de réalisation de l'actif de 1 500 ; dans ce cas, il faudrait un ratio de 25 % pour que les créanciers soient intégralement remboursés (on aurait, en effet seulement 1 500 de dettes).

Le ratio de solvabilité est à rapprocher de la valeur potentielle de réalisation des éléments de l'actif : une entreprise industrielle a généralement des postes d'actif qui présentent plus de risque qu'une entreprise de services.

La capacité d'endettement

▪ Calcul

$$\textbf{Capacité d'endettement} = \frac{\textbf{Ressources propres}}{\textbf{Dettes à moyen ou long terme}}$$

Les ressources propres comprennent les capitaux propres et les comptes courants d'associés bloqués, déduction faite d'éventuelles non-valeurs.

Les dettes à moyen ou long terme sont constituées des financements assurés par les tiers, essentiellement les banques, et remboursables au-delà d'un an.

▪ Interprétation et analyse

Ce ratio mesure le poids du financement assuré par les associés par rapport aux dettes à moyen ou long terme ; autrement dit la part des ressources stables (hors provisions pour risques et charges) assurée par les associés.

Il est d'usage de considérer que les dettes à moyen ou long terme soient au plus égales aux ressources propres ; autrement dit, en stricte orthodoxie financière, une entreprise dispose d'une capacité d'endettement dans la mesure où ce ratio est supérieur à 1.

Une variante du ratio consiste à comparer les ressources propres aux ressources stables ; dans ce cas, on considère que les ressources propres doivent être au moins égales à 50 % des ressources stables.

La capacité de remboursement

■ Calcul

$$\text{Capacité de remboursement} = \frac{\text{Dettes à moyen ou long terme}}{\text{Capacité d'autofinancement}}$$

Les dettes à moyen ou long terme sont constituées des financements assurés par les tiers, essentiellement les banques, et remboursables au-delà d'un an.

La capacité d'autofinancement représente les ressources financières dégagées par l'activité au cours d'un exercice.

■ Interprétation et analyse

On considère généralement que les dettes à moyen ou long terme ne doivent pas dépasser 4 à 5 fois la capacité d'autofinancement ; autrement dit, le ratio ne doit pas être supérieur à 4 ou 5.

Ce ratio permet d'appréhender la capacité de l'entreprise à générer des ressources suffisantes pour lui permettre de rembourser dans un délai raisonnable les emprunts à moyen ou long terme qu'elle a contractés ; il mesure aussi son aptitude à rembourser un emprunt à moyen ou long terme supplémentaire et donc son potentiel d'endettement à moyen ou long terme non utilisé (cette analyse est à compléter par un examen du ratio de capacité d'endettement et du poids des frais financiers par rapport au résultat d'exploitation).

Pour calculer efficacement ce ratio, il convient de déduire de la CAF la part du résultat qui sera distribuée pour obtenir la CAF effectivement disponible.

Il convient aussi d'être prudent dans le calcul si une part importante de la CAF est constituée de dotations aux dépréciations et provisions qui peuvent masquer des pertes non pas potentielles, mais réelles.

Il existe une méthode assez simple pour s'assurer de la capacité de l'entreprise à faire face aux prochains remboursements de ses emprunts à moyen ou long terme ; elle consiste à vérifier que la CAF disponible est au moins égale à la part des emprunts à moyen ou long terme à moins d'un an et, en cas de nouvelle demande de financement, à ajouter à ce montant l'annuité du nouveau crédit.

Le degré d'amortissement des actifs immobilisés

■ Calcul

$$\text{Degré d'amortissement des actifs immobilisés} = \frac{\text{Amortissements inscrits à l'actif} \times 100}{\text{Immobilisations amortissables brutes}}$$

■ Interprétation et analyse

Ce ratio, exprimé en pourcentage, mesure le degré d'usure de l'outil de production, permettant ainsi d'évaluer l'urgence d'investissements de renouvellement ainsi que leur ampleur.

Si de tels investissements semblaient nécessaires à court ou moyen terme, il faudrait s'assurer que l'entreprise dispose des capacités de financement correspondantes (capacité réelle d'endettement et de remboursement à moyen ou long terme, autofinancement, disponibilités au sein du patrimoine des associés).

Ce ratio est souvent calculé seulement sur les immobilisations corporelles qui composent dans la plupart des entreprises l'essentiel des immobilisations productrices. Il peut parfois être utile d'isoler les constructions des autres immobilisations corporelles amortissables pour le calcul du degré d'amortissement : en effet, un bâtiment, même si il est fortement amorti peut, s'il est bien entretenu, être parfaitement « opérationnel », ce qui ne saurait être le cas des autres moyens de production qui peuvent devenir assez vite obsolètes.

Part du besoin en fonds de roulement financée par le fonds de roulement

■ Calcul

$$\text{Part du besoin en fonds de roulement financée par le fonds de roulement} = \frac{\text{Fonds de roulement} \times 100}{\text{Besoin en fonds de roulement}}$$

■ Interprétation et analyse

Ce ratio, exprimé en pourcentage, mesure la part du BFR financée par le FR.

Indirectement, il mesure le degré d'indépendance de l'entreprise par rapport aux banques pour financer son BFR. Plus le FR finance le BFR, moins celui-ci est financé par les banques. On considère que la part du BFR financée par le FR doit être au moins de 40 %, sachant que le BFR qui figure au bilan n'est généralement pas représentatif du BFR moyen et encore moins des BFR les plus élevés ou les plus faibles de l'exercice.

Pour analyser correctement la part du BFR financée par le FR, il faudrait connaître le BFR moyen qui peut être calculé à partir de la trésorerie moyenne estimée à partir des charges d'intérêt (voir plus loin le calcul du ratio de trésorerie nette).

Lorsque la part du BFR financée par le FR devient trop faible, les banques décident souvent de réduire les concours de trésorerie qu'elles accordent pour éviter d'être taxées de « soutien abusif » ; les entreprises confrontées à une telle situation compensent souvent le déficit de financement à court terme en payant en retard leurs impôts et leurs cotisations sociales ce qui, à plus ou moins longue échéance, conduit inévitablement au déclenchement d'une procédure collective qui se termine généralement par la liquidation judiciaire de l'entreprise. Il faut donc être très attentif à une dégradation de la part du BFR financée par le FR.

Liquidité

■ Calcul

$$\textbf{Liquidité} = \frac{\textbf{(Créances nettes + disponibilités)} \times \textbf{100}}{\textbf{Dettes à court terme}}$$

■ Interprétation et analyse

Ce ratio, exprimé en pourcentage, mesure la capacité de l'entreprise à faire face à ses engagements à court terme (avances et acomptes reçus, fournisseurs, dettes fiscales et sociales, autres dettes et concours bancaires de trésorerie) avec les créances à court terme dont elle est détentrice et ses disponibilités.

Dans l'absolu, il faut que ce ratio soit au moins égal à 1 pour assurer la capacité de l'entreprise à honorer ses engagements à court terme et donc, plus ce ratio est élevé, plus l'entreprise est en théorie à même de faire face à ses engagements à court terme.

Toutefois, ce ratio est à interpréter avec prudence, car si l'actif (créances nettes + disponibilités) doit être supérieur au passif (dettes à court terme), les échéances précises d'encaissement ou de règlement n'apparaissent pas ici ; les créances peuvent être encaissables à 90 jours en moyenne, alors que les dettes peuvent être à régler à 30 jours en moyenne ; si c'est le cas, en négligeant la trésorerie existante, l'entreprise ne pourra pas régler ses dettes à l'échéance des 30 jours et, pour assurer la couverture de l'actif par le passif, il faudrait alors un ratio de 3 et dans le cas contraire, on pourrait admettre un ratio sensiblement inférieur à 1.

Les ratios d'activité et de rentabilité

Les trois premiers ratios d'activité sont l'expression, en nombre de jours de chiffre d'affaires HT moyen, des valeurs structurelles fondamentales que sont le fonds de roulement, le besoin en fonds de roulement et la trésorerie nette.

Un jour de CA (HT) moyen = CA (HT) annuel/360

Le calcul et l'interprétation de ces ratios sont sous-tendus par le principe suivant : toute croissance de l'activité d'une entreprise, activité mesurée par son chiffre d'affaires, suppose des besoins en financement nés de l'exploitation (stocks et montant du crédit clients notamment), besoins appelés besoin en fonds de roulement (BFR), qui peuvent être accrus ; dans l'idéal, l'accroissement de ces besoins devrait être inférieur à celle du CA.

Ces besoins ayant un caractère de stabilité dans le cadre de la continuité de l'exploitation, la part des ressources stables qui contribue à leur financement (le fonds de roulement) devrait elle aussi augmenter dans les mêmes proportions afin de ne pas accroître la dépendance de l'entreprise vis-à-vis de ressources de trésorerie (crédits bancaires) peu sûres (car instables) et coûteuses.

Le ratio de fonds de roulement (en jours de CA)

■ Calcul

$$\text{Fonds de roulement en jours de CA} = \frac{\text{Fonds de roulement} \times 360}{\text{Chiffre d'affaires (HT)}}$$

■ Interprétation et analyse

Ce ratio est exprimé en jours de CA de façon à facilement le comparer à l'évolution du BFR et du CA.

Le fonds de roulement constituant l'instrument de financement privilégié du BFR tant d'un point de vue sécurité (il est en effet souhaitable de financer des besoins structurels par des ressources de même nature c'est-à-dire stables) que d'un point de vue coût, son évolution devrait être au moins parallèle à celle du BFR afin que la couverture du BFR par le fonds de roulement demeure stable.

Toutefois, certaines contractions du fonds de roulement peuvent être acceptables, car gage de développement futur pour l'entreprise (acquisition d'immobilisations notamment).

Un fonds de roulement faible voire une insuffisance de fonds de roulement peut se justifier si le BFR est très faible voire négatif (les ressources variables étant dans ce cas supérieures aux emplois variables).

Le ratio de besoin en fonds de roulement (en jours de CA)

■ Calcul

$$\text{Besoin en fonds de roulement en jours de CA} = \frac{\text{Besoin en fonds de roulement} \times 360}{\text{Chiffre d'affaires (HT)}}$$

■ Interprétation et analyse

Ce ratio est exprimé en jours de CA de façon à facilement le comparer à l'évolution du FR et du CA.

Le niveau de ce ratio est très variable selon les secteurs d'activité, et en particulier selon la durée du cycle de production et de commercialisation (qui influe sur le volume des stocks) et selon les usages de la profession en matière de crédit clients et fournisseurs et la part des consommations matières dans le chiffre d'affaires (qui influent sur le niveau des comptes clients et fournisseurs).

Le volume des stocks et la durée des crédits clients et fournisseurs dépendent aussi dans une certaine mesure de la politique commerciale de la société et peuvent donc enregistrer des modifications volontaires sensibles d'un exercice à l'autre, le BFR étant ainsi affecté.

On s'intéressera essentiellement à l'évolution de ce ratio dans le temps (toute diminution est un élément positif pour l'entreprise, toute augmentation un élément négatif) ainsi qu'aux causes de cette évolution (elles sont à chercher dans l'évolution des composantes du BFR ; on se reportera utilement en la matière aux ratios de rotation des stocks et aux ratios de délais de règlement clients et fournisseurs).

Il faut être prudent dans l'analyse de ce ratio, car il est calculé à un instant T (la date d'arrêté des comptes annuels) et peut varier très fortement d'un jour à l'autre.

Ratio de trésorerie nette (en jours de CA)

■ Calculs

$$\textbf{Trésorerie nette en jours de CA} = \frac{\textbf{Trésorerie nette} \times 360}{\textbf{Chiffre d'affaires (HT)}}$$

■ Interprétation et analyse

Ce ratio est exprimé en jours de CA de façon à facilement le comparer à l'évolution du FR, du BFR et du CA.

La trésorerie nette est égale à la différence entre la trésorerie « actif » et la trésorerie « passif ».

Elle intervient en complément du fonds de roulement pour le financement du BFR ; on a donc :

Fonds de roulement (FR) – Besoin en fonds de roulement (BFR)
= Trésorerie nette (TN) ou Évolution du FR – évolution du BFR
= évolution de la TN

On doit observer la part du Besoin en fonds de roulement financée par la trésorerie (en %).

Tout accroissement de ce ratio traduit une dégradation de la situation de trésorerie de l'entreprise.

On s'attachera à :

- *en chercher les causes :* on examinera pour cela l'évolution du BFR et du FR ainsi que de leurs composantes principales ;
- *vérifier que l'entreprise peut raisonnablement supporter les charges financières induites :* pour cela, on mesurera le poids des charges financières

dans le résultat d'exploitation ; les charges financières doivent être payées par ponction sur la rentabilité propre de l'entreprise et non en ayant recours à un endettement supplémentaire (ce qui reviendrait à transformer le banquier en associé).

Il arrive cependant qu'une banque soit contrainte d'accorder des crédits de trésorerie à une entreprise dont le fonds de roulement est notoirement insuffisant ; elle lui évite ainsi de déposer son bilan, conservant par-là un espoir d'être remboursée un jour de l'ensemble de ses engagements.

Il faut être très prudent dans l'analyse de la trésorerie, car la trésorerie nette qui figure au bilan est celle d'un instant T et elle peut varier très sensiblement d'un jour à l'autre en fonction des variations du BFR.

Comment calculer un BFR moyen à partir de la trésorerie ?

Il peut être utile de calculer une trésorerie nette moyenne qui, déduction faite du FR (qui change assez peu) permettra de calculer un BFR moyen, la méthode consistant à recalculer l'endettement bancaire à partir des charges d'intérêts supportées au cours de l'exercice et des produits financiers éventuels générés par d'éventuels placements de trésorerie.

Par exemple, si une entreprise a un encours moyen de crédit à moyen terme de 100 000 € au taux de 4 %, cela génère 4 000 € de charges d'intérêts ; si les charges d'intérêts de l'exercice ont été de 7 000 euros, l'entreprise aura supporté 3 000 € de charges financières pour les crédits de trésorerie : en supposant un taux de 6 % pour ces crédits, cela donne un encours moyen de 50 000 € : (3 000/6) × 100.

Supposons que pour cette même entreprise, le bilan présente un FR de 15 000 €, on peut estimer le BFR moyen à environ : 15 000 + 50 000 €, soit 65 000 € (FR + TN = BFR).

Ce calcul permet seulement de donner un ordre de grandeur du BFR moyen, car les charges financières peuvent comprendre des escomptes de règlement ou certaines commissions qui peuvent fausser quelque peu les calculs ; de même on ne dispose pas forcément des informations concernant l'encours moyen des dettes à moyen ou long terme (on peut prendre comme hypothèse la moyenne des encours de la fin de l'exercice et de la fin de l'exercice précédent) et des taux auxquelles l'entreprise emprunte.

Besoins de financement structurels

■ Calcul

$$\text{Besoins de financement structurels} = \frac{(\text{Immobilisations} + \text{Besoins en fonds de roulement}) \times 360}{\text{Chiffre d'affaires (HT)}}$$

■ Interprétation et analyse

Ce ratio, calculé en jours de CA, mesure les besoins de financement générés par les immobilisations et par l'activité.

On le compare au chiffre d'affaires pour pouvoir suivre son évolution en fonction de celle de l'activité.

Formulé autrement, on peut dire qu'il exprime aussi bien les besoins de financement structurels du haut de bilan que ceux du bas de bilan.

S'il augmente plus vite que le chiffre d'affaires, cela signifie que l'évolution du chiffre d'affaires (souvent sa progression) génère des besoins de financement structurels plus importants que par le passé pour un même volume d'activité ; ces besoins peuvent devenir difficiles à financer si les fonds propres restent inchangés.

Les ratios de rotation des stocks (en jours)

■ Calculs

Vitesse de rotation du stock (sans distinguer les différentes catégories de stocks)

$$\text{Vitesse de rotation du stock total} = \frac{\text{Stock final brut} \times 360}{\text{Chiffre d'affaires (HT)}}$$

Vitesse de rotation du stock de marchandises

$$\text{Vitesse de rotation du stock de marchandises} = \frac{\text{Stock final brut de marchandises} \times 360}{\text{Achats de marchandises (HT)}}$$

Vitesse de rotation du stock de matières premières

$$\text{Vitesse de rotation du stock de matières premières} = \frac{\text{Stock final brut de matières premières} \times 360}{\text{Achats de matières premières (HT)}}$$

Vitesse de rotation du stock de produits intermédiaires

$$\text{Vitesse de rotation du stock de produits intermédiaires} = \frac{\text{Stock final brut de produits intermédiaires} \times 360}{\text{Production totale – résultat d'exploitation}}$$

Vitesse de rotation du stock de produits finis

$$\text{Vitesse de rotation du stock de produits finis} = \frac{\text{Stock final brut de produits finis} \times 360}{\text{Production vendue – résultat d'exploitation}}$$

■ Interprétation et analyse

Les ratios ci-dessus comparent le stock moyen (toutes catégories de stock confondues) ou chaque type de stock au flux annuel correspondant ; ils mesurent ainsi, en jours, la durée moyenne théorique de stationnement d'un bien dans les stocks correspondant aux différentes étapes du processus de transformation et de commercialisation propre à l'entreprise étudiée.

- **Rotation du stock total** : durée (en jours) de stationnement des stocks (toutes catégories confondues) dans l'entreprise entre leur achat et leur revente (durée du cycle de production et de commercialisation). Ce ratio est suffisant pour étudier la rotation des stocks dans les très petites entreprises.
- **Rotation du stock de marchandises** : durée (en jours) de stationnement des marchandises dans l'entreprise entre leur achat et leur revente (durée du cycle de commercialisation).
- **Rotation du stock de matières premières** : durée (en jours) de stationnement des matières premières dans l'entreprise entre leur achat et leur première transformation.

- **Rotation du stock d'encours de production** : durée (en jours) du cycle de transformation (de la première transformation des matières premières aux produits finis prêts pour la commercialisation).
- **Rotation du stock de produits finis** : durée (en jours) de stationnement des produits finis dans l'entreprise entre leur achèvement en production et leur commercialisation effective (durée du cycle de commercialisation).

Ces durées moyennes de stationnement sont d'autant plus théoriques que l'activité de l'entreprise est saisonnière ou irrégulière (les stocks figurant au bilan n'étant pas forcément représentatifs des stocks moyens ou, à plus forte raison, des stocks existants en pleine période de production) ; mais, même dans ce cas, l'évolution des ratios ci-dessus n'en demeure pas moins significative de l'évolution de la gestion des stocks (sous réserve qu'il n'y ait pas eu de modification de la saisonnalité et que, donc, la clôture de chaque exercice corresponde bien à la même « saison »).

Toute diminution de ces durées de stationnement dans l'entreprise constitue un allégement du besoin en financement d'exploitation (mesuré par le BFR), allégement toujours bienvenu. À l'inverse, toute augmentation constitue un alourdissement du besoin en financement d'exploitation et pèse sur la trésorerie de l'entreprise ; on s'attachera à en déterminer les causes (méventes, stockage de précaution, modification du processus de production...) en distinguant gestion et politique d'entreprise et contraintes de l'environnement.

Les ratios de crédit clients (en jours de CA) et crédit fournisseurs (en jours d'achats)

■ Calculs

$$\textbf{Crédit clients} = \frac{\textbf{(Clients – Acompte + Escompte)} \times \textbf{360}}{\textbf{Chiffre d'affaires (TTC)}}$$

Ce ratio exprime le délai moyen dans lequel les clients règlent.

Dans les entreprises qui exportent ou qui vendent des produits assujettis à différents taux de TVA, il n'est pas toujours facile de connaître le montant de la TVA collectée pour calculer le chiffre d'affaires taxe comprise ; il faut donc être prudent dans le calcul du ratio et ne pas systématiquement rajouter × % au montant des ventes HT. Le plus simple est de prendre le montant qui figure dans la liasse fiscale (Tableau d'affectation du résultat et renseignements divers : ligne YY).

$$\text{Crédit fournisseurs} = \frac{\text{(Fournisseurs exploitation – Acomptes)} \times 360}{\text{Achats}^{(1)} \text{ et autres charges externes (TTC)}}$$

(1) Les achats comprennent les achats de marchandises et les achats de matières premières.

Ce ratio exprime le délai moyen dans lequel les fournisseurs sont réglés.

Dans les entreprises qui achètent des produits ou des services assujettis à différents taux de TVA, il n'est pas toujours facile de connaître le montant de la TVA déductible pour calculer les achats et charges externes taxe comprise ; il faut donc être prudent dans le calcul du ratio et ne pas systématiquement rajouter × % au montant HT. Le plus simple est de prendre le montant qui figure dans la liasse fiscale (Tableau d'affectation du résultat et renseignements divers : ligne YZ).

▪ Interprétation

Un allongement du crédit fournisseurs et/ou un raccourcissement du crédit clients se traduisent par un allégement du BFR ; à l'inverse un raccourcissement du crédit fournisseurs et/ou un allongement du crédit clients induisent un alourdissement du BFR qui ne peut manquer de peser sur la trésorerie de l'entreprise.

Mais plutôt que d'analyser l'évolution passée de la trésorerie (à travers notamment l'évolution du BFR), il importe de prévoir l'évolution future de celle-ci ; pour cela, il est essentiel d'identifier les causes des évolutions enregistrées par les principales composantes du BFR pour en évaluer l'impact futur ; en matière de durée des crédits on notera que :

- un allongement du crédit fournisseurs peut aussi bien être dû aux talents de négociateur du responsable des achats de l'entreprise qu'à des difficultés à faire face aux échéances ;
- un raccourcissement du crédit fournisseurs peut provenir tant d'un pouvoir de négociation faible ou d'une crise de confiance de la part des fournisseurs que de la négociation d'escomptes de règlements ;
- un allongement du crédit clients peut aussi bien être un élément de politique commerciale que le résultat d'une multiplication des mauvais payeurs (d'où la nécessité de connaître la qualité de la clientèle et de vérifier le niveau des dépréciations sur créances).

Il faut souligner que les durées de crédit clients et fournisseurs ne permettent pas à elles seules de mesurer la couverture du crédit clients par le crédit fournisseurs ; celle-ci dépend aussi du taux de valeur ajoutée par rapport au chiffre d'affaires ou encore de la part des consommations en provenance donc de tiers dans son chiffre d'affaires.

Il ne faut donc pas comparer les délais de règlements clients à ceux des délais de règlements fournisseurs, car les montants en cause sont souvent très différents notamment en fonction de la marge brute et de la valeur ajoutée dégagée (exemple : si je vends 100 un produit que j'achète 50, un délai clients de 60 jours ne peut être compensé que par un délai fournisseurs de 120 jours).

Rendement des capitaux investis

■ Calculs

$$\text{Rendement des capitaux investis} = \frac{\text{Résultat} \times 360}{\text{Capitaux propres hors résultat}}$$

Pour calculer ce ratio, il faut déduire des capitaux propres le résultat de l'exercice, mais aussi les subventions d'investissement et les provisions réglementées, car elles ne représentent pas des fonds apportés par les associés.

■ Interprétation

Ce ratio, calculé en pourcentage, exprime la rentabilité de l'activité pour les associés.

Plus ce rendement est élevé, plus il incitera les associés à apporter des fonds si nécessaire.

Par ailleurs, en cas de nécessité, si l'entreprise dégage une belle rentabilité par rapport à ses capitaux propres, il lui sera aussi plus facile de trouver de nouveaux associés.

Autres ratios

Coût financier

■ Calculs

$$\text{Coût financier} = \frac{\text{Charges d'intérêts} \times 360}{\text{Chiffre d'affaires (HT)}}$$

■ Interprétation

Ce ratio, calculé en pourcentage, exprime le coût de l'endettement par rapport au chiffre d'affaires.

Il est particulièrement révélateur de l'incidence de la structure du bilan sur la rentabilité de l'entreprise, puisqu'il fait ressortir le coût de l'endettement rémunéré que ce soit à moyen ou long terme ou à court terme.

Si une entreprise utilise largement les crédits bancaires, cela signifie que ses capitaux propres sont insuffisants, mais aussi que son activité génère un besoin en fonds de roulement important.

Une dégradation de ce ratio est évidemment révélatrice de la dégradation de la structure du bilan.

Le seuil acceptable est difficile à définir, car il dépend beaucoup de l'activité ; il est normal qu'une entreprise industrielle sous-traitante d'une grande entreprise ait plus d'endettement, donc de charges financières, qu'une entreprise de prestation de services intellectuels qui travaille en direct et est réglé rapidement par ses clients.

On compare aussi souvent les charges financières à l'EBE et on considère généralement qu'elles ne doivent pas dépasser 30 % de celui-ci.

Par ailleurs, l'évolution de ce ratio est aussi dépendante de celle des taux d'intérêts à court terme notamment quand l'endettement à court terme représente la part la plus importante de l'endettement global rémunéré.

Répartition de la valeur ajoutée

■ Calculs

Part de la valeur ajoutée revenant au personnel =

$$\frac{\textbf{Charges de personnel} \times 100}{\textbf{Valeur ajoutée}}$$

Part de la valeur ajoutée revenant aux banques =

$$\frac{\textbf{Charges d'intérêts} \times 100}{\textbf{Valeur ajoutée}}$$

Part de la valeur ajoutée revenant à l'État =

$$\frac{\textbf{(Impôts et taxes + Impôt sur les bénéfices)} \times 100}{\textbf{Valeur ajoutée}}$$

$$\text{Part de la valeur ajoutée revenant à l'entreprise} = \frac{\text{Résultat} \times 100}{\text{Valeur ajoutée}}$$

■ Interprétation

Ces différents ratios, exprimés en pourcentage, permettent de connaître l'affectation de la valeur ajoutée et ce qu'il restera pour l'entreprise après règlement des charges de personnel, des charges financières et des impôts.

Le ratio « Charges de personnel/VA » est notamment très important et doit être examiné de près ; on considère généralement qu'il ne doit pas dépasser 70 % ; en effet, trop de charges de personnel pèsent lourdement sur la rentabilité et peuvent conduire à ce qu'elle soit nulle ou très faible et ce durablement si l'essentiel des charges de personnel provient de salariés en contrats à durée indéterminée.

Il convient aussi d'être très attentif aux rémunérations versées aux dirigeants qui peuvent être excessives au regard de la rentabilité de l'entreprise et indécentes aux yeux du personnel exécutant.

Soldes intermédiaires de gestion en pourcentage du chiffre d'affaires

Ces soldes en pourcentage sont calculés dans le tableau des soldes intermédiaires de gestion ; ils permettent de comparer chaque solde en valeur relative d'une année sur l'autre.

L'essentiel

▸▸ **Les ratios sont des outils indispensables** pour analyser les comptes d'une entreprise.

▸▸ **Certains permettent d'évaluer la structure du bilan,** d'autres le niveau de l'activité et de la rentabilité.

▸▸ **Si le calcul des ratios les plus courants est assez aisé,** leur interprétation doit être faite avec prudence pour deux raisons :
– le calcul est fait à la date d'arrêté des comptes et le résultat obtenu n'est souvent pas le reflet des périodes intermédiaires ;
– la comparaison avec d'autres entreprises du secteur doit être faite avec précaution et tenir largement compte des spécificités de l'entreprise.

Questionnaire 8

	Vrai	Faux
1. Un ratio est toujours calculé en pourcentage.	❑	❑
2. Un ratio doit être interprété avec prudence.	❑	❑
3. Il existe plusieurs catégories de ratios.	❑	❑
4. Le ratio de solvabilité exprime le poids des ressources propres dans le bilan.	❑	❑
5. Le ratio suivant : ressources propres/dettes à moyen ou long terme permet d'évaluer le niveau d'endettement structurel d'une entreprise.	❑	❑
6. Le ratio suivant : dettes à moyen ou long terme/CAF permet d'évaluer la capacité de remboursement d'une entreprise.	❑	❑
7. Il est souvent possible de savoir à la lecture du bilan si une entreprise a des immobilisations récentes ou anciennes.	❑	❑
8. Le besoin en fonds de roulement peut être entièrement financé par des crédits de trésorerie.	❑	❑
9. Il est possible d'évaluer, dans une certaine mesure, la capacité d'une entreprise à faire face à ses dettes à court terme.	❑	❑
10. Il est utile d'exprimer le fonds de roulement, le besoin en fonds de roulement et la trésorerie nette en pourcentage du chiffre d'affaires	❑	❑
11. Les besoins de financement structurels sont générés exclusivement par les immobilisations.	❑	❑
12. Le ratio de rotation des stocks de marchandises permet de connaître le délai de vente des marchandises.	❑	❑
13. Le ratio de rotation des stocks de matières premières permet de connaître le délai de fabrication des produits.	❑	❑
14. Le ratio de rotation des stocks des produits en cours permet de connaître le délai de fabrication des produits.	❑	❑
15. Le ratio de rotation des stocks de produits finis permet de connaître le délai de commercialisation de ces produits.	❑	❑
16. Il est très utile de comparer les délais de règlement clients et les délais de règlement fournisseurs, car ils peuvent se compenser.	❑	❑

»

»

	Vrai	Faux
17. Le niveau des charges financières dépend fortement de la structure du bilan.	❑	❑
18. La valeur ajoutée permet de connaître la rentabilité d'une entreprise.	❑	❑
19. La valeur ajoutée permet de rémunérer l'ensemble des facteurs de la production.	❑	❑
20. La rentabilité financière représente le rendement des placements effectués par une entreprise.	❑	❑

Corrigé du questionnaire 8

1. Un ratio est toujours calculé en pourcentage.

Faux : un ratio est un rapport de deux grandeurs extraites des documents comptables (valeurs retraitées ou non) permettant une approche du risque que représente l'entreprise pour ses partenaires (associés, banquiers, fournisseurs). Certains ratios sont exprimés en pourcentage et d'autres le sont en nombre de jours.

2. Un ratio doit être interprété avec prudence.

Vrai : un ratio ne peut être analysé qu'à partir de comparaisons dans le temps (sur plusieurs exercices pour la même entreprise), dans l'espace (comparaisons interentreprises à l'intérieur d'un même secteur d'activité) et de batteries de ratios convergents (par recoupements).

Les normes, quand elles existent, ne sont qu'indicatives ; il importe d'examiner non seulement la position d'un ratio par rapport à la norme, mais aussi son évolution sans oublier de tenir compte des particularités de l'entreprise étudiée (activité, histoire récente, projets, appartenance éventuelle à un groupe, etc.).

L'évolution d'un ratio dans le temps dépend de celle de son numérateur et de celle de son dénominateur, lesquelles évolutions peuvent se renforcer l'une et l'autre au sein du ratio considéré ou au contraire se compenser ; expliquer l'évolution d'un ratio oblige donc à s'intéresser à chacune de ses composantes.

3. Il existe plusieurs catégories de ratios.

Vrai : on distingue les ratios de structure et les ratios d'activité et de rentabilité.

4. Le ratio de solvabilité exprime le poids des ressources propres dans le bilan.

Vrai : exprimant le montant des ressources propres en pourcentage du bilan, ce ratio mesure le poids des droits des associés sur les actifs de l'entreprise ; il indique par-là le taux maximum de moins-value sur cession des actifs tolérable pour que les créanciers de la société et notamment les banquiers, ne soient pas lésés (c'est-à-dire soient intégralement remboursés des prêts consentis). On considère habituellement que le ratio de solvabilité doit être supérieur ou égal à 20 %, voire beaucoup plus dans certaines activités où les risques de dépréciation des actifs sont élevés.

5. Le ratio suivant : ressources propres/dettes à moyen ou long terme permet d'évaluer le niveau d'endettement structurel d'une entreprise.

Vrai : ce ratio doit rester supérieur à 1 pour envisager la possibilité d'obtenir un financement externe pour un nouvel investissement.

6. Le ratio suivant : dettes à moyen ou long terme/CAF permet d'évaluer la capacité de remboursement d'une entreprise.

Vrai : ce ratio doit, en principe, rester inférieur à 3 (voire à 4) faute de quoi l'entreprise aura du mal à financer un nouvel investissement.

7. Il est souvent possible de savoir à la lecture du bilan si une entreprise a des immobilisations récentes ou anciennes.

Vrai : le ratio degré d'amortissement des actifs immobilisés exprimé en pourcentage par le rapport entre les amortissements inscrits à l'actif et les immobilisations amortissables brutes mesure le degré d'usure de l'outil de production, permettant ainsi d'évaluer la nécessité ou non d'investissements de renouvellement ainsi que leur ampleur.

Il peut parfois être utile d'isoler les constructions des autres immobilisations corporelles amortissables pour le calcul du degré d'amortissement : en effet, un bâtiment, même si il est fortement amorti, peut, s'il est bien entretenu, être parfaitement « opérationnel », ce qui ne saurait être le cas de la plupart des autres moyens de production qui peuvent devenir assez rapidement obsolètes.

8. Le besoin en fonds de roulement peut être entièrement financé par des crédits de trésorerie.

Faux : il n'est pas sain qu'une entreprise dépende totalement des banques pour financer son besoin en fonds de roulement.

Le ratio FR/BFR permet de connaître la part du BFR financée par le FR ; il mesure le degré d'indépendance de l'entreprise par rapport aux banques pour financer son BFR. Plus le FR finance le BFR, moins celui-ci est financé par les banques. On considère que la part du BFR financée par le FR doit être au moins de 40 %, sachant que le BFR qui figure au bilan n'est généralement pas représentatif du BFR moyen et encore moins des BFR les plus élevés ou les plus faibles de l'exercice.

Pour analyser correctement la part du BFR financée par le BFR, il est indispensable de connaître le BFR moyen qui peut être calculé à partir de la trésorerie moyenne estimée à partir des charges d'intérêts.

9. Il est possible d'évaluer, dans une certaine mesure, la capacité d'une entreprise à faire face à ses dettes à court terme.

Vrai : le ratio (créances + disponibilités) × 100/dettes à court terme, exprimé en pourcentage, appelé ratio de liquidité, mesure la capacité de l'entreprise à faire face à ses engagements à court terme (avances et acomptes reçus, fournisseurs, dettes fiscales et sociales, autres dettes et concours bancaires de trésorerie) avec les créances à court terme dont elle est détentrice et ses disponibilités.

Dans l'absolu, il faut que ce ratio soit au moins égal à 1 pour assurer la capacité de l'entreprise à honorer ses engagements à court terme et donc, plus ce ratio est élevé, plus l'entreprise est en théorie à même de faire face à ses engagements à court terme.

Toutefois, ce ratio est à interpréter avec prudence, car les échéances précises d'encaissement ou de règlement n'apparaissent pas ici.

10. Il est utile d'exprimer le fonds de roulement, le besoin en fonds de roulement et la trésorerie nette en pourcentage du chiffre d'affaires.

Vrai : cela permet de comparer en valeur relative ces valeurs structurelles fondamentales.

Le calcul et l'interprétation de ces ratios sont sous-tendus par le principe suivant : toute croissance de l'activité d'une entreprise, activité mesurée par son CA (HT), suppose des besoins en financement nés de l'exploitation (stocks et montant du crédit clients notamment), besoins appelés « besoin en fonds de roulement » (BFR), qui peuvent être accrus.

Ces besoins devant être financés pour assurer la continuité de l'exploitation, la part des ressources stables (le fonds de roulement) qui contribue à leur financement partiellement ou totalement devrait, elle aussi, augmenter dans les mêmes proportions afin de ne pas accroître la dépendance de l'entreprise vis-à-vis de ressources de trésorerie peu sûres (car instables) et coûteuses.

11. Les besoins de financement structurels sont générés exclusivement par les immobilisations.

Faux : ils sont générés par les immobilisations et le besoin en fonds de roulement et sont calculés, en jours de CA, par le ratio (Immobilisations + Besoin en fonds de roulement) x 360/Chiffre d'affaires (HT).

Ce ratio exprime aussi bien les besoins de financement structurels du haut de bilan que ceux du bas de bilan.

S'il augmente plus vite que le chiffre d'affaires, cela signifie que l'évolution du chiffre d'affaires (souvent sa progression) génère des besoins de financement structurels plus importants que par le passé pour un même volume d'activité ; ces besoins peuvent devenir difficiles à financer si les fonds propres restent inchangés.

12. Le ratio de rotation des stocks de marchandises permet de connaître le délai de vente des marchandises.

Vrai : ce ratio a donc une influence sur le BFR ; son allongement peut signifier des difficultés à vendre des produits et, donc, des pertes potentielles à venir.

13. Le ratio de rotation des stocks de matières premières permet de connaître le délai de fabrication des produits.

Faux : le ratio de rotation des stocks de matières premières permet de connaître le délai d'attente des matières premières avant leur prise en charge en fabrication. Il peut sensiblement varier en fonction du rythme des approvisionnements qui peuvent être assez irréguliers et dépendant de facteurs très divers.

14. Le ratio de rotation des stocks des produits en cours permet de connaître le délai de fabrication des produits.

Vrai : il dépend donc de la complexité des produits fabriqués et de l'organisation de la production.

15. Le ratio de rotation des stocks de produits finis permet de connaître le délai de commercialisation de ces produits.

Vrai : ce ratio de rotation des stocks de produits finis doit donc être le plus court possible et tout allongement d'un exercice sur l'autre sous-entend des difficultés à vendre.

16. Il est très utile de comparer les délais de règlement clients et les délais de règlement fournisseurs car ils peuvent se compenser.

Faux : les comparer n'a aucune signification, car ils portent rarement sur les mêmes valeurs : un jour de crédit clients n'a pas la même valeur qu'un jour de crédit fournisseurs surtout lorsqu'une entreprise a une forte valeur ajoutée.

17. Le niveau des charges financières dépend fortement de la structure du bilan.

Vrai : en effet, un besoin en fonds de roulement élevé accompagné d'un fonds de roulement faible voire négatif nécessite de faire appel à des concours bancaires de trésorerie coûteux qui peuvent mettre en péril la pérennité de l'entreprise.

18. La valeur ajoutée permet de connaître la rentabilité d'une entreprise.

Faux : la valeur ajoutée n'exprime que la différence entre la production au sens large (ventes comprises) et les consommations externes.

19. La valeur ajoutée permet de rémunérer l'ensemble des facteurs de la production.

Vrai : elle permet de rémunérer le travail, de financer les investissements et les risques, de payer les charges financières et de rémunérer les capitaux propres.

20. La rentabilité financière représente le rendement des placements effectués par une entreprise.

Faux : la rentabilité financière représente la rentabilité d'une entreprise pour les associés.

Cas pratique 8

On vous donne les bilans et les comptes de résultat de l'entreprise CHARRIER qui produit des produits surgelés de base et des préparations gastronomiques de haut de gamme.

L'encours d'escompte est :

en N – 2 : 6 000

en N – 1 : 6 800

en N : 8 000.

En vous aidant des tableaux vierges joints en annexe :

1. Procéder au reclassement du bilan pour les 3 années.

2. Calculer les valeurs structurelles pour les 3 années.

3. Calculer les soldes intermédiaires pour les 3 années.

4. Calculer les principaux ratios pour les 3 années.

Bilan actif Charrier

	31/12/ N-2			31/12/ N-1			31/12/N		
	Brut	Amort Prov.	Net	Brut	Amort Prov.	Net	Brut	Amort Prov.	Net
ACTIF IMMOBILISÉ									
Immobilisations incorporelles									
Frais d'établissement									
Frais de recherche et développement							100	10	90
Concessions, brevets et droits similaires	800	300	500	1 400	500	900	1 400	700	700
Fonds commercial									
Autres immobilisations incorporelles									
Avances et acomptes sur immobilisations incorporelles									
Immobilisations corporelles									
Terrains	800		800	800		800	800		800
Constructions	8 800	5 400	3 400	10 200	6 000	4 200	11 800	6 700	5 100
Installations techiques, mat. et out. industriels	10 600	7 200	3 400	9 600	5 500	4 100	10 400	6 100	4 300
Autres immobilisations corporelles	3 200	2 100	1 100	3 800	2 600	1 200	4 400	3 200	1 200
Immobilisations en cours									

»

		31/12/ N-2			*31/12/ N-1*			*31/12/N*	
	Brut	**Amort Prov.**	**Net**	**Brut**	**Amort Prov.**	**Net**	**Brut**	**Amort Prov.**	**Net**
Avances et acomptes									
Immobilisations financières									
Participations									
Créances rattachées à des participations									
Autres titres immobilisés									
Prêts				300		300	180		180
Autres immobilisations financières	240		240	280		280	310		310
TOTAL (I)	**24 440**	**15 000**	**9 440**	**26 380**	**14 600**	**11 780**	**29 390**	**16 710**	**12 680**
ACTIF CIRCULANT									
Stocks et en cours									
Matières premières, approvisionnements	2 600	200	2 400	2 800	100	2 700	2 900	200	2 700
En cours de production de biens									
En cours de production de services									
Produits intermédiaires et finis	4 400	100	4 300	4 800	200	4 600	5 300	200	5 100

	31/12/ N-2			31/12/ N-1			31/12/N		
	Brut	**Amort Prov.**	**Net**	**Brut**	**Amort Prov.**	**Net**	**Brut**	**Amort Prov.**	**Net**
Marchandises									
Créances									
Avances et acomptes versés sur commandes	120		120	230		230	180		180
Clients et comptes rattachés	4 200		4 200	4 800	400	4 400	5 400	700	4 700
Autres créances	1 200		1 200	1 500		1 500	1 860		1 860
Capital souscrit et appelé, non versé									
Divers									
Valeurs mobilières de placement									
Disponibilités	180		180	210		210	260		260
Comptes de régularisation									
Charges constatées d'avance	460		460	730		730	900		900
TOTAL (II)	**13 160**	**300**	**12 860**	**15 070**	**700**	**14 370**	**16 800**	**1 100**	**15 700**
TOTAL GÉNÉRAL (I et II)	**37 600**	**15 300**	**22 300**	**41 450**	**15 300**	**26 150**	**46 190**	**17 810**	**28 380**

Bilan passif Charrier

		31/12/N-2	31/12/N-1	31/12/N
CAPITAUX PROPRES				
Capital social ou individuel	DA	800	800	1 800
Primes d'émission, de fusion, d'apport	DB			
Écart de réévaluation	DC			
Réserve légale	DD	80	80	80
Réserves statutaires ou contractuelles	DE	1 680	1 220	1 600
Réserves réglementées	DF	340	340	340
Autres réserves	DG			
Report à nouveau	DH	20	40	30
RÉSULTAT DE L'EXERCICE (bénéfice ou perte)	DI	500	1 570	2 020
Subventions d'investissement	DJ			
Provisions réglementées	DK			
TOTAL I	**DL**	**3 420**	**4 050**	**5 870**
AUTRES FONDS PROPRES				
Produits des émissions de titres participatifs	DM			
Avances conditionnées	DN			
TOTAL II	**DO**	**0**	**0**	**0**
PROVISIONS POUR RISQUES ET CHARGES				
Provisions pour risques	DP	600	800	400
Provisions pour charges	DQ			
TOTAL III	**DR**	**600**	**800**	**400**
DETTES				
Emprunts obligataires convertibles	DS			
Autres emprunts obligataires	DT			
Emprunts et dettes auprès des étab. de crédit (1)	DU	11 060	13 620	13 950

»

»

		31/12/N-2	31/12/N-1	31/12/N
Emprunts et dettes financières divers	DV			
Avances et acomptes reçus sur commandes en cours	DW			
Dettes fournisseurs et comptes rattachés	DX	4 800	5 100	5 400
Dettes fiscales et sociales	DY	1 240	1 630	1 880
Dettes sur immobilisations et cptes rattachés	DZ			220
Autres dettes (2)	EA	1 120	930	600
COMPTES DE RÉGULARISATION				
Produits constatés d'avance	EB	60	20	60
TOTAL IV	**EC**	**18 280**	**21 300**	**22 110**
Écarts de conversion passif (V)	ED			
TOTAL GÉNÉRAL (I à V)	**EE**	**22 300**	**26 150**	**28 380**
(1) Dont emprunts à moyen ou long terme		6 900	7 800	9 800
concours bancaires courants		1 200	2 000	2 800
soldes créditeurs de banque		2 960	3 820	1 350
(2) Dont comptes courants d'associés bloqués		400	400	

Compte de résultat Charrier

		31/12/N-2	31/12/N-1	31/12/N
PRODUITS D'EXPLOITATION				
Ventes de marchandises	FC			
Production vendue (biens)	FF	35 000	39 000	46 000
Production vendue (services)	FI			
Chiffre d'affaires net [(1)] [(2)]	FL	35 000	39 000	46 000
Production stockée	FM	400	400	500
Production immobilisée	FN			100
Subventions d'exploitation	FO			
Reprises sur amortissements, dépréciations et provisions, transferts de charges	FP	240	300	900
Autres produits	FQ	60	140	110
Total des produits d'exploitation (I)	FR	35 700	39 840	47 610
CHARGES D'EXPLOITATION				
Achats de marchandises [(3)]	FS			
Variation de stock (marchandises)	FT			
Achats de matières premières et autres approvisionnements [(3)]	FU	12 300	13 390	15 110
Variation de stock (matières premières et approvisionnements)	FV	– 100	– 200	– 100
Autres achats et charges externes [(3)] [(4)]	FW	5 400	6 100	7 400
Impôts, taxes et versements assimilés	FX	480	610	680
Salaires et traitements	FY	8 000	9 000	10 700
Charges sociales	FZ	3 800	4 200	5 400
Dotations aux amortissements et provisions				
Sur immobilisations : dotations aux amortissements	GA	2 500	2 600	2 910

»

»

		31/12/N-2	31/12/N-1	31/12/N
Sur immobilisations : dotations aux dépréciations	GB			
Sur actif circulant : dotations aux dépréciations	GC	500	500	700
Pour risques et charges : dotations aux provisions	GD	400	200	100
Autres charges	GE	180	60	270
Total des charges d'exploitation (II)	GF	33 460	36 460	43 170
1 – RÉSULTAT D'EXPLOITATION (I – II)	GG	2 240	3 380	4 440
Opérations en commun				
Bénéfice attribué ou perte transférée (III)	GH			
Perte supportée ou bénéfice transféré (IV)	GI			
PRODUITS FINANCIERS				
Produits financiers de participations	GJ			
Produits des autres valeurs mobilières et créances de l'actif immobilisé	GK		30	20
Autres intérêts et produits assimilés	GL			
Reprises sur provisions et dépréciations, transferts de charges	GM			200
Différences positives de change	GN	130	140	
Produits nets sur cessions de valeurs mobilières de placement	GO			
Total des produits financiers (V)	GP	130	170	220
CHARGES FINANCIÈRES				
Dotations financières aux amortissements, dépréciations et provisions	GQ		200	300

»

		31/12/N-2	31/12/N-1	31/12/N
Intérêts et charges assimilées	GR	1 560	1 970	2 100
Différences négatives de change	GS			180
Charges nettes sur cessions de valeurs mobilières de placement	GT			
Total des charges financières (VI)	GU	1 560	2 170	2 580
2 – RÉSULTAT FINANCIER (V – VI)	GV	– 1 430	– 2 000	– 2 360
3 – RÉSULTAT COURANT AVANT IMPOTS (I-II+III-IV+V-VI)	GW	810	1 380	2 080
PRODUITS EXCEPTIONNELS				
Produits exceptionnels sur opérations de gestion	HA	40	120	30
Produits exceptionnels sur opérations en capital	HB			440
Reprises sur provisions et transferts de charges	HC	220	450	100
Total des produits exceptionnels (VII)	HD	260	570	570
CHARGES EXCEPTIONNELLES				
Charges exceptionnelles sur opérations de gestion	HE	110	80	110
Charges exceptionnelles sur opérations en capital	HF			300
Dotations exceptionnelles aux amortissements et provisions	HG		300	200
Total des charges exceptionnelles (VIII)	HH	110	380	610
4 – RÉSULTAT EXCEPTIONNEL (VII – VIII)	HI	150	190	– 40
Participation des salariés aux fruits de l'expansion (IX)	HJ			
Impôts sur les bénéfices (X)	HK	460		20

		31/12/N-2	31/12/N-1	31/12/N
TOTAL DES PRODUITS (I + III + V + VII)	HL	36 090	40 580	48 400
TOTAL DES CHARGES (II + IV + VI + VIII + IX + X)	HM	35 590	39 010	46 380
BÉNÉFICE OU PERTE (total des produits – total des charges)	HN	500	1 570	2 020
(1) Ventes France Ventes exportations (2) Non compris TVA collectée (3) Non compris TVA déductible		32 000 3 000 5 950 3 200	33 600 5 400 6 250 3 600	39 000 7 000 7 250 4 180

Bilan reclassé Charrier

ACTIF	N – 2	%	N – 1	%	N	%	PASSIF	N – 2	%	N – 1	%	N	%
Immobilisations incorporelles Immobilisations corporelles Immobilisations financières							Capitaux propres Comptes courants d'associés bloqués						
							Ressources propres						
Actif immobilisé net							**Provisions pour risques et charges**						
Stocks et en cours Avances et acomptes versés sur commandes Créances clients et comptes rattachés Autres créances							**Dettes à moyen ou long terme**						
							Ressources stables						
Actif d'exploitation et hors-exploitation							Avances et acomptes reçus Dettes fournisseurs Dettes fiscales et sociales Autres dettes						
Valeurs mobilières de placement Disponibilités							**Dettes d'exploitation et hors exploitation**						
Trésorerie actif							Escompte Soldes créditeurs de banque Autres concours						
							Trésorerie passif						
TOTAL ACTIF							**TOTAL PASSIF**						

Valeurs structurelles Charrier

	N – 2	N – 1	% (1)	N	% (1)
Ressources stables					
– Actif immobilisé net					
1 – Fonds de roulement (FR)					
Actif d'exploitation et hors d'exploitation					
– Dettes d'exploitation et hors exploitation					
2 – Besoin en fonds de roulement (BFR)					
Fonds de roulement					
– besoin en fonds de roulement					
3 – Trésorerie nette (TN)					
Trésorerie actif					
– Trésorerie passif					
4 – Vérification de la trésorerie nette					

(1) % de variation par rapport à l'exercice précédent

Soldes intermédiaires de gestion Charrier

	N – 2	%	N – 1	%	N	%
Ventes de marchandises + Production vendue						
Chiffre d'affaires de l'exercice						
+ Production stockée + Production immobilisée						
Production de l'exercice						
– Consommation de marchandises – Consommation de matières premières						
Marge commerciale **Marge brute**						
– Autres achats et charges externes						
Valeur ajoutée						
+ Subventions d'exploitation – Impôts et taxes – Charges de personnel						

»

	N – 2	%	N – 1	%	N	%
Excédent brut d'exploitation						
– Dotations aux amort. dépr. et prov. d'exploitation + Reprises de prov. et dépr. d'exploitation + Autres produits d'exploitation – Autres charges d'exploitation						
Résultat d'exploitation						
+ Produits financiers – Charges financières						
Résultat courant						
+ Produits exceptionnels – Charges exceptionnelles – Participation des salariés – Impôts sur les bénéfices						
Résultat de l'exercice						
+ Dotations aux amort. dépr. et prov. – Reprises sur amort. dépr. et prov. + Valeurs comptables des éléments cédés – Produits des cessions d'éléments d'actifs						
Capacité d'autofinancement						

Ratios de structure CHARRIER

	N – 2	N – 1	N
1 – Solvabilité Ressources propres x 100 / Total du bilan reclassé			
2 – Capacité d'endettement Ressources propres / Dettes à moyen ou long terme			
3 – Capacité de remboursement Dettes à moyen ou long terme / Capacité d'autofinancement			
4 – Degré d'amortissement des actifs immobilisés [1] Amortissements inscrits à l'actif x 100 / Immobilisations amortissables brutes			

	N – 2	N – 1	N
5 – Part du BFR financé par le FR Fonds de roulement x 100 Besoin en fonds de roulement			
6 – Liquidité (Créances nettes + disponibilités) x 100 Dettes à court terme			

(1) Calculs effectués sur immobilisations corporelles seules

Ratios d'activité et de rentabilité Charrier

	N - 2	N – 1	N
1 – Fonds de roulement en jours de CA Fonds de roulement x 360 Chiffre d'affaires (HT)			
2 – Besoin en fonds de roulement en jours de CA Besoin en fonds de roulement x 360 Chiffre d'affaires (HT)			
3 – Trésorerie nette en jours de CA Trésorerie nette x 360 Chiffre d'affaires (HT)			
4 – Besoins de financement structurels en jours de CA (Immobilisations nettes + BFR) x 360 Chiffre d'affaires (HT)			
5 – Rotation du stock de matières premières Stock final brut de matières premières x 360 Achats de matières premières (HT)			
6 – Rotation du stock de marchandises Stock final brut de marchandises x 360 Achats de marchandises (HT)			
7 – Crédit clients (Clients bruts – acomptes + encours d'escompte) x 360 Chiffre d'affaires (TTC)			
8 – Crédit fournisseurs (Dettes fournisseurs d'exploitation – acomptes) x 360 Achats et autres charges externes (TTC)			
9 – Rendement des capitaux investis Résultat x 100 Capitaux propres hors résultat			

	N - 2	N – 1	N
10 – Coût financier Charges d'intérêts x 100 Chiffre d'affaires (HT)			
11 – Poids des charges de personnel en % de la VA Charges de personnel x 100 Valeur ajoutée			

Corrigé du cas pratique

I – Le reclassement du bilan

A Reclassement de l'actif

Immobilisations incorporelles (a), corporelles (b) et financières (c) : valeurs nettes au bilan

Actif immobilisé net = a + b + c

Stocks et en cours (d) : valeurs nettes au bilan

Avances et acomptes versés sur commandes (e) : valeurs nettes au bilan

Créances clients et comptes rattachés (f) : valeurs nettes au bilan + effets escomptés non échus

Autres créances (g) : valeurs nettes au bilan + charges constatées d'avance

Actif d'exploitation et hors exploitation = d + e + f + g

Valeurs mobilières de placement (h) : valeurs nettes au bilan (ici néant)

Disponibilités (i) : valeurs au bilan

Trésorerie actif = h + i

Total Actif = total net du bilan comptable + escompte

B Reclassement du passif

Capitaux propres (j) : valeurs au bilan

Comptes courants d'associés bloqués (k) : figuraient en autres dettes (renvoi 2) : valeurs au bilan (néant en N)

Ressources propres (l) = j + k

Provisions pour risques et charges (m) : valeurs au bilan

Emprunts à moyen ou long terme (n) : part des emprunts bancaires qui sont à moyen ou long terme (renvoi 1)

Ressources stables = l + m + n

Avances et acomptes reçus (o) : valeurs au bilan (néant ici)

Dettes fournisseurs (p) : valeurs au bilan

Dettes fiscales et sociales (q) : valeurs au bilan

Autres dettes (r) : valeurs au bilan + dettes sur immobilisations – comptes courants associés bloqués

Dettes d'exploitation et hors exploitation = o + p + q + r

Escompte (s) : encours ajouté à l'actif au poste Clients

Soldes créditeurs de banque (t) : part des emprunts bancaires représentée par des découverts en compte (renvoi 1)

Autres concours (u) : part des emprunts bancaires représentée par des concours bancaires courants (Dailly, mobilisation de créances nées) (renvoi 1)

Trésorerie passif = s + t + u

Total Passif = total du bilan comptable + escompte

II – Les valeurs structurelles

Fonds de roulement (FR) = Ressources stables – Actif immobilisé net

Besoin en fonds de roulement (BFR)

= Actif d'exploitation et hors-exploitation – Dettes d'exploitation et hors-exploitation

Trésorerie nette (TN) = Fonds de roulement – Besoin en fonds de roulement

Vérification de la trésorerie nette

III – Les soldes intermédiaires de gestion

Chiffre d'affaires = Ventes de marchandises + Production vendue

Production de l'exercice

= Production vendue + Production stockée + Production immobilisée

Marge commerciale = Ventes de marchandises – Consommations de marchandises [(1)]

(1) Consommations de marchandises = Achats de marchandises + ou – Variation de stocks de marchandises

Marge brute = (Ventes de marchandises + Production vendue + Production stockée) – (Consommations de marchandises + Consommations de matières premières).

Valeur ajoutée = (Marge brute + Production immobilisée) – Autres achats et charges externes.

Excédent brut d'exploitation = (Valeur ajoutée + Subventions d'exploitation) – (Impôts et taxes + Charges de personnel).

Résultat d'exploitation = Excédent brut d'exploitation – Dotations aux amortissements, dépréciations et provisions d'exploitation + Reprises d'amortissements, dépréciations et provisions d'exploitation + transferts de charges + Autres produits d'exploitation – Autres charges d'exploitation.

Résultat courant = Résultat d'exploitation + Produits financiers – Charges financières + ou – Quote-part de résultat sur opérations faites en commun.

Résultat de l'exercice = Résultat courant + Produits exceptionnels – Charges exceptionnelles – Participation des salariés – Impôts sur les bénéfices.

Capacité d'autofinancement = Résultat de l'exercice + Dotations aux amortissements, dépréciations et provisions – Reprises sur amortissements, dépréciations et provisions + Valeurs comptables des éléments d'actif cédés – Produits des cessions d'éléments d'actif.

IV – Les ratios

Voir tableaux ci-après.

Bilan reclassé Charrier

ACTIF	N – 2	%	N – 1	%	N	%	PASSIF	N – 2	%	N – 1	%	N	%
Immobilisations incorporelles	500	1,8	900	2,7	790	2,2	Capitaux propres	3 420	12,1	4 050	12,3	5 870	16,1
Immobilisations corporelles	8 700	30,7	10 300	31,3	11 400	31,3	Comptes courants d'associés bloqués	400	1,4	400	1,2	0	0,0
Immobilisations financières	240	0,8	580	1,8	490	1,3	**Ressources propres**	**3 820**	13,5	**4 450**	13,5	**5 870**	16,1
Actif immobilisé net	**9 440**	**33,4**	**11 780**	**35,8**	**12 680**	**34,9**	**Provisions pour risques et charges**	**600**	2,1	**800**	2,4	**400**	1,1
Stocks et en cours	6 700	23,7	7 300	22,2	7 800	21,4	**Dettes à moyen ou long terme**	**6 900**	24,4	**7 800**	23,7	**9 800**	26,9
Avances et acomptes versés sur commandes	120	0,4	230	0,7	180	0,5							
Créances clients et comptes rattachés	10 200	36,0	11 200	34,0	12 700	34,9	**Ressources stables**	**11 320**	**40,0**	**13 050**	**39,6**	**16 070**	**44,2**
							Avances et acomptes reçus	0	0,0	0	0,0	0	0,0
							Dettes fournisseurs	4 800	17,0	5 100	15,5	5 400	14,8
							Dettes fiscales et sociales	1 240	4,4	1 630	4,9	1 880	5,2
Actif d'exploitation et hors-exploitation	**18 680**	**66,0**	**20 960**	**63,6**	**23 440**	**64,4**	Autres dettes	780	2,8	550	1,7	880	2,4
Valeurs mobilières de placement	0	0,0	0	0,0	0	0,0	**Dettes d'exploitation et hors exploitation**	**6 820**	**24,1**	**7 280**	**22,1**	**8 160**	**22,4**
Disponibilités	180	0,6	210	0,6	260	0,7							

»

ACTIF	N – 2	%	N – 1	%	N	%	PASSIF	N – 2	%	N – 1	%	N	%
Trésorerie actif	**180**	**0,6**	**210**	**0,6**	**260**	**0,7**	Escompte	6 000	21,2	6 800	20,6	8 000	22,0
							Soldes créditeurs de banque	2 960	10,5	3 820	11,6	1 350	3,7
							Autres concours	1 200	4,2	2 000	6,1	2 800	7,7
							Trésorerie passif	**10 160**	**35,9**	**12 620**	**38,3**	**12 150**	**33,4**
TOTAL ACTIF	**28 300**	**100**	**32 950**	**100**	**36 380**	**100**	**TOTAL PASSIF**	**28 300**	**100**	**32 950**	**100**	**36 380**	**100**

Valeurs structurelles Charrier

	N – 2	N – 1	% (1)	N	% (1)
Ressources stables – Actif immobilisé net	11 320 – 9 440	13 050 – 11 780		16 070 – 12 680	
1 – Fonds de roulement (FR)	**1 880**	**1 270**	**– 32,4**	**3 390**	**+ 166,9**
Actif d'exploitation et hors d'exploitation – Dettes d'exploitation et hors exploitation	18 680 – 6 820	20 960 – 7 280		23 440 – 8 160	
2 – Besoin en fonds de roulement (BFR)	**11 860**	**13 680**	**+ 15,3**	**15 280**	**+ 11,7**
Fonds de roulement – Besoin en fonds de roulement	1 880 – 11 860	1 270 – 13 680		3 390 – 15 280	
3 – Trésorerie nette (TN)	**– 9 980**	**– 12 410**	**+ 24,3**	**– 11 890**	**– 4,2**
Trésorerie actif – Trésorerie passif	180 – 10 160	210 – 12 620		260 – 12 150	
4 – Vérification de la trésorerie nette	**– 9 980**	**– 12 410**	**+ 24,3**	**– 11 890**	**– 4,2**

(1) % de variation par rapport à l'exercice précédent

Soldes intermédiaires de gestion Charrier

	N – 2	%	N – 1	%	N	%
Ventes de marchandises + Production vendue	0 35 000	 100,0	0 39 000	0,0 100,0	0 46 000	0,0 100,0
Chiffre d'affaires de l'exercice	**35 000**	**100,0**	**39 000**	**100,0**	**46 000**	**100,0**
+ Production stockée + Production immobilisée	400 0		400 0		500 100	
Production de l'exercice	**35 400**	**101,1**	**39 400**	**101,0**	**46 600**	**101,3**
– Consommation de marchandises – Consommation de matières premières	0 12 200	0,0 34,9	0 13 190	0,0 33,8	0 15 010	0,0 32,6
Marge commerciale Marge brute	**23 200**	**66,3**	**26 210**	**67,2**	**31 490**	**68,5**

»

»

	N – 2	%	N – 1	%	N	%
– Autres achats et charges externes	5 400	15,4	6 100	15,6	7 400	16,1
Valeur ajoutée	**17 800**	**50,9**	**20 110**	**51,6**	**24 190**	**52,6**
+ Subventions d'exploitation	0	0,0	0	0,0	0	0,0
– Impôts et taxes	480	1,4	610	1,6	680	1,5
– Charges de personnel	11 800	33,7	13 200	33,8	16 100	35,0
Excédent brut d'exploitation	**5 520**	**15,8**	**6 300**	**16,2**	**7 410**	**16,1**
– Dotations aux amort. dépr. et prov. d'exploitation	3 400	9,7	3 300	8,5	3 710	8,1
+ Reprises de prov. et dépr. d'exploitation	240	0,7	300	0,8	900	2,0
+ Autres produits d'exploitation	60	0,2	140	0,4	110	0,2
– Autres charges d'exploitation	180	0,5	60	0,2	270	0,6
Résultat d'exploitation	**2 240**	**6,4**	**3 380**	**8,7**	**4 440**	**9,7**
+ Produits financiers	130	0,4	170	0,4	220	0,5
– Charges financières	1 560	4,5	2 170	5,6	2 580	5,6
Résultat courant	**810**	**2,3**	**1 380**	**3,5**	**2 080**	**4,5**
+ Produits exceptionnels	260	0,7	570	1,5	570	1,2
– Charges exceptionnelles	110	0,3	380	1,0	610	1,3
– Participation des salariés	0	0,0	0	0,0	0	0,0
– Impôts sur les bénéfices	460	1,3	0	0,0	20	0,0
Résultat de l'exercice	**500**	**1,4**	**1 570**	**4,0**	**2 020**	**4,4**
+ Dotations aux amort. dépr. et prov.	3 400	9,7	3 800	9,7	4 210	9,2
– Reprises sur amort. dépr. et prov.	460	1,3	750	1,9	1 200	2,6
+ Valeurs comptables des éléments cédés	0	0,0	0	0,0	300	0,7
– Produits des cessions d'éléments d'actifs	0	0,0	0	0,0	440	1,0
Capacité d'autofinancement	**3 440**	**9,8**	**4 620**	**11,8**	**4 890**	**10,6**

Ratios de structure Charrier

	N – 2	N – 1	N
1 – Solvabilité			
$\frac{\text{Ressources propres x 100}}{\text{Total du bilan reclassé}}$	$\frac{3\,820 \times 100}{28\,300} = 13{,}5\ \%$	$\frac{4\,450 \times 100}{32\,950} = 13{,}5\ \%$	$\frac{5\,870 \times 100}{36\,380} = 16{,}1\ \%$
2 – Capacité d'endettement			
$\frac{\text{Ressources propres}}{\text{Dettes à moyen ou long terme}}$	$\frac{3\,820}{6\,900} = 0{,}6$	$\frac{4\,450}{7\,800} = 0{,}6$	$\frac{5\,870}{9\,800} = 0{,}6$
3 – Capacité de remboursement			
$\frac{\text{Dettes à moyen ou long terme}}{\text{Capacité d'autofinancement}}$	$\frac{6\,900}{3\,440} = 2{,}0$	$\frac{7\,800}{4\,620} = 1{,}7$	$\frac{9\,800}{4\,890} = 2{,}0$
4 – Degré d'amortissement des actifs immobilisés (1)			
$\frac{\text{Amortissements inscrits à l'actif x 100}}{\text{Immobilisations amortissables brutes}}$	$\frac{14\,700 \times 100}{22\,600} = 65{,}0\ \%$	$\frac{14\,100 \times 100}{23\,600} = 59{,}7\ \%$	$\frac{16\,000 \times 100}{26\,600} = 60{,}2\ \%$
5 – Part du BFR financé par le FR			
$\frac{\text{Fonds de roulement x 100}}{\text{Besoin en fonds de roulement}}$	$\frac{1\,880 \times 100}{11\,860} = 15{,}9\ \%$	$\frac{1\,270 \times 100}{13\,680} = 9{,}3\ \%$	$\frac{3\,390 \times 100}{15\,280} = 22{,}2\ \%$
6 – Liquidité			
$\frac{\text{(Créances nettes + disponibilités) x 100}}{\text{Dettes à court terme}}$	$\frac{5\,580 \times 100}{6\,760} = 82{,}5\ \%$	$\frac{6\,110 \times 100}{7\,260} = 84{,}2\ \%$	$\frac{6\,820 \times 100}{7\,880} = 86{,}5\ \%$

Ratios d'activité et de rentabilité Charrier

	N – 2	N – 1	N
1 – Fonds de roulement en jours de CA $\frac{\text{Fonds de roulement x 360}}{\text{Chiffre d'affaires (HT)}}$	$\frac{1\,880 \times 360}{35\,000} = 19$ J	$\frac{1\,270 \times 360}{39\,000} = 12$ J	$\frac{3\,390 \times 360}{46\,000} = 27$ J
2 – Besoin en fonds de roulement en jours de CA $\frac{\text{Besoin en fonds de roulement x 360}}{\text{Chiffre d'affaires (HT)}}$	$\frac{11\,860 \times 360}{35\,000} = 122$ J	$\frac{13\,680 \times 360}{39\,000} = 126$ J	$\frac{15\,280 \times 360}{46\,000} = 120$ J
3 – Trésorerie nette en jours de CA $\frac{\text{Trésorerie nette x 360}}{\text{Chiffre d'affaires (HT)}}$	$\frac{-\,9\,880 \times 360}{35\,000} = -\ 102$ J	$\frac{-\,12\,410 \times 360}{39\,000} = -\ 115$ J	$\frac{-\,11\,890 \times 360}{46\,000} = -\ 93$ J
4 – Besoins de financement structurels en jours de CA $\frac{\text{(Immobilisations nettes + BFR) x 360}}{\text{Chiffre d'affaires (HT)}}$	$\frac{21\,300 \times 360}{35\,000} = 219$ J	$\frac{25\,460 \times 360}{39\,000} = 235$ J	$\frac{27\,960 \times 360}{46\,000} = 219$ J
5 – Rotation du stock de matières premières $\frac{\text{Stock final brut de matières premières x 360}}{\text{Achats de matières premières (HT)}}$	$\frac{2\,600 \times 360}{12\,300} = 76$ J	$\frac{2\,800 \times 360}{13\,390} = 75$ J	$\frac{2\,900 \times 360}{15\,110} = 69$ J
6 – Rotation du stock de marchandises $\frac{\text{Stock final brut de marchandises x 360}}{\text{Achats de marchandises (HT)}}$	Non concerné	Non concerné	Non concerné

»

	N – 2	N – 1	N
7 – Crédit clients $\frac{\text{(Clients bruts – acomptes + encours d'escompte)} \times 360}{\text{Chiffre d'affaires (TTC)}}$	$\frac{10\,200 \times 360}{40\,950} = 90$ J	$\frac{11\,600 \times 360}{45\,250} = 92$ J	$\frac{13\,400 \times 360}{53\,250} = 91$ J
8 – Crédit fournisseurs $\frac{\text{(Dettes fournisseurs d'exploitation – acomptes)} \times 360}{\text{Achats et autres charges externes (TTC)}}$	$\frac{4\,680 \times 360}{20\,900} = 81$ J	$\frac{4\,870 \times 360}{23\,090} = 76$ J	$\frac{5\,220 \times 360}{26\,690} = 70$ J
9 – Rendement des capitaux investis $\frac{\text{Résultat} \times 100}{\text{Capitaux propres hors résultat}}$	$\frac{500 \times 100}{2\,920} = 17{,}12\ \%$	$\frac{1\,570 \times 100}{2\,480} = 63{,}31\ \%$	$\frac{2\,020 \times 100}{3\,850} = 52{,}47\ \%$
10 – Coût financier $\frac{\text{Charges d'intérêts} \times 100}{\text{Chiffre d'affaires (HT)}}$	$\frac{1\,560 \times 100}{35\,000} = 4{,}46\ \%$	$\frac{1\,970 \times 100}{39\,000} = 5{,}05\ \%$	$\frac{2\,100 \times 100}{46\,000} = 4{,}57\ \%$
11 – Poids des charges de personnel en % de la VA $\frac{\text{Charges de personnel} \times 100}{\text{Valeur ajoutée}}$	$\frac{11\,800 \times 100}{17\,800} = 66{,}29\ \%$	$\frac{13\,200 \times 100}{20\,110} = 65{,}64\ \%$	$\frac{16\,100 \times 100}{24\,190} = 66{,}56\ \%$

Chapitre 9

Les tableaux de financement, de trésorerie et des flux

Executive summary

- **Si le bilan, le compte de résultat et l'annexe sont indispensables pour analyser la situation financière d'une entreprise**, il est souvent utile de les compléter par des états complémentaires que sont le tableau de financement, le tableau de trésorerie et le tableau des flux.
- **Ces états complémentaires** sont des indicateurs précieux pour connaître l'évolution prévisionnelle de la structure du bilan en fonction d'un investissement, appréhender l'évolution de la trésorerie en fonction de celle de l'activité et comprendre les causes de l'évolution de la trésorerie.

Il est souvent nécessaire pour une entreprise de faire des prévisions que ce soit pour son activité ou pour sa structure financière.

Pour les prévisions d'activité, le plus simple est alors d'établir un compte de résultat prévisionnel élaboré à partir des éléments connus du chef d'entreprise (contrats ou marchés signés, contexte économique et politique, etc.) qui permettront de chiffrer les produits et charges prévisionnels ; ce compte de résultat prévisionnel pourra être affiné en fonction de nouvelles données.

En plus de ce compte de résultat prévisionnel, il sera souvent nécessaire d'établir des états financiers tels que le tableau de financement, le tableau de trésorerie ou le tableau des flux qui pourront fournir des informations utiles notamment en cas de demande de financement bancaire.

Le tableau de financement

Le tableau de financement permet d'établir la variation des emplois et des ressources d'un exercice sur l'autre et par conséquent de connaître l'évolution de la structure du bilan d'une entreprise notamment en cas de nouveaux investissements.

Le tableau de financement n'est pas autre chose qu'un outil permettant de connaître la physionomie d'un bilan prévisionnel à partir des flux.

La construction du tableau de financement s'établit selon les principes qui suivent.

Les emplois stables

■ Investissements à réaliser

Cette ligne reprend tous les investissements de l'exercice prévisionnel qu'ils soient acquis auprès des tiers ou produits par l'entreprise elle-même (production immobilisée).

Il s'agit aussi bien des immobilisations incorporelles que des immobilisations corporelles et des immobilisations financières (acquisition de participations ou de titres immobilisés, nouveaux prêts consentis).

■ Distributions de dividendes

C'est le montant du dividende qui sera distribué dans l'exercice dont on analyse les flux financiers : il est prélevé sur le bénéfice réalisé au cours de l'exercice précédent ou sur les réserves.

■ Remboursements des comptes courants

Les comptes courants peuvent figurer aux rubriques :
- avances conditionnées (comptes courants avec engagement d'incorporation au capital dans les cinq ans) ;
- dettes financières diverses (prêts des associés) ;
- autres dettes.

Ne sera prise en compte que la part des comptes courants remboursés figurant dans les ressources stables.

■ Remboursements des crédits

S'inscrivent ici les annuités de remboursement des crédits en cours ainsi que celles, des crédits éventuellement sollicités pour financer l'investissement ; les crédits en cours peuvent être composés :
- des financements obtenus auprès des établissements de crédit ;
- d'autres dettes recensées dans les dettes financières diverses (par exemple prêt consenti par une société mère ou par un fournisseur) ;
- des emprunts participatifs et des obligations convertibles en actions.

L'information sur les crédits en cours figure dans l'annexe, et tout spécialement dans l'état des échéances des créances et des dettes ; si cet état n'est pas fourni, les tableaux d'amortissements des emprunts en cours doivent être demandés.

Les ressources stables

■ Augmentations de capital

Il faut inscrire ici les augmentations de capital à titre onéreux qui sont prévues : capital social et prime d'émission.

Par contre, il n'y a pas lieu de prendre en compte les augmentations du capital à titre gratuit, puisqu'elles ne modifient que la répartition des capitaux propres entre capital et réserves (éventuellement report à nouveau et bénéfice de l'exercice) sans en changer le montant global.

Comme l'on fait figurer sous cette ligne la totalité de l'augmentation qu'il s'agisse du capital appelé ou du capital non appelé ; il faut, en contrepartie, inscrire dans les emplois durables la partie éventuellement non appelée.

La CAF est reprise intégralement comme ressource interne, il ne faut donc pas prendre l'ensemble des variations des capitaux propres (réserves, provisions, etc.) puisque ces mouvements ont déjà été pris en compte.

Il est également nécessaire de prendre en compte les mouvements qui peuvent affecter les subventions d'investissement.

■ Apports en comptes courants

Il s'agit ici des apports des associés en comptes courants stables ; les comptes courants peuvent figurer aux rubriques :

- avances conditionnées (comptes courants avec engagement d'incorporation au capital dans les cinq ans) ;
- dettes financières diverses (prêts des associés) ;
- autres dettes.

Les montants apportés en comptes courants considérés comme des ressources stables doivent faire l'objet d'un engagement de blocage de la part des associés.

■ Cessions d'actif

Il s'agit du montant attendu du produit de ces cessions ; on enregistre donc le prix de cession et non la valeur résiduelle comptable.

■ Capacité d'autofinancement

La CAF représente les ressources internes dégagées par l'entreprise au cours d'un exercice. Ces ressources font obligatoirement mouvementer le fonds de roulement. La CAF se compose des éléments suivants :

- amortissements ;
- dépréciations et provisions ;
- résultat.

La CAF prévisionnelle est calculée dans un compte de résultat prévisionnel présenté sous la forme de soldes intermédiaires de gestion.

■ Crédits sollicités

Cette ligne regroupe :

- les nouveaux emprunts à moyen ou long terme sollicités attendus auprès des établissements de crédit ;
- les nouveaux emprunts à moyen ou long terme qui pourraient être obtenus par ailleurs et qui seront classés, au bilan, dans les dettes financières diverses ;

- les nouveaux emprunts participatifs et les obligations convertibles en actions.

Pour avoir une vue prévisionnelle complète de la structure du bilan, il convient de compléter le tableau avec l'évolution prévisionnelle du BFR afin d'avoir l'évolution prévisionnelle de la trésorerie.

Modèle de tableau de financement

Emplois stables Investissements à réaliser Distributions de dividendes Remboursements des comptes courants Remboursements des crédits	
Total des emplois (1)	
Ressources stables Augmentation de capital Apports en compte courant Cessions d'actifs Capacité d'autofinancement Crédits sollicités	
Total des ressources (2)	
Variation du fonds de roulement (2 – 1)	
Variation du besoin en fonds de roulement (1)	
Variation de la trésorerie	

Le calcul de la variation du BFR est souvent assez approximatif, car l'évolution du BFR dépend du type d'investissement (renouvellement, croissance, diversification) et de son incidence sur l'évolution du volume de l'activité et des conditions de sa réalisation, notamment de la variation des stocks, de la variation du poste clients et de la variation du crédit fournisseurs.

Sans informations particulières, on peut partir du principe que toute augmentation prévisionnelle du chiffre d'affaires va entraîner une augmentation proportionnelle du BFR.

Le tableau de trésorerie

Le tableau de trésorerie est un état prévisionnel permettant de connaître l'évolution de la trésorerie d'une entreprise sur une période donnée.

Il fait ressortir l'évolution prévisible : des encaissements, des décaissements, et par conséquent de la trésorerie et des besoins de financement qui peuvent en découler.

Il est souvent exigé par les banques en cas de demande de crédit de trésorerie (facilité de caisse, découvert, escompte, Dailly). Il se présente de la manière suivante (voir tableau ci-après).

Tableau de trésorerie

I. Solde en banque et caisse début de mois (solde fin du mois précédent)	**Mois 1**	**Mois 2**	**Mois 3**	**Mois 4**	**Mois 5**	**etc.**
II. Prévisions de recettes mensuelles (recettes du mois)						
Cumul des recettes (mois 1 + mois 2, + mois 3, etc.)						
Prévisions des dépenses Achats Salaires Charges sur salaires Charges externes Reversement de la TVA Remboursement des emprunts Impôts et taxes Etc.						
III. Total mensuel des dépenses (total des postes)						
Cumul des dépenses (mois 1 + mois 2, + mois 3, etc.)						
Solde (II – III = IV) (recettes du mois – dépenses du mois)						
Écarts cumulés (écart recettes – dépenses) (mois 1 + mois 2, + mois 3, etc.)						
Solde de trésorerie (I + ou – IV) (solde début du mois + solde recettes/dépenses du mois) (à reporter sur mois suivant)						

Le tableau des flux

Objet

Le tableau des flux permet de comprendre pour quelle raison la trésorerie d'une entreprise s'améliore ou se dégrade. Ce n'est pas, à proprement parler, un tableau prévisionnel, mais la connaissance de l'origine des flux existants permettra d'anticiper sur les flux potentiels probables à venir.

La trésorerie a pour origine trois catégories d'opérations :

- les flux liés à l'activité ;
- les flux liés aux investissements ;
- les flux liés aux financements.

Le tableau des flux fait donc ressortir les différents événements qui ont une influence sur la trésorerie de l'entreprise.

En bas du tableau cette variation sera justifiée par la différence entre la trésorerie de clôture de l'exercice et celle de l'ouverture de l'exercice.

Documents nécessaires à son établissement

Pour établir un tableau des flux, il faut les documents comptables suivants :

- un bilan après répartition du résultat à la clôture de l'exercice précédent. Par exemple un bilan au 31/12/N–1 après répartition du résultat pour établir un tableau des flux de trésorerie pour N ;
- un bilan avant répartition du résultat à la clôture de l'exercice que l'on veut étudier. Par exemple un bilan au 31/12/N avant répartition du résultat pour établir un tableau des flux de trésorerie pour N ;
- un compte de résultat pour l'exercice pour lequel on veut établir le tableau des flux de trésorerie. Par exemple un compte de résultat de l'année N pour établir un tableau des flux de trésorerie pour N.

Il faut aussi disposer des autres informations suivantes :

- des informations concernant la politique d'acquisition et de cession d'immobilisations suivie par l'entreprise pendant l'exercice que l'on veut étudier ;
- des informations sur les dettes contractées ou remboursées par l'entreprise durant l'exercice que l'on veut étudier (emprunts, dettes sur immobilisations...) ;
- des informations sur la distribution de dividendes ou les apports des associés au cours de l'exercice que l'on veut étudier.

Présentation du tableau des flux

Il existe plusieurs présentations du tableau des flux ; nous avons retenu celle qui nous paraît la plus simple pour comprendre l'utilité du tableau.

Tableau des flux

	Exercice N
Flux de trésorerie liés à l'activité	
Capacité d'autofinancement (A) Variation du besoin en fonds de roulement lié à l'activité (valeurs brutes) (B)	
I. Flux net de trésorerie généré par l'activité = A + B	
Flux de trésorerie liés aux opérations d'investissement	
Acquisitions d'immobilisations (C) Cessions d'immobilisations (prix de cession) (D) Variation des dettes sur immobilisations hors emprunts (E)	
II. Flux net de trésorerie lié aux opérations d'investissement = C + D + E	
Flux de trésorerie liés aux opérations de financement	
Dividendes versés aux actionnaires (F) Augmentation de capital en numéraire (G) Émission d'emprunts (H) Remboursement d'emprunts (I)	
III. Flux net de trésorerie lié aux opérations de financement = F + G + H – I	
Variation nette de trésorerie = I + II + III	
Trésorerie d'ouverture (J) Trésorerie de clôture (K)	
Vérification de la variation nette de trésorerie = J – K	

Analyse du tableau des flux

▪ Montant des flux de trésorerie liés à l'activité

Le montant des flux de trésorerie liés à l'activité (exploitation ou hors exploitation) exprime la capacité de l'entreprise à rembourser ses emprunts, à payer des dividendes et à autofinancer de nouveaux investissements sans recourir à des financements externes, à des cessions d'immobilisations ou à des augmentations de capital.

■ Montant des flux de trésorerie liés à des opérations d'investissement

Le montant des flux liés aux opérations d'investissement indique les sommes affectées au renouvellement et/ou développement de l'activité mais aussi d'éventuelles cessions d'immobilisations.

■ Montant des flux de trésorerie liés à des opérations de financement

Le montant des flux liés aux opérations de financement permet de connaître les différentes sources de financement auxquelles l'entreprise a eu recours (emprunts, augmentations de capital, etc.) ainsi que les remboursements effectués et les dividendes éventuellement versés aux associés.

Utilité et limites du tableau des flux

L'évolution de l'activité peut donner lieu à une variation importante de la trésorerie.

Une augmentation ou une diminution de l'activité n'est pas forcément synonyme de variation identique de la trésorerie. En effet, l'évolution de l'activité à la hausse ou à la baisse peut être accompagnée d'une variation du cycle de production en sens contraire. Par exemple, une augmentation du chiffre d'affaires peut être réalisée avec des nouveaux clients dont les délais de règlement peuvent être plus longs ou plus courts que les anciens clients de l'entreprise. ■

Le tableau des flux permet de signaler toute baisse de la trésorerie due à l'évolution de l'activité et, par conséquent d'alerter sur une situation qui peut conduire à une cessation des paiements afin de prendre des mesures pour anticiper sur cette situation.

Si la trésorerie liée à l'activité est positive, cela signifie que l'activité a généré une trésorerie disponible ; dans le cas contraire, cela indique que l'autofinancement lié à l'activité a été insuffisant pour couvrir la variation du BFR lié à l'activité.

La dégradation de la trésorerie liée à l'activité aboutira alors à un accroissement de l'endettement et donc à des charges financières de plus en plus lourdes et à l'asphyxie progressive et inéluctable de l'entreprise par manque de ressources financières et par baisse régulière de la rentabilité.

Toutefois, la trésorerie est un indicateur volatil, car elle est soumise à des variations saisonnières et à des fluctuations au cours d'un même mois qui peuvent être très importantes. De plus, le tableau des flux étant établi à la clôture de l'exercice, une entreprise peut choisir une date de clôture qui lui est favorable en termes de présentation de la trésorerie générée par l'activité (période pendant laquelle il y a moins de dépenses et plus de recettes par exemple). Il faut donc interpréter les informations issues de ce tableau avec prudence et les recouper notamment avec l'évolution de l'endettement bancaire notamment à court, moyen ou long terme.

L'établissement d'un tableau des flux est assez complexe et il est souvent construit à partir d'informations partiellement inexactes ou incomplètes : il faut donc l'utiliser avec précaution.

Pour connaître l'évolution potentielle de la trésorerie d'une entreprise, il est souvent plus simple d'analyser l'évolution du BFR et de son financement ; en effet, une augmentation du BFR plus rapide que le CA non compensée par une augmentation du FR et notamment des fonds propres conduit tôt ou tard une entreprise à être confrontée à de sérieux problèmes de trésorerie et, de ce fait, à l'ouverture d'une procédure collective de cessation de paiements qui se termine le plus souvent par une liquidation judiciaire.

L'essentiel

▸▸ **Les tableaux de trésorerie**, de financement et des flux sont des outils complémentaires souvent utiles voire indispensables à l'analyste.

▸▸ **Ils fournissent une information plus dynamique que le bilan sur la situation patrimoniale d'une entreprise**, de son évolution et des causes de son évolution.

▸▸ **Ils doivent être exigés en cas de demande nouvelle de financement externe**, car ils sont de précieux indicateurs pour expliquer l'évolution passée ou présente de la structure du bilan et plus particulièrement de la situation de la trésorerie de l'entreprise étudiée.

Questionnaire 9

	Vrai	Faux
1. Le tableau de financement permet de connaître l'endettement d'une entreprise.	❑	❑
2. Les emplois stables du tableau de financement représentent des immobilisations.	❑	❑
3. Les investissements à réaliser ont une incidence sur le fonds de roulement prévisionnel.	❑	❑
4. La distribution des dividendes représente un emploi.	❑	❑
5. La variation des comptes courants d'associés a une influence sur les ressources stables.	❑	❑
6. Le remboursement des crédits à moyen ou long terme diminue les ressources stables.	❑	❑
7. Toutes les augmentations de capital ont une influence sur le montant des ressources stables.	❑	❑
8. Les cessions d'éléments de l'actif immobilisé représentent une ressource.	❑	❑
9. La capacité d'autofinancement a une influence sur l'évolution du fonds de roulement.	❑	❑
10. Le tableau de trésorerie prévisionnel permet de connaître l'évolution des besoins de financement à court terme d'une entreprise.	❑	❑
11. Le tableau des flux permet de connaître l'évolution des charges et des produits d'un exercice sur l'autre.	❑	❑

Corrigé du questionnaire 9

1. Le tableau de financement permet de connaître l'endettement d'une entreprise.

Faux : le tableau de financement sert à prévoir l'évolution du fonds de roulement, du besoin en fonds de roulement et de la trésorerie en cas d'investissement.

2. Les emplois stables du tableau de financement représentent des immobilisations.

Faux : les emplois stables d'une entreprise comprennent les investissements à réaliser, la distribution des dividendes, les remboursements des comptes courants et les remboursements des crédits.

3. Les investissements à réaliser ont une incidence sur le fonds de roulement prévisionnel.

Vrai : ils comprennent tous les investissements prévus qu'ils soient acquis auprès des tiers ou produits par l'entreprise elle-même (production immobilisée).

4. La distribution des dividendes représente un emploi.

Vrai : la distribution des dividendes correspond au montant du dividende distribué dans l'exercice dont on analyse les flux financiers : il est prélevé sur le bénéfice réalisé au cours de l'exercice précédent ou sur les réserves.

5. La variation des comptes courants d'associés a une influence sur les ressources stables.

Vrai : les comptes courants d'associés stables peuvent figurer dans les dettes financières diverses ou dans les autres dettes. Leur variation augmente ou diminue les ressources stables de l'entreprise.

6. Le remboursement des crédits à moyen ou long terme diminue les ressources stables.

Vrai : le remboursement des emprunts à moyen ou long terme obtenus auprès des établissements de crédit, des dettes à moyen ou long terme diverses et des emprunts participatifs diminue les ressources stables.

7. Toutes les augmentations de capital ont une influence sur le montant des ressources stables.

Faux : seules les augmentations de capital à titre onéreux représentent des ressources nouvelles.

8. Les cessions d'éléments de l'actif immobilisé représentent une ressource.

Vrai : les cessions d'éléments de l'actif immobilisé, « Produits exceptionnels sur opérations en capital », augmentent les ressources stables.

9. La capacité d'autofinancement a une influence sur l'évolution du fonds de roulement.

Vrai : la capacité d'autofinancement représente les ressources internes dégagées par l'entreprise au cours d'un exercice. Ces ressources font obligatoirement mouvementer le fonds de roulement.

10. Le tableau de trésorerie prévisionnel permet de connaître l'évolution des besoins de financement à court terme d'une entreprise.

Vrai : calculé à partir du solde de trésorerie, des entrées et des sorties de fonds prévues, le tableau de trésorerie prévisionnel permet de prévoir l'évolution de la trésorerie d'une entreprise pour l'avenir et donc ses besoins de financement à court terme.

11. Le tableau des flux permet de connaître l'évolution des charges et des produits d'un exercice sur l'autre.

Faux : le tableau des flux permet de comprendre pour quelle raison la trésorerie d'une entreprise s'améliore ou se dégrade. La trésorerie a pour origine trois catégories d'opérations : l'activité courante, les investissements et désinvestissements, les opérations financières.

Cas pratique 9

I. Tableau de trésorerie (Cas Marel)

On vous donne les prévisions d'activité de l'entreprise MAREL pour l'année N.

Ventes

Mois	**01**	**02**	**03**	**04**	**05**	**06**
	2 100	3 600	2 700	2 700	3 600	3 900
Mois	**07**	**08**	**09**	**10**	**11**	**12**
	2 400	1 500	1 800	1 800	2 500	1 800

Les règlements se font par chèque ou par virement en moyenne à 60 jours ; les ventes de l'année précédente ont été les suivantes : novembre 1 500, décembre 2 400.

Achats

Mois	**01**	**02**	**03**	**04**	**05**	**06**
	1 000	1 500	1 300	1 400	2 100	1 400
Mois	**07**	**08**	**09**	**10**	**11**	**12**
	1 600	1 300	1 000	1 500	1 700	1 000

Les règlements se font par chèque ou par virement en moyenne à 30 jours ; les achats de l'année précédente ont été les suivantes : novembre 900, décembre 1 200.

Salaires

180 par mois avec un mois double en décembre.

Charges sociales

Évaluées à 50 % des salaires du trimestre précédent ; paiement par trimestre en janvier, avril, juillet et octobre (les charges de janvier sont égales à 360).

Charges externes

Évaluées à 380 par mois (montant équivalent en décembre de l'année précédente).

Reversement de la TVA (TVA sur les débits)

Calculé sur la base suivante : (ventes du mois précédent × 20 %) – (achats + charges externes du mois précédent) × 20 %.

Ex. en janvier : 2 100 × 20 % – (1 000 + 380) × 20 % = 144.

Remboursement des emprunts

50 tous les trois mois : janvier, avril, juillet et octobre.

Impôts et taxes

100 tous les trois mois : mars, juin, septembre et décembre.

Présenter le tableau de trésorerie de l'entreprise Marel pour l'année N, sachant que le solde net de trésorerie au 1er janvier est de – 1 000.

II. Tableau de financement (Cas Lende)

L'entreprise LENDE est spécialisée dans la réalisation de pièces en plastique armé, de haute technicité.

Avec un marché très porteur, les dirigeants ont entrepris un important programme d'investissement qui devrait se poursuivre pendant 2 ans encore :

- investissements de recherche : 600 000 à 800 000 € (dont 400 000 € en N+1),
- investissements corporels : 3 000 000 à 3 500 000 € (dont 2 000 000 € en N+1).

Cela devrait permettre de porter le chiffre d'affaires à 26 millions d'euros en N+1 ; il était de 23 millions en N.

La CAF attendue est de 2 500 000 € contre 2 750 000 € en N.

Pour N+1, le besoin en fonds de roulement est estimé à 104 jours de chiffre d'affaires (il était de 6 400 000 en N et représentait 100 jours de CA).

Le fonds de roulement était en N de 1 600 000 € et représentait 25 jours de CA.

La trésorerie en N était négative de 4 800 000 € et représentait 75 jours de CA.

En N+1, les associés prévoient une augmentation de capital de 200 000 € et sollicitent un emprunt de 800 000 € sur 10 ans en amortissements constants.

Sur le résultat de l'exercice N, il est prévu de distribuer 350 000 €.

Le remboursement des crédits en cours s'élève à 300 000 €.

NB : Le BFR prévisionnel sera arrondi au million d'euros le plus proche.

1. Présentez le tableau de financement prévisionnel.

2. Que pensez-vous de l'évolution de la structure ?

III. Tableau des flux (Cas Dubois)

Monsieur Dubois, qui dirige une entreprise, vous demande de l'aider à établir son tableau des flux, car sa banque lui demande à l'appui d'une demande de financement.

L'exercice pour lequel le tableau doit être établi a dégagé une CAF de 7 000 €.

Une distribution de dividendes au titre de l'exercice précédent a eu lieu pour 2 000 €.

Il vous fournit les renseignements suivants :

Montant des stocks et des créances d'exploitation :
- au 31 décembre N–1 : 11 000 € ;
- au 31 décembre N : 14 000 €.

Montant des créances hors exploitation :
- au 31 décembre N–1 : 2 000 € ;
- au 31 décembre N : 1 000 €.

Montant des dettes d'exploitation :
- au 31 décembre N–1 : 5 000 € ;
- au 31 décembre N : 4 000 €.

Montant des dettes hors exploitation :
- au 31 décembre N–1 : 2 000 € ;
- au 31 décembre N : 6 000 €.

Investissements payés en N : 9 000 €.

Montant des cessions d'immobilisations effectuées en N : 3 000 €.

Nouveaux emprunts bancaires obtenus en N : 8 000 €.

Emprunts bancaires remboursés en N : 3 000 €.

Montant de la trésorerie nette : au 1er janvier N : 7 000 € ; au 31 décembre N : 12 000 €.

Tableau de trésorerie Marel

	Janv.	Fév.	Mars	Avril	Mai	Juin	Juil.	Août	Sept.	Oct.	Nov.	Déc.
I – Solde en banque et caisse début de mois (+ ou –)												
II – Prévisions de recettes mensuelles												
Cumul des recettes												
Prévisions des dépenses – Achats – Salaires – Charges sur salaires – Charges externes – Reversement de la TVA – Remboursement des emprunts – Impôts et taxes												
III – Total mensuel des dépenses												
Cumul des dépenses												
Solde (II – III) = IV												
Écarts cumulés												
Solde de trésorerie (I + ou – IV) (à reporter sur mois suivant)												

Tableau de financement Marel

	N / N+1
Emplois stables – *Investissement à réaliser* – *Distribution de dividendes* – *Remboursement des comptes courants* – *Remboursement des crédits*	
Total des nouveaux emplois (1)	
Ressources stables – *Augmentation de capital* – *Apports en compte courant* – *Cession d'actifs* – *Capacité d'autofinancement* – *Crédits sollicités*	
Total des nouvelles ressources (2)	
Variation du fonds de roulement (2 – 1)	
Variation du besoin en fonds de roulement (1)	
Variation de la trésorerie	

Tableau des flux Marel

Flux de trésorerie liés à l'activité	
Capacité d'autofinancement Variation du besoin en fonds de roulement lié à l'activité (valeurs brutes)	
I. Flux net de trésorerie généré par l'activité	
Flux de trésorerie liés aux opérations d'investissement	
Acquisitions d'immobilisations Cessions d'immobilisations (prix de cession) Variation des dettes sur immobilisations	
II. Flux net de trésorerie lié aux opérations d'investissement	
Flux de trésorerie liés aux opérations de financement	
Dividendes versés aux actionnaires Augmentation de capital en numéraire Emission d'emprunts Remboursement d'emprunts	
III. Flux net de trésorerie lié aux opérations de financement	
Variation nette de trésorerie = I + II + III	
Trésorerie d'ouverture Trésorerie de clôture	
Vérification de la variation nette de trésorerie	

Corrigé du cas pratique 9

I. Tableau de trésorerie (Cas Marel)

Les encaissements sur les ventes se font avec un décalage de 60 jours.

Les règlements des achats se font avec un décalage de 30 jours.

Les salaires sont payés chaque mois avec un mois double en décembre.

Les charges sociales sont payées tous les trimestres : 50 % du total des salaires du trimestre précédent ; paiement en janvier, avril, juillet et octobre (les charges de janvier sont égales à 360).

Les charges externes sont payées tous les mois.

Le reversement de la TVA se fait chaque mois par différence entre la TVA sur les ventes du mois précédent et la TVA sur les achats et les charges externes du mois précédent.

Le remboursement des emprunts est de 50 tous les trois mois : janvier, avril, juillet et octobre.

Le montant des impôts et taxes est de 100 tous les trois mois : mars, juin, septembre et décembre.

II. Tableau de financement (Cas Lende)

Emplois

Investissements à réaliser

Investissements de recherche : 400 000 € en N+1.

Investissements corporels : 2 000 000 € en N+1.

Soit un total de 2 400 000 €

Distribution de dividendes

En N+1, il sera distribué 350 000 € sur le résultat N.

Remboursement des comptes courants

Pas de remboursements prévus.

Remboursement des crédits

Au titre des crédits en cours : 300 000 €.

Au titre du crédit sollicité : 800 000/10 = 80 000 €.

Total des remboursements des crédits : 380 000 €.

Total des nouveaux emplois stables : 2 400 000 + 350 000 + 380 000 = 3 130 000 €

Ressources

- *Augmentation de capital.* Les associés procéderont à une augmentation de capital de 200 000 €.
- *Apports en compte courant.* Pas d'apports en compte courant.
- *Cession d'actifs.* Pas de cession d'actifs.
- *Capacité d'autofinancement.* CAF attendue 2 500 000 €.
- *Crédits sollicités.* Emprunt sollicité : 800 000 €.

Total des nouvelles ressources stables : 200 000 + 2 500 000 + 800 000 = 3 500 000 €

Variation du fonds de roulement

Variation du FR = nouvelles ressources stables – nouveaux emplois stables

Variation du FR = 3 500 000 – 3 130 000 = + 370 000

Nouveau fonds de roulement = 1 600 000 + 370 000 = 1 970 000 €.

Variation du besoin en fonds de roulement

Besoin en fonds de roulement N+1 :

CA = 26 000 000

BFR : 104 jours

BFR = (26 000 000 × 104)/360 = 7 511 111 arrondis à 7 500 000 €.

Variation du BFR entre N et N+1

7 500 000 – 6 400 000 = + 1 100 000

Variation de la trésorerie nette

Variation de la trésorerie nette = variation du FR – variation du BFR

Variation de la trésorerie nette = + 370 000 – 1 100 000 (dégradation car le BFR représente un besoin) = – 730 000

Nouvelle trésorerie nette = – 4 800 000 augmentée de 730 000 soit 5 530 000 €.

FR, BFR et TN de jours en N+1

BFR = 104 jours

FR = (1 970 000 × 360)/26 000 000 = 27 jours

TN = (5 530 000 × 360)/26 000 000 = 76 jours

Vérification : FR – BFR = TN

Vérification : 104 – 27 = 77

NB : La différence de 1 jour provient des arrondis dans les calculs.

Évolution de la structure

FR ▶ N : 25 jours ; N+1 = 27 jours

BFR ▶ N : 100 jours ; N+1 = 104 jours

TN ▶ N : 75 jours ; N+1 = 76 jours

L'investissement aurait peu d'impact sur la structure qui reste toujours aussi lourde, mais qui s'améliore très légèrement avec un FR qui finance maintenant 26 % du besoin en fonds de roulement contre 25 % en N.

III. Tableau des flux (Cas Dubois)

A Flux de trésorerie liés à l'activité

Capacité d'autofinancement : 7 000 €.

Variation du BFR lié à l'activité :

Variation des stocks et des créances d'exploitation : 14 000 – 11 000 = + 3 000 €.

Variation des créances hors exploitation : 1 000 – 2 000 = – 1 000 €

Variation des stocks et des créances : 3 000 – 1 000 = + 2 000

Variation des dettes d'exploitation : 4 000 – 5 000 = – 1 000

Variation des dettes hors exploitation : 6 000 – 2 000 = + 4 000

Variation des dettes : 4 000 – 1 000 = + 3 000
Variation du besoin en fonds de roulement lié à l'activité = 3 000 – 2 000 = 1 000
Flux net de trésorerie lié à l'activité = 7 000 + 1 000 = 8 000 €.

B Flux de trésorerie liés aux opérations d'investissement

Acquisitions d'immobilisations : 9 000 €.
Cessions d'immobilisations : 3 000 €.
Variation des dettes sur immobilisations : néant.
Flux net de trésorerie lié aux opérations d'investissement = 3 000 – 9 000 = – 6 000 €.

C Flux de trésorerie liés aux opérations de financement

Dividendes versés aux actionnaires = 2 000 €.
Augmentation de capital en numéraire : néant.
Émission d'emprunts : 8 000 €.
Remboursement d'emprunts : 3 000 €.
Flux net de trésorerie lié aux opérations de financement = 8 000 – 2 000 – 3 000 = 3 000 €.

Variation nette de trésorerie

Variation nette de trésorerie = I + II + III = 8 000 – 6 000 + 3 000 = 5 000 €.

Vérification de la variation nette de trésorerie

Vérification = trésorerie de clôture – trésorerie d'ouverture
Vérification = 12 000 – 7 000 = 5 000 €

Tableau de trésorerie Marel

	Janv.	Fév.	Mars	Avril	Mai	Juin	Juil.	Août	Sept.	Oct.	Nov.	Déc.
I. Solde en banque et caisse début de mois (+ ou –)	– 1 000	– 1 834	– 1 138	– 1 542	– 326	+ 230	– 54	+ 842	+ 2 498	+ 2 974	+ 2 510	+ 2 266
II. Prévisions de recettes mensuelles	1 500	2 400	2 100	3 600	2 700	2 700	3 600	3 900	2 400	1 500	1 800	1 800
Cumul des recettes	1 500	3 900	6 000	9 600	12 300	15 000	18 600	22 500	24 900	26 400	28 200	30 000
Prévisions des dépenses												
– Achats	1 200	1 000	1 500	1 300	1 400	2 100	1 400	1 600	1 300	1 000	1 500	1 700
– Salaires	180	180	180	180	180	180	180	180	180	180	180	360
– Charges sur salaires	360			270			270			270		
– Charges externes	380	380	380	380	380	380	380	380	380	380	380	380
– Reversement de la TVA	164	144	344	204	184	224	424	84	– 36	84	– 16	84
– Remboursement des emprunts	50			50			50			50		
– Impôts et taxes			100			100			100			100

	Janv.	Fév.	Mars	Avril	Mai	Juin	Juil.	Août	Sept.	Oct.	Nov.	Déc.
III. Total mensuel des dépenses	2 334	1 704	2 504	2 384	2 144	2 984	2 704	2 244	1 924	1 964	2 044	2 624
Cumul des dépenses	2 334	4 038	6 542	8 926	11 070	14 054	16 758	19 002	20 926	22 890	24 934	27 588
Solde (II – III) = IV	– 834	+ 696	– 404	+ 1 216	+ 556	– 284	+ 896	+ 1 656	+ 476	– 464	– 244	– 824
Écarts cumulés	– 834	– 138	– 542	+ 674	+ 1 230	+ 946	+ 1 842	+ 3 498	+ 3 974	+ 3 510	+ 3 266	+ 2 442
Solde de trésorerie (I + ou – IV) (à reporter sur mois suivant)	– 1 834	– 1 138	– 1 542	– 326	+ 230	– 54	+ 842	+ 498	+ 2 974	+ 2 510	+ 2 266	+ 1 442

Tableau de financement Marel

	N/N+1
Emplois stables – *Investissement à réaliser* – *Distribution de dividendes* – *Remboursement des comptes courants* – *Remboursement des crédits*	 2 400 000 350 000 380 000
Total des nouveaux emplois (1)	3 130 000
Ressources stables – *Augmentation de capital* – *Apports en compte courant* – *Cession d'actifs* – *Capacité d'autofinancement* – *Crédits sollicités*	 200 000 2 500 000 800 000
Total des nouvelles ressources (2)	3 500 000
Variation du fonds de roulement (2 – 1) = A	+ 370 000
Variation du besoin en fonds de roulement (1) = B	+ 1 100 000
Variation de la trésorerie = A – B	– 730 000

Tableau des flux Marel

Flux de trésorerie liés à l'activité	
Capacité d'autofinancement Variation du besoin en fonds de roulement lié à l'activité (valeurs brutes)	7 000 1 000
I. Flux net de trésorerie généré par l'activité	**+ 8 000**
Flux de trésorerie liés aux opérations d'investissement	
Acquisitions d'immobilisations Cessions d'immobilisations (prix de cession) Variation des dettes sur immobilisations	9 000 3 000 0
II. Flux net de trésorerie lié aux opérations d'investissement	**– 6 000**
Flux de trésorerie liés aux opérations de financement	
Dividendes versés aux actionnaires Augmentation de capital en numéraire Emission d'emprunts Remboursement d'emprunts	2 000 0 8 000 3 000
III. Flux net de trésorerie lié aux opérations de financement	**+ 3 000**
Variation nette de trésorerie = I + II + III	**+ 5 000**
Trésorerie d'ouverture Trésorerie de clôture	7 000 12 000
Vérification de la variation nette de trésorerie	**+ 5 000**

Chapitre 10

Schéma général de l'analyse

Executive summary

▶▶ **Pour procéder à l'analyse proprement dite des comptes d'une entreprise**, il est nécessaire de procéder avec méthode afin de ne rien oublier et de prendre en compte aussi bien les éléments économiques que les éléments financiers.

▶▶ **L'analyse économique au sens large** (avec prise en compte des aspects juridiques) doit impérativement être effectuée de façon approfondie faute de quoi l'analyse des comptes proprement dite donnera lieu à des interprétations fantaisistes et déconnectées de la situation réelle de l'entreprise étudiée.

Interpréter des documents comptables, c'est :

- constater la situation actuelle de l'entreprise sur les plans juridique, humain, technique, économique et financier ;
- apprécier cette situation avec ses points forts et ses points faibles ;
- expliquer son évolution passée afin de pronostiquer son évolution future ;
- prendre position en tant que partenaire sur la politique à adopter vis-à-vis de l'entreprise et de ses demandes de financement ou encore de collaboration comme client ou fournisseur.

Situation générale de l'entreprise

Éléments juridiques

Éléments à examiner :	*Pour apprécier le risque en matière de :*
Forme de la société	Responsabilité des associés
Ancienneté de l'affaire	Mortalité « infantile »
Répartition du capital	Poids des différents associés

Éléments humains

Éléments à examiner :	*Pour apprécier le risque en matière de :*
Les associés	
– Patrimoine (importance et liquidité)	Possibilités financières
– Attitude en matière d'apports (capital et CC) et de distribution	Motivation des associés
Les dirigeants	
– Âge	Expérience, succession
– Ancienneté	Stabilité
– Compétence	Moyens humains
Le personnel	
– Effectif	
– Compétence	Moyens humains
– Climat social	

Éléments techniques

Éléments à examiner :	*Pour apprécier le risque en matière de :*
– Importance des investissements – Techniques traditionnelles ou de pointe	Contraintes sectorielles
– Procédés de fabrication courants ou exclusifs – Capacité de production rigide ou flexible – Outil de production ancien ou moderne – Degré d'automation	Moyens techniques

Analyse économique

Les activités, les produits, les marchés de l'entreprise

Nature des activités de l'entreprise (négoce, transformation, services).
Biens de consommation (consommation courante ou occasionnelle) ou d'équipement.
Produit unique ou plusieurs produits.
Produits originaux ou banalisés.
Degré de technicité des produits.
Taille du ou des marchés ; place de l'entreprise sur ces marchés.
Évolution des marchés (stables, porteurs ou en déclin).
Nature des utilisateurs finaux ; critères de choix déterminants (prix, fiabilité...), élasticité ou non de la demande, existence de produits de substitution.

Les fournisseurs

Matières premières banalisées ou très spécifiques ; existence d'un marché pour ces matières.
Marchandises banalisées ou très spécifiques ; existence d'un marché pour ces marchandises.
Services externes : qualité et importance de l'offre.
Sensibilité du marché en termes d'offre et/ou de prix à des facteurs climatiques, politiques, etc.

Fournisseur unique ou fournisseurs diversifiés ; rapport de force client/ fournisseur.
Lien éventuel de l'entreprise avec ses fournisseurs (appartenance à un même groupe).
Habitudes en matière de gestion de crédit (crédit long ou court ; gestion pointue ou laxiste).
Santé du secteur en général, des fournisseurs de l'entreprise en particulier.

Les clients

Sont-ils ou non les utilisateurs finaux du produit ?
Nombre ; poids dans le CA des plus gros clients.
Sont-ils diversifiés ou non en terme de localisation géographique et de nature (collectivités publiques, entreprises de transformation, grande distribution, grossistes, petits commerces, particuliers).
Habitudes de paiement ; santé des clients actuels et potentiels.
Existence de financements spécifiques.

Les concurrents

Nombre (secteur atomisé ou concentré).
Taille, existence ou non de leaders.
Notoriété et image des concurrents.
Place de l'entreprise par rapport à ses concurrents.
Flexibilité des conditions de l'offre (quantités, qualité, prix...).
Produits (prix, qualité, avance technologique, service, originalité, etc.).

Conclusion

Atouts et handicaps de l'entreprise sur ses marchés.

Analyse financière

Optique liquidative : le risque de perte en capital

■ Le problème

En cas de liquidation de la société, le produit de la cession de ses actifs lui permettrait-il de rembourser intégralement ses créanciers (et en particulier ses banquiers) ?

■ Les outils d'analyse

Le ratio de solvabilité : il doit en principe être supérieur à 20 %.

La couverture du risque de dépréciation de certains actifs (immobilisations incorporelles, matériel et outillage, autres immobilisations corporelles, stocks) doit être assurée par les fonds propres (augmentés éventuellement des comptes courants d'associés).

Plus les actifs risquent d'être dépréciés en cas de réalisation, plus le ratio de solvabilité doit être élevé.

Existence de plus-values latentes (sur terrains et constructions).

Degré de responsabilité des associés ; patrimoine personnel.

Conclusion : appréciation du risque de perte en capital.

Optique de continuité de l'exploitation

■ Financement de la continuité de l'exploitation : le risque d'activité

La trésorerie nette

L'entreprise a-t-elle les moyens de financer la continuité de son exploitation ?
Peut-elle faire face à l'augmentation de ses besoins structurels de financement (investissement de renouvellement, augmentation du BFR) dans des conditions de risques et de coût acceptables ?
Évolution du solde net de trésorerie : sens (positif ou négatif), régularité et importance de l'évolution.
Part du BFR financée par la trésorerie.
Si trésorerie nette > 0, vérifier que l'excédent de trésorerie, s'il est significatif, est placé.
Si trésorerie nette < 0, vérifier que la trésorerie active est proche de 0 ; nature des concours de trésorerie.
L'explication de l'évolution d'un solde passe par l'analyse de l'évolution de ses composantes ; le besoin en fonds de roulement et le fonds de roulement sont liés à la trésorerie nette par l'égalité : trésorerie nette = fonds de roulement – besoin en fonds de roulement.

Le fonds de roulement

Constatation de son évolution ainsi que la comparaison des montants.

Explication de cette évolution passée à travers l'étude des principales composantes : ressources stables (ressources propres, dettes à moyen ou long terme, provisions pour risques et charges) et immobilisations.
Fonds de roulement = ressources stables – immobilisations nettes.

- Fonds propres et comptes courants d'associés : apports en capital et en compte courant récents.
- Dettes à moyen ou long terme : variations nettes récentes (nouveaux emprunts moins remboursements).
- Immobilisations : investissements et désinvestissements récents.

Potentiel d'évolution future.

Le besoin en fonds de roulement

Constatation de son évolution à travers le ratio de liquidité correspondant ainsi que la comparaison des montants.
Explication de cette évolution passée à travers l'étude des principales composantes du BFR : stocks, crédit clients et crédit fournisseurs.

- Stocks : analyse des rotations correspondantes.
- Crédit clients : analyse du ratio correspondant.
- Crédit fournisseurs : analyse du ratio correspondant.

Potentiel d'évolution.
Attention à l'évolution à la hausse non justifiée du poste « Dettes fiscales et sociales » qui peut fausser l'évolution du BFR en l'améliorant artificiellement et qui peut conduire aussi au déclenchement d'une procédure collective par un créancier privilégié.

■ La formation du résultat : le risque de rentabilité

Le développement de l'activité de l'entreprise et la maîtrise de ses charges sont-ils suffisants pour supporter les frais financiers supplémentaires engendrés par de nouveaux emprunts ?
La rentabilité de l'entreprise lui permet-elle de générer une CAF à la mesure de ses besoins en financement ? Son évolution est-elle favorable ? Régulière ?

Analyse de l'activité (soldes intermédiaires de gestion)

Évolution du chiffre d'affaires

Cette évolution recouvre-t-elle une évolution en volume ou uniquement en valeur ou les deux ?

Distinguer, le cas échéant, l'évolution des différentes composantes du CA (négoce, production, services) ainsi que celle du CA France de celle du CA export.

Comparer l'évolution passée aux prévisions faites par les dirigeants ; ces prévisions sont-elles optimistes, raisonnables ou pessimistes ? (Voir analyse économique).

Évolution de la production (au sens large)

Par rapport au chiffre d'affaires ; stockage ou déstockage.

Évolution de la marge commerciale par rapport à celle du chiffre d'affaires.

Évolution de la marge brute par rapport à celle du chiffre d'affaires.

Évolution de la valeur ajoutée par rapport à celle du chiffre d'affaires.

Degré de maîtrise des consommations intermédiaires (une politique de recours au leasing ou à la sous-traitance peut être responsable d'un gonflement des charges externes).

Évolution de l'excédent brut d'exploitation par rapport à la valeur ajoutée.

Degré de maîtrise des charges de personnel ; part de ces charges dans la valeur ajoutée (en principe maximum 70 %).

Évolution de la part des frais financiers dans le résultat d'exploitation.

Existence d'une marge ou non d'accroissement des charges financières.

Analyse de la rentabilité

Évolution du résultat courant ; régularité de cette évolution.

Évolution et composition (courant, exceptionnel) du résultat de l'exercice.

Évolution de la CAF : rentabilité de l'activité.

Rentabilité des capitaux engagés.

Appréciation du risque de rentabilité ; évolution probable.

Conclusion générale

Quels sont les points forts et les points faibles de l'entreprise ?

Quelles sont ses perspectives d'avenir ?

Quelles sont les solutions qui pourraient être apportées à ses faiblesses éventuelles : améliorations sur les plans technique, commercial, financier ?

En cas de financement sollicité, l'entreprise pourrait-elle potentiellement les obtenir ? Pour quel montant ? Dans quelles conditions (durée, taux, garanties)?

Les outils d'analyse d'une demande de crédit de trésorerie

Pour étudier une demande de crédit de trésorerie, une banque s'attarde notamment à analyser la structure et l'activité et notamment :

L'existence d'un BFR est-elle justifiée par l'activité et si oui :

- La rotation des stocks est-elle normale ?
- Les clients paient-ils vite et bien ?

La demande de financement est-elle justifiée par l'activité ?

Quel type de crédit accorder (découvert, escompte, Dailly) ?

L'entreprise peut-elle supporter d'autres frais financiers ?

Dispose-t-on d'un tableau de trésorerie prévisionnel et éventuellement d'un tableau des flux ?

Quelles sont les garanties fournies ?

Un crédit de trésorerie n'a pas vocation à financer le train de vie des dirigeants de l'entreprise ni des pertes.

Les outils d'analyse d'une demande de crédit d'équipement

Pour étudier une demande de crédit d'équipement, une banque s'attarde notamment à étudier l'endettement et la rentabilité.

De quel type d'investissement s'agit-il : renouvellement, croissance, diversification ? Quels en sont les risques ?

La capacité d'endettement est-elle atteinte ou dépassée ?

La capacité de remboursement est-elle atteinte ou dépassée ?

L'investissement va-t-il générer ou non un accroissement du BFR ?

L'entreprise peut-elle supporter des frais financiers supplémentaires ?

Dispose-t-on :

- d'un plan de financement (répartition en autofinancement et financement demandé) et l'autofinancement annoncé est-il vraiment possible (attention aux comptes courants d'associés qui peuvent être facilement retirés) ?
- d'un tableau de financement (afin d'examiner les conséquences de l'investissement projeté sur la structure du bilan de l'entreprise) ?

- d'un compte de résultat prévisionnel (pour avoir une idée de la rentabilité attendue de l'investissement) ?

Quelles sont les garanties fournies ?

L'essentiel

▶▶ **L'analyse des comptes d'une entreprise** ne peut être effectuée sans une étude approfondie de la structure juridique de l'entreprise et de sa situation économique (produits, marché, etc.).

▶▶ **L'analyste doit pouvoir disposer d'informations extra-comptables suffisantes** pour expliquer les chiffres mis à sa disposition et ne pas hésiter à obtenir des réponses précises aux questions que ces chiffres pourraient soulever.

Questionnaire 10

	Vrai	Faux
1. Une analyse financière permet seulement de savoir si une entreprise se porte bien ou mal.	❑	❑
2. Seuls les éléments financiers servent à l'analyse de la situation d'une entreprise.	❑	❑
3. L'analyse de la situation économique d'une entreprise est primordiale pour la compréhension de sa situation.	❑	❑
4. Il est très difficile d'évaluer le risque de perte en capital des créanciers d'une entreprise en cas de liquidation de cette dernière.	❑	❑
5. Il est impossible d'étudier le risque des créanciers d'une entreprise en cas de continuité de l'exploitation.	❑	❑
6. Il y a toujours une relation entre le besoin en fonds de roulement, le fonds de roulement et la trésorerie.	❑	❑
7. L'étude du besoin en fonds de roulement est l'étude du « bas de bilan ».	❑	❑
8. L'étude du fonds de roulement est l'étude du « haut de bilan ».	❑	❑
9. La situation de la trésorerie est souvent un bon indicateur de la santé d'une entreprise.	❑	❑
10. L'étude du compte de résultat permet de connaître seulement la rentabilité d'une entreprise.	❑	❑
11. L'étude de la situation de l'activité d'une entreprise peut être faite essentiellement par l'analyse de certains soldes intermédiaires de gestion.	❑	❑
12. La rentabilité d'une entreprise est facile à apprécier.	❑	❑
13. Un banquier apprécie toujours son risque de la même manière quels que soient les concours sollicités par une entreprise.	❑	❑

Corrigé du questionnaire 10

1. Une analyse financière permet seulement de savoir si une entreprise se porte bien ou mal.

Faux : l'analyse financière permet de constater et d'apprécier la situation d'une entreprise, d'expliquer son évolution passée, d'imaginer sa situation future et de prendre position sur ses demandes de financement.

2. Seuls les éléments financiers servent à l'analyse de la situation d'une entreprise.

Faux : il faut aussi prendre en compte les éléments juridiques, économiques et techniques.

3. L'analyse de la situation économique d'une entreprise est primordiale pour la compréhension de sa situation.

Vrai : cette analyse consiste à étudier ses activités, ses produits, ses marchés, ses fournisseurs, ses clients et ses concurrents.

4. Il est très difficile d'évaluer le risque de perte en capital des créanciers d'une entreprise en cas de liquidation de cette dernière.

Vrai : cette étude consiste à savoir si le produit de la cession de ses actifs lui permettrait ou non de rembourser intégralement ses créanciers.

5. Il est impossible d'étudier le risque des créanciers d'une entreprise en cas de continuité de l'exploitation.

Faux : il convient de savoir si l'entreprise peut financer la continuité de son exploitation. Peut-elle faire face à l'augmentation de ses besoins de financement dans des conditions de coût et de risque acceptables. Il faut donc étudier la situation et l'évolution de la trésorerie nette

6. Il y a toujours une relation entre le besoin en fonds de roulement, le fonds de roulement et la trésorerie.

Vrai : le besoin en fonds de roulement est financé par le fonds de roulement et la trésorerie. On peut donc dire que : FR – BFR = trésorerie.

7. L'étude du besoin en fonds de roulement est l'étude du « bas de bilan ».

Vrai : le besoin en fonds de roulement est la différence entre les emplois variables (actif d'exploitation plus actif hors exploitation) de l'entreprise et ses ressources variables (dettes d'exploitation plus dettes hors exploitation). Il faut donc constater son niveau et son évolution à travers l'étude de ses principales composantes et notamment les stocks, le crédit clients et le crédit fournisseurs.

8. L'étude du fonds de roulement est l'étude du « haut de bilan ».

Vrai : le fonds de roulement représente la différence entre les ressources stables de l'entreprise et ses emplois stables. Il faut donc constater son niveau et son évolution à travers l'étude de ses principales composantes : ressources propres, provisions pour risques et charges, dettes à moyen ou long terme et immobilisations.

9. La situation de la trésorerie est souvent un bon indicateur de la santé d'une entreprise.

Vrai : analyser la trésorerie d'une entreprise consiste à analyser la situation de cette trésorerie et son évolution passée : sens, régularité, évolution et composition en cas de trésorerie passive. La dégradation de la trésorerie peut avoir des causes multiples : baisse du chiffre d'affaires, difficulté à se faire payer, charges trop importantes, etc.

10. L'étude du compte de résultat permet de connaître seulement la rentabilité d'une entreprise.

Faux : l'étude du compte de résultat permet d'apprécier l'activité et la rentabilité.

11. L'étude de la situation de l'activité d'une entreprise peut être faite essentiellement par l'analyse de certains soldes intermédiaires de gestion.

Vrai : on étudie : chiffre d'affaires, production, marge commerciale, marge brute, valeur ajoutée et excédent brut d'exploitation, résultat d'exploitation, résultat courant et résultat net.

12. La rentabilité d'une entreprise est facile à apprécier.

Faux : l'analyse de la rentabilité d'une entreprise dépend beaucoup de son secteur d'activité, de sa taille, de la conjoncture. On étudie le résultat d'exploitation, le résultat courant avant impôts, le résultat exceptionnel, le résultat net et la capacité d'autofinancement.

13. Un banquier apprécie toujours son risque de la même manière quels que soient les concours sollicités par une entreprise.

Faux : en cas de demande de crédits de trésorerie, le banquier étudiera surtout l'activité : rotation des stocks, qualité de la clientèle, situation des dettes liées à l'activité (fournisseurs, dettes fiscales et sociales). En cas de demande de crédits d'équipement, il étudiera surtout la rentabilité et l'endettement : évolution et composition du chiffre d'affaires, évolution et composition de la CAF, capacité d'endettement et capacité de remboursement.

Cas pratique 10

Crusgel est une affaire créée il y a sept ans par M. Billaud dont le capital est actuellement détenu par :

M. Billaud Michel, 40 ans, célibataire, qui occupe la fonction de P-DG 55 %

M. Laforme Bernard, 42 ans, directeur financier, marié, 1 enfant de 12 ans 35 %

Divers cadres de la société 10 %

La société est spécialisée dans l'importation et la distribution de crustacés surgelés.

M. Billaud assure lui-même la fonction achats, car il est le seul à bien connaître les produits de la mer et dispose de relations importantes dans de nombreux pays.

La distribution se fait en France essentiellement à travers les hypermarchés et supermarchés sous deux formes différentes :

- pour partie en produits conditionnés vendus sous la marque Crusgel (le conditionnement est assuré par une filiale) ;
- pour partie en matières premières revendues en l'état.

Cette forme de distribution exige un budget annuel important en publicité qui est en partie passé en immobilisations.

Après une croissance extraordinaire de N–7 à N–2 grâce notamment à une nouvelle méthode de conservation et d'emballage des produits, l'entreprise a connu en N–1 une baisse d'activité suite à l'interruption volontaire du contrat avec un distributeur, les marges étant trop faibles.

La société mise en effet avant tout sur la qualité et veut préserver ses marges face à une concurrence composée essentiellement de grands groupes alimentaires.

La société dispose de lignes de crédit importantes :

- découvert 10 M€
- crédits documentaires 40 M€
- escompte 40 M€.

Les dirigeants vous remettent un compte de résultat prévisionnel sous forme de SIG. Ils prévoient pour N+1 que le BFR serait ramené à 75 jours de CA.

Les investissements ont été chiffrés à 1,8 M€ et ils vous sollicitent pour un crédit de 1,2 M€ remboursable par amortissements constants sur 5 ans (le remboursement des crédits en cours s'élèvera en N+1 à 0,6 M€).

La progression du chiffre d'affaires serait en partie due au développement d'un nouveau segment de marché : le poisson surgelé.

NB : Les documents comptables ci-joints sont établis en milliers d'euros.

1. Procéder au reclassement des bilans, au calcul des valeurs structurelles, des soldes intermédiaires de gestion et des ratios.

2. Procéder à l'analyse financière.

3. Après avoir établi le tableau de financement prévisionnel et complété le tableau des ratios prévisionnel à fin N+1, vous donnerez votre position sur

les demandes de concours (crédit à MLT de 1,2 M€ et augmentation de la ligne d'escompte de 5 M€).

NB : Les effets escomptés non échus s'élèvent à :
24 245 000 € en N–2
25 392 000 € en N–1
29 087 000 € en N

Bilan actif Crusgel

	31/12/N–2					31/12/N–1					31/12/N				
		Brut		Amort Prov.	Net		Brut		Amort Prov.	Net		Brut		Amort Prov.	Net
ACTIF IMMOBILISÉ															
Immobilisations incorporelles															
Frais d'établissement	AB	663	AC	381	282	AB	1 208	AC	582	626	AB	1 509	AC	929	580
Frais de recherche et développement	AD		AE			AD		AE			AD		AE		
Concessions, brevets et droits similaires	AF	24	AG		24	AF	24	AG		24	AF	24	AG		24
Fonds commercial	AH	309	AI		309	AH	309	AI		309	AH	309	AI		309
Autres immobilisations incorporelles	AJ		AK			AJ		AK			AJ		AK		
Avances et acomptes sur immobilisations incorporelles	AL		AM			AL		AM			AL		AM		
Immobilisations corporelles															
Terrains	AN														
Constructions	AP		AO			AN		AO			AN	40	AO		40
Installations techniques, matériel et outillage industriels	AR	1 271	AQ AS	474	797	AP AR	452	AQ AS	281	171	AP AR	469	AQ AS	267	202
Autres immobilisations corporelles	AT AV	1 461	AU AW	833	628	AT AV	1 556	AU AW	967	589	AT AV	1 663	AU AW	1 100	563
Immobilisations en cours	AX		AY			AX		AY			AX		AY		
Avances et acomptes															

»

		31/12/N-2					31/12/N-1					31/12/N			
		Brut		Amort Prov.	Net		Brut		Amort Prov.	Net		Brut		Amort Prov.	Net
Immobilisations financières															
Participations	AZ	510	BA		510	AZ	1 493	BA		1 493	AZ	1 493	BA		1493
Créances rattachées à des participations	BB		BC			BB		BC			BB		BC		
Autres titres immobilisés	BD	2	BE		2	BD	2	BE		2	BD	2	BE		2
Prêts	BF		BG			BF		BG			BF		BG		
Autres immobilisations financières	BH	21	BI		21	BH	102	BI		102	BH	156	BI		156
Total (I)	BJ	4 261		1 688	2 573	BJ	5 146		1 830	3 316	BJ	5 665		2 296	**3 369**

		31/12/N–2					31/12/N–1					31/12/N			
		Brut		Amort Prov.	Net		Brut		Amort Prov.	Net		Brut		Amort Prov.	Net
ACTIF CIRCULANT															
Stocks et en cours															
Matières premières, approvisionnements	BL	7 504	BM		7 504	BL	12 589	BM		12 589	BL	13 956	BM		13 956
En cours de production de biens	BN		BO			BN		BO			BN		BO		
En cours de production de services	BP		BQ			BP		BQ			BP		BQ		
Produits intermédiaires et finis	BR		BS			BR		BS			BR		BS		
Marchandises	BT	11 300	BU	74	11 226	BT	15 400	BU	60	15 340	BT	22 780	BU	54	22 726
Créances															
Avances et acomptes versés sur commandes	BV		BW			BV		BW			BV		BW		
Clients et comptes rattachés	BX	18 488	BY	703	17 785	BX	30 574	BY	538	30 036	BX	43 743	BY	633	43 110
Autres créances	BZ	4 175	CA		4 175	BZ	8 293	CA		8 293	BZ	6 638	CA		6 638
Capital souscrit et appelé, non versé	CB		CC			CB		CC			CB		CC		

»

	31/12/N–2					31/12/N–1					31/12/N				
		Brut		**Amort Prov.**	**Net**		**Brut**		**Amort Prov.**	**Net**		**Brut**		**Amort Prov.**	**Net**
Divers															
Valeurs mobilières de placement	CD		CE			CD		CE			CD		CE		
Disponibilités	CF	3 965	CG		3 965	CF	1 714	CG		1 714	CF	1 723	CG		1 723
Comptes de régularisation															
Charges constatées d'avance	CH	45	CI		45	CH	88	CI		88	CH	60	CI		60
Total (II)	CJ	45 477	CK	777	44 700	CJ	68 658	CK	598	68 060	CJ	88 900	CK	687	88 213
Total général (0 à V)	CO	49 738	IA	2 465	47 273	CO	73 804	IA	2 428	71 376	CO	94 565	IA	2 983	91 582

Bilan passif Crusgel

		31/12 N–2	31/12 N–1	31/12 N
CAPITAUX PROPRES				
Capital social ou individuel	DA	2 755	2 755	2 755
Primes d'émission, de fusion, d'apport	DB			
Écart de réévaluation	DC			
Réserve légale	DD	135	141	161
Réserves statutaires ou contractuelles	DE			
Réserves réglementées	DF	2	2	2
Autres réserves	DG	725	830	1 222
Report à nouveau	DH			
Résultat de l'exercice (bénéfice ou perte)	DI	111	412	44
Subventions d'investissement	DJ			
Provisions réglementées (amortissements dérogatoires)	DK	4 309	4 143	4 143
TOTAL I	DL	8 037	8 283	8 327
PROVISIONS POUR RISQUES ET CHARGES				
Provisions pour risques	DP	208	160	
Provisions pour charges	DQ	129	152	175
TOTAL II	DR	337	312	175
DETTES				
Emprunts obligataires convertibles	DS			
Autres emprunts obligataires	DT			
Emprunts et dettes auprès des étab. de crédit (1)	DU	10 810	15 717	14 939
Emprunts et dettes financières divers	DV			
Avances et acomptes reçus sur commandes en cours	DW			
Dettes fournisseurs et comptes rattachés	DX	26 081	43 083	63 563
Dettes fiscales et sociales	DY	1 442	1 277	1 466

»

»

		31/12 N–2	31/12 N–1	31/12 N
Dettes sur immobilisations et cptes rattachés	DZ			
Autres dettes (2)	EA	566	2 704	3 112
Comptes de régularisation	EB			
Produits constatés d'avance				
TOTAL III	EA	38 899	62 781	83 080
Écarts de conversion passif (V)	EB			
TOTAL GÉNÉRAL (I à V)		47 273	71 376	91 582
(1) Dont emprunts à moyen ou long terme		3 084	2 255	2 090
Concours bancaires courants				
Soldes créditeurs de banque		7 726	13 462	12 849
(2) Dont comptes courants d'associés bloqués		566	18	11

Compte de résultat Crusgel

		31/12/ N–2	31/12/ N–1	31/12/ N
PRODUITS D'EXPLOITATION				
Ventes de marchandises	FC	122 000	94 240	126 780
Production vendue (biens)	FF	80 622	77 100	84 512
Production vendue (services)	FI			
Chiffre d'affaires net (1) (2)	FL	202 622	171 340	211 292
Production stockée	FM			
Production immobilisée	FN			
Subventions d'exploitation	FO			
Reprises sur amort. dépr. et prov., transferts de charges	FP	187	565	265
Autres produits	FQ	621	8	5
TOTAL DES PRODUITS D'EXPLOITATION (I)	FR	203 430	171 913	211 562
CHARGES D'EXPLOITATION				
Achats de marchandises (3)	FS	97 600	70 761	102 594
Variation de stock (marchandises)	FT	12 278	– 4 100	- 7 380

»

»

		31/12/ N–2	31/12/ N–1	31/12/ N
Achats de matières premières et autres approvisionnements (3)	FU	58 780	83 419	88 525
Variation de stock (matières premières et approv.)	FV	5 484	– 5 085	– 1 367
Autres achats et charges externes (3) (4)	FW	11 919	11 965	12 652
Impôts, taxes et versements assimilés	FX	633	655	758
Salaires et traitements	FY	5 453	5 029	5 896
Charges sociales	FZ	2 057	1 876	2 144
Dotations aux amortissements et provisions				
Sur immobilisations : dotations aux amortissements	GA	564	409	516
Sur immobilisations : dotations aux dépréciations	GB			
Sur actif circulant : dotations aux dépréciations	GC	333	257	163
Pour risques et charges : dotations aux provisions	GD GE	238 101	151 380	176 416
Autres charges				
TOTAL DES CHARGES D'EXPLOITATION (II)	GF	195 440	165 717	205 093
1 – RÉSULTAT D'EXPLOITATION (I – II)	GG	7 990	6 196	6 469
OPÉRATIONS EN COMMUN				
Bénéfice attribué ou perte transférée (III)	GH			
Perte supportée ou bénéfice transféré (IV)	GI			
PRODUITS FINANCIERS				
Produits financiers de participations	GJ			
Produits des autres valeurs mobilières et créances de l'actif immobilisé	GK	22	100	
Autres intérêts et produits assimilés	GL			
Reprises sur provisions et dépréciations, transferts de charges	GM			

»

»

		31/12/ N–2	31/12/ N–1	31/12/ N
Différences positives de change	GN		169	554
Produits nets sur cessions de valeurs mobilières de placement	GO			
TOTAL DES PRODUITS FINANCIERS (V)	GP	22	269	554
CHARGES FINANCIÈRES				
Dotations financières aux amort. dépr. et prov.	GQ			
Intérêts et charges assimilées	GR	7 299	5 713	6 327
Différences négatives de change	GS	82	145	458
Charges nettes sur cessions de valeurs mobilières de placement	GT			
TOTAL DES CHARGES FINANCIÈRES (VI)	GU	7 381	5 858	6 785
2 – RÉSULTAT FINANCIER (V – VI)	GV	– 7 359	– 5 589	– 6 231
3 – RÉSULTAT COURANT AVANT IMPÔTS (I – II + III – IV + V – VI)	GW	631	607	238
PRODUITS EXCEPTIONNELS				
Produits exceptionnels sur opérations de gestion	HA	4	377	673
Produits exceptionnels sur opérations en capital	HB		832	
Reprises sur dépréciations et provisions, transferts de charges	HC		519	
TOTAL DES PRODUITS EXCEPTIONNELS (VII)	HD	4	1 728	673
CHARGES EXCEPTIONNELLES				
Charges exceptionnelles sur opérations de gestion	HE	108	541	508
Charges exceptionnelles sur opérations en capital	HF		683	
Dotations exceptionnelles aux amort., dépréciations et provisions	HG		353	

»

		31/12/ N-2	31/12/ N-1	31/12/ N
TOTAL DES CHARGES EXCEPTIONNELLES (VIII)	HH	108	1 577	508
4 – RÉSULTAT EXCEPTIONNEL (VII – VIII)	HI	– 104	151	165
Participation des salariés aux fruits de l'expansion (IX)	HJ			
Impôts sur les bénéfices (X)	HK	416	346	359
TOTAL DES PRODUITS (I + III + V + VII)	HL	203 456	173 910	212 789
TOTAL DES CHARGES (II + IV + VI + VIII + IX + X)	HM	203 345	173 498	212 745
BÉNÉFICE OU PERTE (TOTAL DES PRODUITS – TOTAL DES CHARGES)	HN	111	412	44
(1) Ventes France		179 756	151 603	182 749
Ventes exportations		22 866	19 737	28 543
(2) Non compris TVA collectée		9 891	8 419	9 941
(3) Non compris TVA déductible		10 427	10 945	10 798
(4) Crédit bail mobilier		412	247	325

Soldes intermédiaires de gestion prévisionnels Crusgel

	N	%	N+1	%	ev. N/N+1
Ventes de marchandises	126 780	60,0	152 000	60,8	+ 19,9
Production vendue	84 512	40,0	98 000	39,2	+ 16,0
Chiffre d'affaires de l'exercice	**211 292**	**100,0**	**250 000**	**100,0**	+ **18,3**
Production stockée	0		0		
Production immobilisée	0		0		
Consommation de marchandises	95 214	45,1	109 878	44,0	+ 15,4
Consommation de matières premières	87 158	41,3	108 000	43,2	+ 23,9
Marge commerciale	**31 566**	**24,9**	**42 122**	**27,7**	+ **33,4**
Marge brute	**28 920**	**13,7**	**32 122**	**12,8**	+ **11,1**
Autres achats et charges externes	12 652	6,0	19 920	5,6	+ 10,0
Valeur ajoutée	**16 268**	**7,7**	**18 202**	**7,3**	+ **11,9**
Impôts et taxes	758	0,4	872	0,3	+ 15,0
Charges de personnel	8 040	3,8	8 500	3,4	+ 5,7

»

	N	%	N+1	%	ev. N/N+1
Excédent brut d'exploitation	**7 470**	**3,5**	**8 830**	**3,5**	**+ 18,2**
Dotations aux amort. et prov. d'exploitation	855	0,4	1 054	0,4	+ 23,3
Reprises de prov. de dépréciations d'exploitation	265	0,1	200	0,1	- 24,5
Autres produits et charges d'exploitation	- 411	- 0,2	100	0,0	- 124,3
Résultat d'exploitation	**6 469**	**3,1**	**8 076**	**3,2**	**+ 24,8**
Produits financiers	554	0,3	150	0,1	- 72,9
Charges financières	6 785	3,2	7 400	3,0	+ 9,1
Résultat courant	**238**	**0,1**	**826**	**0,3**	**+ 247,1**
Produits exceptionnels	673	0,3	0	0,0	100,0
Charges exceptionnelles	508	0,2	0	0,0	100,0
Participation des salariés	0	0,0	0	0,0	
Impôts sur les bénéfices	359	0,2	126	0,1	64,9
Résultat de l'exercice	**44**	**0,0**	**700**	**0,3**	**+ 1 491**
Dotations aux amort. et prov.	855	0,4	1 054	0,4	23,3
Reprises sur amort. et prov.	265	0,1	200	0,1	24,5
Valeurs comptables des éléments cédés	0	0,0	0	0,0	
Produits des cession d'éléments d'actifs	0	0,0	0	0,1	
Capacité d'autofinancement	**634**	**0,3**	**1 554**	**0,6**	**+ 145,1**

Bilan reclassé en masse CRUSGEL

Actif	N–2	%	N–1	%	N	%	Passif	N–2	%	N–1	%	N	%
Immobilisations incorporelles *Immobilisations corporelles* *Immobilisations financières*							*Capitaux propres* *Comptes courants d'associés bloqués*						
							Ressources propres						
Actif immobilisé							**Provisions pour risques et charges**						
Stocks et en cours *Avances et acomptes versés sur commandes* *Créances clients et comptes rattachés* *Autres créances*							**Dettes à moyen ou long terme**						
							Ressources stables						
							Avances et acomptes reçus *Dettes fournisseurs* *Dettes fiscales et sociales* *Autres dettes*						
Actif d'exploitation et hors-exploitation													
Valeurs mobilières de placement *Disponibilités*							**Dettes d'exploitation et hors exploitation**						
Trésorerie actif							*Escompte* *Soldes créditeurs de banque* *Autres concours*						
							Trésorerie passif						
TOTAL ACTIF							**TOTAL PASSIF**						

Valeurs structurelles CRUSGEL

	N–2	N–1	% (1)	N	% (1)
Ressources stables *– Actif immobilisé net*					
1. Fonds de roulement (FR)					
Actif d'exploitation et hors d'exploitation *– Dettes d'exploitation et hors exploitation*					
2. Besoins en fonds de roulement (BFR)					
Fonds de roulement *– besoin en fonds de roulement*					
3. Trésorerie nette (TN)					

(1) % de variation par rapport à l'exercice précédent

Soldes intermédiaires de gestion CRUSGEL

	N–2	%	N–1	%	N	%	Ev. N–2/N
Ventes de marchandises *Production vendue*							
Chiffre d'affaires de l'exercice							
Production stockée *Production immobilisée*							
Production de l'exercice							
Consommation de marchandises *Consommation de matières premières*							
Marge commerciale **Marge brute**							
Autres achats et charges externes							
Valeur ajoutée							
Subventions d'exploitation *Impôts et taxes* *Charges de personnel*							
Excédent brut d'exploitation							
Dotations aux amort. et prov. d'exploitation *Reprises de prov. de dépréciations d'exploitation* *Autres produits et charges d'exploitation*							
Résultat d'exploitation							

»

»

	N–2	%	N–1	%	N	%	Ev. N–2/N
Produits financiers *Charges financières*							
Résultat courant							
Produits exceptionnels *Charges exceptionnelles* *Participation des salariés* *Impôts sur les bénéfices*							
Résultat de l'exercice							
Dotations aux amort. et prov. *Reprises sur amort. et prov.* *Valeurs comptables des éléments cédés* *Produits des cession d'éléments d'actifs*							
Capacité d'autofinancement							

Ratios de structure Crusgel

	N–2	N–1	N
1 – Solvabilité $\frac{\text{Ressources propres} \times 100}{\text{Total du bilan reclassé}}$			
2 – Capacité d'endettement $\frac{\text{Ressources propres}}{\text{Dettes à moyen ou long terme}}$			
3 – Capacité de remboursement $\frac{\text{Dettes à moyen ou long terme}}{\text{Capacité d'autofinancement}}$			
4 – Degré d'amortissement des actifs immobilisés (1) $\frac{\text{Amortissements inscrits à l'actif} \times 100}{\text{Immobilisations amortissables brutes}}$			
5 – Part du BFR financé par le FR $\frac{\text{Fonds de roulement} \times 100}{\text{Besoin en fonds de roulement}}$			
6 – Liquidité $\frac{(\text{Créances nettes + disponibilités}) \times 100}{\text{Dettes à court terme}}$			

(1) Calculs à faire sur immobilisations corporelles seules.

Ratios d'activité et de rentabilité CRUSGEL

	N–2	N–1	N
1 – Fonds de roulement en jours de CA $\frac{\text{Fonds de roulement} \times 360}{\text{Chiffre d'affaires (HT)}}$			
2 – Besoin en fonds de roulement en jours de CA $\frac{\text{Besoin en fonds de roulement} \times 360}{\text{Chiffre d'affaires (HT)}}$			
3 – Trésorerie nette en jours de CA $\frac{\text{Trésorerie nette} \times 360}{\text{Chiffre d'affaires (HT)}}$			
4 – Besoins de financement structurels en jours de CA $\frac{\text{(Immobilisations + BFR)} \times 360}{\text{Chiffre d'affaires (HT)}}$			
5 – Rotation du stock de matières premières $\frac{\text{Stock final brut de matières premières} \times 360}{\text{Achats de matières premières (HT)}}$			
6 – Rotation du stock de marchandises $\frac{\text{Stock final brut de marchandises} \times 360}{\text{Achats de marchandises (HT)}}$			
7 – Crédit clients $\frac{\text{(Clients brut – acomptes + encours d'escompte)} \times 360}{\text{Chiffre d'affaires (TTC)}}$			
8 – Crédit fournisseurs $\frac{\text{(Dettes fournisseurs d'exploitation – acomptes)} \times 360}{\text{Achats et autres charges externes (TTC)}}$			
9 – Rendement des capitaux investis $\frac{\text{Résultat} \times 100}{\text{Capitaux propres hors résultat}}$			
10 – Coût financier $\frac{\text{Charges d'intérêts} \times 100}{\text{Chiffre d'affaires (HT)}}$			
11 – Poids des charges de personnel en % de la VA $\frac{\text{Charges de personnel} \times 100}{\text{Valeur ajoutée}}$			

Tableau de financement prévisionnel CRUSGEL

	N+1
Emplois stables – *Investissements à réaliser* – *Distribution de dividendes* – *Remboursements des comptes courants* – *Remboursements des crédits*	
Total des besoins (1)	
Ressources stables – *Augmentation de capital* – *Apports en compte courant* – *Cessions d'actifs* – *Capacité d'autofinancement* – *Crédits sollicités*	
Total des ressources (2)	
Variation du fonds de roulement (2 – 1) = A	
Variation du besoin en fonds de roulement = B	
Variation de la trésorerie = A – B	

Ratios prévisionnels CRUSGEL

	N	N+1
1 – Capacité d'endettement $\frac{\text{Ressources propres}}{\text{Dettes à moyen ou long terme}}$	$\frac{8\,338}{2\,090} = 3{,}99$	
2 – Capacité de remboursement $\frac{\text{Dettes à moyen ou long terme}}{\text{Capacité d'autofinancement}}$	$\frac{2\,090}{634} = 3{,}30$	
3 – Fonds de roulement en jours de CA $\frac{\text{Fonds de roulement} \times 360}{\text{Chiffre d'affaires (HT)}}$	$\frac{7\,234 \times 360}{211\,292} = 12 \text{ j}$	
4 – Besoin en fonds de roulement en jours de CA $\frac{\text{Besoin en fonds de roulement} \times 360}{\text{Chiffre d'affaires (HT)}}$	$\frac{47\,447 \times 360}{211\,292} = 81 \text{ j}$	
5 – Trésorerie nette en jours de CA $\frac{\text{Trésorerie} \times 360}{\text{Chiffre d'affaires (HT)}}$	$\frac{-40\,213 \times 360}{211\,292} = -69 \text{ j}$	

Corrigé du cas pratique 10

1. Procéder au reclassement des bilans, au calcul des valeurs structurelles, des soldes intermédiaires de gestion et des ratios.

Bilan reclassé en masses Crusgel

Actif	N–2	%	N–1	%	N	%	Passif	N–2	%	N–1	%	N	%
Immobilisations incorporelles	615	0,9	959	1,0	913	0,8	*Capitaux propres*	8 037	11,2	8 283	8,6	8 327	6,9
Immobilisations corporelles	1 425	2,0	760	0,8	805	0,7	*Comptes courants d'associés bloqués*	566	0,8	18	0,0	11	0,0
Immobilisations financières	533	0,7	1 597	1,7	1 651	1,4	**Ressources propres**	**8 603**	12,0	**8 301**	8,6	**8 338**	6,9
Actif immobilisé	**2 573**	**3,6**	**3 316**	**3,4**	**3 369**	**2,8**	**Provisions pour risques et charges**	**337**	0,5	**312**	0,3	**175**	0,1
Stocks et en cours	18 730	26,2	27 929	28,9	36 682	30,4	**Dettes à moyen ou long terme**	**3 084**	4,3	**2 255**	2,3	**2 090**	1,7
Avances et acomptes versés sur commandes	0	0,0	0	0,0	0	0,0	**Ressources stables**	**12 024**	**16,8**	**10 868**	11,2	**10 603**	**8,8**
Créances clients et comptes rattachés	42 030	58,8	55 428	57,3	72 197	59,8	*Avances et acomptes reçus*	0	0,0	0	0,0	0	0,0
Autres créances	4 220	5,9	8 381	8,7	6 698	5,6	*Dettes fournisseurs*	26 081	36,5	43 083	44,5	63 563	52,7
							Dettes fiscales et sociales	1 442	2,0	1 277	1,3	1 466	1,2
							Autres dettes	0	0,0	2 686	2,8	3 101	2,6
Actif d'exploitation et hors-exploitation	**64 980**	**90,9**	**91 738**	**94,8**	**115 577**	**95,8**	**Dettes d'exploitation et hors exploitation**	**27 523**	**38,5**	**47 046**	**48,6**	**68 130**	**56,5**

»

Actif	N–2	%	N–1	%	N	%	Passif	N–2	%	N–1	%	N	%
Valeurs mobilières de placement	3 965	0,0	0	0,0	0	0,0	*Escompte*	24 245	33,9	25 392	26,2	29 087	24,1
Disponibilités		5,5	1 714	1,8	1 723	1,4	*Soldes créditeurs de banque*	7 726	10,8	13 462	13,9	12 849	10,6
							Autres concours	0	0,0	0	0,0	0	0,0
Trésorerie actif	**3 965**	**5,5**	**1 714**	**1,8**	**1 723**	**1,4**	**Trésorerie passif**	**31 971**	**44,7**	**38 854**	**40,2**	**41 936**	**34,8**
TOTAL ACTIF	**71 518**	**100**	**96 768**	**100**	**120 669**	**100**	**TOTAL PASSIF**	**71 518**	**100**	**96 768**	**100**	**120 669**	**100**

Valeurs structurelles Crusgel

	N–2	N–1	% (1)	N	% (1)
Ressources stables *– Actif immobilisé net*	12 024 – 2 573	10 868 – 3 316		10 603 – 3 369	
1. Fonds de roulement (FR)	**9 451**	**7 552**	**– 20,1**	**7 234**	**– 4,2**
Actif d'exploitation et hors d'exploitation *– Dettes d'exploitation et hors exploitation*	64 980 – 27 523	91 738 – 47 046		115 577 – 68 130	
2. Besoin en fonds de roulement (BFR)	**37 457**	**44 692**	**+ 19,3**	**47 447**	**+ 6,2**
Fonds de roulement *– Besoin en fonds de roulement*	9 451 – 37 457	7 552 – 44 692		7 234 – 47 447	
3. Trésorerie nette (TN)	**– 28 006**	**– 37 140**	**+ 32,6**	**– 40 213**	**+ 8,3**
Trésorerie actif *– Trésorerie passif*	3 965 – 31 971	1 714 – 38 854		1 723 – 41 936	
4. Vérification de la trésorerie nette	**– 28 006**	**– 37 140**	**+ 32,6**	**– 40 213**	**+ 8,3**

(1) % de variation par rapport à l'exercice précédent.

Soldes intermédiaires de gestion Crusgel

	N–2	%	N–1	%	N	%	Ev. N–2/N
Ventes de marchandises	122 000	60,2	94 240	55,0	126 780	60,0	+ 3,9
Production vendue	80 622	39,8	77 100	45,0	84 512	40,0	+ 4,8
Chiffre d'affaires de l'exercice	**202 622**	**100,0**	**171 340**	**100,0**	**211 292**	**100,0**	**+ 4,3**
Production stockée	0		0		0		
Production immobilisée	0		0		0		
Production de l'exercice	**80 622**	**39,8**	**77 100**	**45,0**	**84 512**	**40,0**	**+ 4,8**
Consommation de marchandises	109 878	54,2	66 661	38,9	95 214	45,1	– 13,3
Consommation de matières premières	64 264	31,7	78 334	45,7	87 158	41,3	+ 35,6
Marge commerciale	**12 122**	**9,9**	**27 579**	**29,3**	**31 566**	**24,9**	**+ 160,4**
Marge brute	**28 480**	**14,1**	**26 345**	**15,4**	**28 920**	**13,7**	**+ 1,5**
Autres achats et charges externes	11 919	5,9	11 965	7,0	12 652	6,0	+ 6,1
Valeur ajoutée	**16 561**	**8,2**	**14 380**	**8,4**	**16 268**	**7,7**	**– 01,8**
Subventions d'exploitation	0	0,0	0	0,0	0	0,0	
Impôts et taxes	633	0,3	655	0,4	758	0,4	+ 19,7
Charges de personnel	7 510	3,7	6 905	4,0	8 040	3,8	+ 7,1
Excédent brut d'exploitation	**8 418**	**4,2**	**6 820**	**4,0**	**7 470**	**3,5**	**– 11,3**
Dotations aux amort. et prov. d'exploitation	1 135	0,6	817	0,5	855	0,4	– 24,7
Reprises de prov. de dépréciations d'exploitation	187	0,1	565	0,3	265	0,1	+ 41,7
Autres produits et charges d'exploitation	+ 520	0,3	– 372	– 0,2	– 411	– 0,2	– 179,0
Résultat d'exploitation	**7 990**	**3,9**	**6 196**	**3,6**	**6 469**	**3,1**	**– 19,0**

»

	N–2	%	N–1	%	N	%	Ev. N–2/N
Produits financiers	22	0,0	269	0,2	554	0,3	+ 2 418
Charges financières	7 381	3,6	5 858	3,4	6 785	3,2	– 8,1
Résultat courant	**631**	**0,3**	**607**	**0,4**	**238**	**0,1**	**– 62,3**
Produits exceptionnels	4	0,0	1 728	1,0	673	0,3	+ 16 725
Charges exceptionnelles	108	0,1	1 577	0,9	508	0,2	+ 370,4
Participation des salariés	0	0,0	0	0,0	0	0,0	
Impôts sur les bénéfices	416	0,2	346	0,2	359	0,2	– 13,7
Résultat de l'exercice	**111**	**0,1**	**412**	**0,2**	**44**	**0,0**	**– 60,4**
Dotations aux amort. et prov.	1 135	0,6	1 170	0,7	855	0,4	– 24,7
Reprises sur amort. et prov.	187	0,1	1 084	0,6	265	0,1	+ 41,7
Valeurs comptables des éléments cédés	0	0,0	683	0,4	0	0,0	
Produits des cession d'éléments d'actifs	0	0,0	832	0,5	0	0,0	
Capacité d'autofinancement	**1 059**	**0,5**	**349**	**0,2**	**634**	**0,3**	**– 40,1**

Ratios de structure CRUSGEL

	N–2	N–1	N
1 – Solvabilité $\frac{\text{Ressources propres} \times 100}{\text{Total du bilan reclassé}}$	$\frac{8\,603 \times 100}{71\,518} = 12{,}0\ \%$	$\frac{8\,301 \times 100}{96\,768} = 8{,}6\ \%$	$\frac{8\,338 \times 100}{120\,669} = 6{,}9\ \%$
2 – Capacité d'endettement $\frac{\text{Ressources propres}}{\text{Dettes à moyen ou long terme}}$	$\frac{8\,603}{3\,084} = 2{,}8$	$\frac{8\,301}{2\,255} = 3{,}7$	$\frac{8\,338}{2\,090} = 4{,}0$
3 – Capacité de remboursement $\frac{\text{Dettes à moyen ou long terme}}{\text{Capacité d'autofinancement}}$	$\frac{3\,084}{1059} = 2{,}9$	$\frac{2\,255}{349} = 6{,}5$	$\frac{2\,090}{634} = 3{,}3$
4 – Degré d'amortissement des actifs immobilisés (1) $\frac{\text{Amortissements inscrits à l'actif} \times 100}{\text{Immobilisations amortissables brutes}}$	$\frac{1307 \times 100}{2\,732} = 47{,}8\ \%$	$\frac{1\,248 \times 100}{2\,008} = 62{,}2\ \%$	$\frac{1367 \times 100}{2\,172} = 64{,}1\%$
5 – Part du BFR financé par le FR $\frac{\text{Fonds de roulement} \times 100}{\text{Besoin en fonds de roulement}}$	$\frac{9\,451 \times 100}{37\,457} = 25{,}2\ \%$	$\frac{7\,552 \times 100}{44\,692} = 16{,}9\ \%$	$\frac{7\,234 \times 100}{47\,447} = 15{,}2\ \%$
6 – Liquidité $\frac{(\text{Créances nettes + disponibilités}) \times 100}{\text{Dettes à court terme}}$	$\frac{25\,925 \times 100}{35\,249} = 73{,}5\ \%$	$\frac{40\,043 \times 100}{60\,508} = 66{,}2\ \%$	$\frac{51\,471 \times 100}{80\,979} = 63{,}6\ \%$

(1) Calculs effectués sur immobilisations corporelles seules.

Ratios d'activité et de rentabilité Crusgel

	N–2	N–1	N
1 – Fonds de roulement en jours de CA $\frac{\text{Fonds de roulement} \times 360}{\text{Chiffre d'affaires (HT)}}$	$\frac{9\,451 \times 360}{202\,622} = 17$ j	$\frac{7\,552 \times 360}{171\,340} = 16$ j	$\frac{7\,234 \times 360}{211\,292} = 12$ j
2 – Besoin en fonds de roulement en jours de CA $\frac{\text{Besoin en fonds de roulement} \times 360}{\text{Chiffre d'affaires (HT)}}$	$\frac{37\,457 \times 360}{202\,622} = 67$ j	$\frac{44\,692 \times 360}{171\,340} = 94$ j	$\frac{47\,447 \times 360}{211\,292} = 81$ j
3 – Trésorerie nette en jours de CA $\frac{\text{Trésorerie nette} \times 360}{\text{Chiffre d'affaires (HT)}}$	$\frac{-28\,006 \times 360}{202\,622} = -50$ j	$\frac{-37\,140 \times 360}{171\,340} = -78$ j	$\frac{-40\,213 \times 360}{211\,292} = -69$ j
4 – Besoins de financement structurels en jours de CA $\frac{(\text{Immobilisations + BFR}) \times 360}{\text{Chiffre d'affaires (HT)}}$	$\frac{40\,030 \times 360}{202\,622} = 71$ j	$\frac{48\,008 \times 360}{171\,340} = 101$ j	$\frac{50\,816 \times 360}{211\,292} = 87$ j
5 – Rotation du stock de matières premières $\frac{\text{Stock final brut de matières premières} \times 360}{\text{Achats de matières premières (HT)}}$	$\frac{7\,504 \times 360}{58\,780} = 46$ j	$\frac{12\,589 \times 360}{83\,419} = 54$ j	$\frac{13\,956 \times 360}{88\,525} = 57$ j
6 – Rotation du stock de marchandises $\frac{\text{Stock final brut de marchandises} \times 360}{\text{Achats de marchandises (HT)}}$	$\frac{11\,300 \times 360}{97\,600} = 42$ j	$\frac{15\,400 \times 360}{70\,761} = 78$ j	$\frac{22\,780 \times 360}{102\,594} = 80$ j
7 – Crédit clients $\frac{(\text{Clients brut – acomptes + encours d'escompte}) \times 360}{\text{Chiffre d'affaires (TTC)}}$	$\frac{42\,733 \times 360}{212\,513} = 72$ j	$\frac{55\,966 \times 360}{179\,759} = 112$ j	$\frac{72\,830 \times 360}{221\,233} = 119$ j

»

	N–2	N–1	N
8 – Crédit fournisseurs $\frac{\text{Dettes fournisseurs d'exploitation} \times 360}{\text{Achats et autres charges externes (TTC)}}$	$\frac{26\,081 \times 360}{178\,726} = 53$ j	$\frac{43\,083 \times 360}{177\,090} = 88$ j	$\frac{63\,563 \times 360}{214\,569} = 107$ j
9 – Rendement des capitaux investis $\frac{\text{Résultat} \times 100}{\text{Capitaux propres hors résultat}}$	$\frac{111 \times 100}{3\,617} = 3{,}07\ \%$	$\frac{412 \times 100}{3\,728} = 11{,}05\ \%$	$\frac{44 \times 100}{4\,140} = 1{,}06\ \%$
10 – Coût financier $\frac{\text{Charges d'intérêts} \times 100}{\text{Chiffre d'affaires (HT)}}$	$\frac{7\,299 \times 100}{202\,622} = 3{,}60\ \%$	$\frac{5\,713 \times 100}{171\,340} = 3{,}33\ \%$	$\frac{6\,327 \times 100}{211\,292} = 2{,}99\ \%$
11 – Poids des charges de personnel en % de la VA $\frac{\text{Charges de personnel} \times 100}{\text{Valeur ajoutée}}$	$\frac{7\,510 \times 100}{16\,561} = 45{,}35\ \%$	$\frac{6\,905 \times 100}{14\,380} = 48{,}02\ \%$	$\frac{8\,040 \times 100}{16\,268} = 49{,}42\ \%$

Tableau de financement prévisionnel CRUSGEL

	N+1
Emplois stables – *Investissements à réaliser* – *Distribution de dividendes* – *Remboursements des comptes courants* – *Remboursements des crédits (a)*	 1 800 840
Total des besoins (1)	**2 640**
Ressources stables – *Augmentation de capital* – *Apports en compte courant* – *Cessions d'actifs* – *Capacité d'autofinancement* – *Crédits sollicités*	 1 554 1 200
Total des ressources (2)	**2 754**
Variation du fonds de roulement (2 – 1) = A	**+ 114**
Variation du besoin en fonds de roulement = B	**+ 4 636**
Variation de la trésorerie = A – B	**– 4 522**

(a) Crédits en cours + nouveaux crédits = 600 + (1 200/5) = 840
BFR prévisionnel = (2 500 000 × 75) / 360 = 52 087
Variation du BFR = 52 083 – 47 447 = + 4 636

Ratios prévisionnels CRUSGEL

	N	N+1
1 – Capacité d'endettement $\frac{\text{Ressources propres}}{\text{Dettes à moyen ou long terme}}$	$\frac{8\,338}{2\,090} = 4{,}0$	$\frac{9\,038}{2\,450} = 3{,}7$
2 – Capacité de remboursement $\frac{\text{Dettes à moyen ou long terme}}{\text{Capacité d'autofinancement}}$	$\frac{2\,090}{634} = 3{,}3$	$\frac{2\,450}{1\,554} = 1{,}6$
3 – Fonds de roulement en jours de CA $\frac{\text{Fonds de roulement} \times 360}{\text{Chiffre d'affaires (HT)}}$	$\frac{7\,234 \times 360}{211\,292} = 12\text{ j}$	$\frac{7\,394 \times 360}{250\,000} = 11\text{ j}$
4 – Besoin en fonds de roulement en jours de CA $\frac{\text{Besoin en fonds de roulement} \times 360}{\text{Chiffre d'affaires (HT)}}$	$\frac{47\,447 \times 360}{211\,292} = 81\text{ j}$	$\frac{52\,083 \times 360}{250\,000} = 75\text{ j}$
5 – Trésorerie nette en jours de CA $\frac{\text{Trésorerie} \times 360}{\text{Chiffre d'affaires (HT)}}$	$\frac{-40\,213 \times 360}{211\,292} = -69\text{ j}$	$\frac{-44\,689 \times 360}{250\,000} = -64\text{ j}$

Ressources propres N+1 = 8 338 + 700 = 9 038
Dettes à moyen ou long terme N+1 = 2 090 + 1 200 – 840 = 2 450
Fonds de roulement N+1 = 7 234 + 114 = 7 348
Besoin en fonds de roulement N+1 = 250 000 × 75/360 = 52 083
Trésorerie N+1 = – 40 213 + (– 4 522) = – 44 735

2. Procéder à l'analyse financière.

I. Présentation de l'entreprise

A Aspects juridiques

CRUSGEL est une entreprise relativement récente ; les dirigeants sont jeunes.
La répartition du capital laisse à penser que l'équipe de direction est motivée.
En revanche, la vie de l'entreprise semble reposer essentiellement sur la seule tête du dirigeant d'où une certaine faiblesse.

B Aspects économiques

La société est spécialisée dans l'importation et la distribution de crustacés surgelés ; il s'agit donc d'un produit alimentaire de semi-luxe.
Pour assurer son activité, l'entreprise doit faire une place importante à la publicité.
Le conditionnement et la qualité sont des éléments prépondérants au prix.
Le marché en très forte croissance depuis quelques années et les grandes surfaces occupent une place importante dans la distribution.
L'entreprise doit faire face à une concurrence forte essentiellement constituée de filiales de grands groupes alimentaires.

II. Structure

A Fonds de roulement (FR)

À fin N, le fonds de roulement atteint 12 jours de ventes ce qui est faible avec une baisse en valeur absolue par rapport à N–2 (il passe de 17 jours à 12 jours).
Les emplois durables représentent une part très faible des emplois, ce qui est normal compte tenu de la nature de l'activité. À noter la part non négligeable des immobilisations incorporelles (frais de publicité).
Le volume des ressources stables est inférieur à celui de N–2. Par rapport au total de bilan, ces ressources représentent 11 % ce qui est faible et en constante baisse (16,8 %, 11,2 %, 8,8 %).
On notera la part importante de provisions réglementées (vraisemblablement pour hausse de prix).

B Besoin en fonds de roulement (BFR)

Les actifs d'exploitation sont très importants à plus de 6 mois de chiffre d'affaires (196 jours) avec une progression très rapide (115 jours en N–2). On peut remarquer notamment que le poste marchandises a doublé en deux ans.
Les dettes d'exploitation sont en très forte progression sur les 2 ans, leur part dans le bilan retraité passant de 38,5 % à 53,9 %. Il ressort cependant une nette amélioration de la couverture des actifs d'exploitation en N (59,8 % contre 45,2 % N–2).
Il en résulte que le besoin en fonds de roulement se situe à un niveau élevé (81 jours de ventes en N) avec une évolution en dents de scie.

C Trésorerie

Si la trésorerie actif n'appelle pas de remarques particulières, on peut noter pour la trésorerie passif une croissance importante en volume largement supérieure à celle du chiffre d'affaires, puis que le solde net de trésorerie passe de 50 jours à 69 jours de chiffre d'affaires.

La part de l'escompte est voisine de 70 % et représente seulement 50 jours de ventes. Le découvert augmente vite depuis deux ans, et représente 22 jours de ventes, ce qui reste tout juste acceptable.

La part du BFR financée par les concours bancaires ne cesse d'augmenter et atteint un niveau très élevé : 85 % en N.

La croissance rapide mais maîtrisée du BFR face à une baisse du FR a bien sûr entraîné une utilisation soutenue des concours bancaires. Le niveau atteint fin N est largement excessif. Le FR est insuffisant.

Pour l'avenir, la maîtrise du BFR à 75 jours de ventes (ce qui ne sera pas aisé) entraînerait une progression de près de 4,6 M€. Il est donc prévisible de voir une nouvelle augmentation des concours bancaires d'environ 4 M€. La part du BFR financée par la trésorerie restera au niveau excessif de 86 %.

D Endettement

L'entreprise est assez peu endettée à moyen et long terme. À noter l'emprunt participatif obtenu avant N–2.

La CAF annoncée de 1,5 M€ devrait couvrir les investissements prévus de 1,2 M€ et laisserait une marge d'environ 2 M€ compte tenu des remboursements d'emprunts.

Le FR pourrait donc être porté à environ 7,4 M€ mais ne représenterait toujours que 11 jours de ventes.

E Risque en cas de liquidation

Le taux de couverture (fonds propres/total du bilan comptable) est tout à fait insuffisant (à peine 7 % en N) et en très forte détérioration en raison d'une augmentation très importante des dettes fournisseurs et des concours bancaires à court terme.

La couverture de risque des actifs n'est pratiquement pas assurée et la situation s'est largement dégradée depuis N–2.

En effet les postes à risques (frais d'établissement, concessions, fonds commercial, installations techniques, participations, marchandises) représentent, en N, 39 853 000 pour seulement 8 327 000 de fonds propres auxquels on peut ajouter 11 000 de comptes courants d'associés soit une couverture de seulement 21 % (contre 40 % en N–2).

III. Activité et rentabilité

A Chiffre d'affaires

Le chiffre d'affaires progresse fortement entre N–1 et N (23,3 %), mais l'année N–1 avait connu une forte chute suite à la rupture du contrat avec un distributeur.

B Marge commerciale

Elle se situe à un niveau relativement correct, car elle a très fortement augmenté. La consommation en provenance des tiers est bien contenue notamment au niveau des charges externes.

C Marge brute

Elle évolue en dents de scie, la marge de production évoluant moins favorablement que la marge commerciale ; le nouveau segment, poisson surgelé, peine sans doute à devenir rentable.

D Valeur ajoutée

La part des salaires ne cesse d'augmenter par rapport à la valeur ajoutée (49,42 % en N contre 45,35 % en N–2). Il en résulte que la part conservée par l'entreprise est faible malgré un léger redressement en N.

E Excédent brut d'exploitation

Il se situe à un niveau faible de 3,5 % du chiffre d'affaires. La progression en N est nettement inférieure à celle du chiffre d'affaires compte tenu notamment de la hausse des charges de personnel.

F Résultat d'exploitation

Il reste faible par rapport au chiffre d'affaires. En 2 ans, il chute de 19 % pour un chiffre d'affaires augmentant de 4,3 % ; l'évolution est inquiétante.

G Résultat courant

Il est très faible ; bien maintenu en N–1 malgré la baisse de chiffre d'affaires, il chute de 60 % en N compte tenu notamment de la forte hausse des charges financières (8 %).

Le coût de l'endettement apparaît donc lourd par rapport à la faible rentabilité d'exploitation.

H Résultat net

Il est quasiment nul en N malgré un résultat exceptionnel positif.

I Capacité d'autofinancement

Elle est en net redressement par rapport à N–1 mais reste trop faible pour améliorer la structure et parvenir à un désendettement.

IV. Appréciation d'ensemble

Nous sommes en présence d'une entreprise fragile pour les raisons suivantes :

- besoin en fonds de roulement important ;
- fonds de roulement insuffisant ;
- trésorerie tendue ;
- rentabilité faible,

Tout ceci nécessite une intervention du banquier auprès des dirigeants pour demander :

- un apport d'argent frais, mais la situation financière des associés nécessitera vraisemblablement une ouverture du capital ;
- un financement à moyen ou long terme des investissements N+1.

Pour une progression de chiffre d'affaires de 18 %, les dirigeants prévoient un bénéfice de 0,7 M€ et une CAF de 1,5 M€. La progression du CA semble toutefois excessivement optimiste.

Entreprise à suivre avec attention malgré les perspectives favorables annoncées par les dirigeants.

3. Après avoir établi le tableau de financement prévisionnel et complété le tableau des ratios prévisionnel à fin N+1, vous donnerez votre position sur les demandes de concours (crédit à MLT de 1,2 M€ et augmentation de la ligne d'escompte de 5 M€).

A Attitude sur la demande de crédit à long terme

La capacité d'endettement est importante, notamment face aux faibles investissements de la société. La capacité de remboursement est en très sensible amélioration, mais la rentabilité de l'entreprise reste très faible et la mise en place de nouveaux financements semble exclue sans mise de fonds de la part des associés compte tenu du niveau très faible du ratio de solvabilité ; il faudra sans doute attendre des prévisions de rentabilité supérieures à celle que connaît actuellement l'entreprise pour envisager la mise en place de concours à moyen ou long terme.

B Attitude en cas de demande de crédit à court terme

Les encours d'escompte sont loin de leur plafond (29 M€ en N pour une autorisation de 40).

En revanche, l'autorisation de découvert est largement dépassée et les prévisions ne vont pas dans le bon sens.

À l'évidence, la gestion de la trésorerie est à revoir notamment dans les modalités de mobilisation du poste clients.

Dans l'état actuel de la situation de l'entreprise, la mise en place de nouveaux concours de mobilisation est inutile et l'augmentation du découvert à éviter, compte tenu d'un risque de financement de pertes et de la faiblesse des fonds propres.

Annexe

Tableau de synthèse des calculs préparatoires à l'analyse

LES MASSES DU BILAN RECLASSÉ	
Fonds de roulement	Ressources stables – Actif immobilisé net
Besoin en fonds de roulement	Actif d'exploitation et hors d'exploitation – Dettes d'exploitation et hors exploitation
Trésorerie nette	Fonds de roulement – Besoin en fonds de roulement
LES SOLDES INTERMÉDIAIRES DE GESTION	
Chiffre d'affaires de l'exercice	Ventes de marchandises + Production vendue
Production de l'exercice	Production vendue + Production stockée + Production immobilisée
Marge commerciale	Ventes de marchandises – Consommation de marchandises
Marge brute	Marge commerciale + Production vendue + ou – Production stockée – Consommation de matières premières

»

Valeur ajoutée	Production de l'exercice + Marge commerciale – Consommations de l'exercice en provenance des tiers
Excédent brut d'exploitation	Valeur ajoutée + subventions d'exploitation – Impôts et taxes – charges de personnel
Résultat d'exploitation	Excédent brut d'exploitation – DAP + reprises + Tranferts de charges + – Autres produits et charges d'exploitation
Résultat courant avant impôts	Résultat d'exploitation + Produits financiers – Charges financières + ou – Quote-part des opérations en commun
Résultat de l'exercice	Résultat courant + Résultat exceptionnel – Participation des salariés – Impôts sur les bénéfices
Capacité d'autofinancement	Résultat de l'exercice + DAP – Reprises + Valeurs comptables des éléments d'actif cédés – Produits des cessions d'éléments d'actif
LES RATIOS	
Solvabilité	Ressources propres x 100 / Total du bilan reclassé
Capacité d'endettement	Ressources propres / Dettes à moyen ou long terme
Capacité de remboursement	Dettes à moyen ou long terme / Capacité d'autofinancement
Degré d'amortissement des actifs immobilisés	Amortissements inscrits à l'actif x 100 / Immobilisations amortissables brutes
Part du BFR financé par le FR	Fonds de roulement x 100 / Besoin en fonds de roulement
Liquidité	(Créances nettes + Disponibilités) x 100 / Dettes à court terme
Fonds de roulement en jours de chiffre d'affaires	Fonds de roulement x 360 / Chiffre d'affaires HT
Besoin en fonds de roulement en jours de chiffre d'affaires	Besoin en fonds de roulement x 360 / Chiffre d'affaires HT
Trésorerie nette en jours de chiffre d'affaires	Trésorerie nette x 360 / Chiffre d'affaires HT
Vitesse de rotation du stock total	Stock final brut x 360 / Chiffre d'affaires HT
Vitesse de rotation du stock de marchandises	Stock final brut de marchandises x 360 / Achats de marchandises HT

Vitesse de rotation du stock de matières premières	Stock final brut de matières premières x 360 / Achats de mat. premières HT
Vitesse de rotation du stock de produits intermédiaires	Stock final brut de produits intermédiaires x 360 / Production totale – Résultat d'exploitation
Vitesse de rotation du stock de produits finis	Stock final brut de produits finis x 360 / Production vendue – Résultat d'exploitation
Délais de règlement clients	(Créances clients brutes – acomptes reçus + Encours d'escompte) x 360 / Chiffre d'affaires TTC
Délais de règlement des fournisseurs	(Dettes fournisseurs d'exploitation – acomptes reçus x 360)/ Achats et autres charges externes TTC
Rendement des capitaux investis	Résultat net x 100 / Capitaux propres hors résultat

Index

Collection Fonctions de l'entreprise

Série Finance gestion comptabilité

- B. Bachy et M. Sion, *Analyse financière des comptes consolidés*, 2e éd., 2009
- L. Bernet-Rollande, *Pratique de l'analyse financière*, 2e éd., 2015
- L. Bernet-Rollande, *Principes de technique bancaire*, 27e éd., 2015
- L. Bernet-Rollande et P. Chanoine, *Pratique des marchés de capitaux*, 2010
- L. Bernet-Rollande et D. Duke, *Pratique de la gestion de patrimoine*, 2009
- X. Bouin et F.-X. Simon, *Les Nouveaux Visages du contrôle de gestion*, 3e éd., 2009
- X. Bouin et F.-X. Simon, *Tous gestionnaires*, 3e éd., 2011
- D. Brault et M. Sion, *Objectif cash*, 2008
- F. Colinet et S. Paoli, *Pratique des comptes consolidés*, 5e éd., 2008
- F. Desmicht, *Pratique de l'activité bancaire*, 2e éd., 2007
- O. Gallet, *Halte aux fraudes*, 3e éd., 2014
- P. Mévellec, *Les Systèmes de coûts*, 2005
- R. Obert, *Pratique des normes IFRS*, 5e éd., 2013
- OEC, *Gestion environnementale*, 2008
- E. Paget-Blanc et N. Painvin, *La Notation financière*, 2007
- M. Petitjean, *Le Guide du trader*, 2004
- C. Selmer, *Construire et défendre son budget*, 3e éd., 2014
- C. Selmer, *Concevoir le tableau de bord*, 3e éd., 2011
- M. Sion *et al.*, *Profession directeur financier*, 2e éd., 2014
- M. Sion, *Gérer la trésorerie et la relation bancaire*, 6e éd., 2015
- M. Sion, *Réussir son business plan*, 3e éd., 2013
- J.-L. Siruguet, E. Fernandez et L. Koessler, *Le Contrôle interne bancaire et la fraude*, 2006
- E. Tort et L. Escaffre, *Améliorer l'information financière en IFRS*, 2012
- E. Vernier, *Fraude fiscale et paradis fiscaux*, 2014
- E. Vernier, *Techniques de blanchiment et moyens de lutte*, 3e éd., 2013
- C. Veret et R. Mekouar, *Fonction Risk manager*, 2005